Maria Heep-Altiner, Raphael Drahs, Jan Möller, Michaela Weber

Finanzierung im (Schaden-) Versicherungsunternehmen

Schritt für Schritt zu den Finanzierungsanforderungen eines (Schaden-) Versicherungsunternehmens

Maria Heep-Altiner
Raphael Drahs
Jan Möller
Michaela Weber

Finanzierung im (Schaden-) Versicherungsunternehmen

Schritt für Schritt zu den Finanzierungsanforderungen eines (Schaden-) Versicherungsunternehmens

Bibliografische Information der Deutschen Nationalbibliothek

Die Deutsche Nationalbibliothek verzeichnet diese Publikation in der Deutschen Nationalbibliografie; detaillierte bibliografische Daten sind im Internet über http://dnb.d-nb.de abrufbar.

© 2015   Verlag Versicherungswirtschaft GmbH   Karlsruhe

Das Werk einschließlich aller seiner Teile ist urheberrechtlich geschützt. Jede Verwertung, die nicht ausdrücklich vom Urhebergesetz zugelassen ist, bedarf der vorherigen Zustimmung des Verlags Versicherungswirtschaft GmbH, Karlsruhe.
Jegliche unzulässige Nutzung des Werkes berechtigt den Verlag Versicherungswirtschaft GmbH zum Schadenersatz gegen den oder die jeweiligen Nutzer.
Bei jeder autorisierten Nutzung des Werkes ist die folgende Quellenangabe an branchenüblicher Stelle vorzunehmen:
© 2015 Verlag Versicherungswirtschaft GmbH, Karlsruhe

Jegliche Nutzung ohne die Quellenangabe in der vorstehenden Form berechtigt den Verlag Versicherungswirtschaft GmbH zum Schadenersatz gegen den oder die jeweiligen Nutzer.

Beachten Sie bitte stets unseren Aktualisierungsservice auf unserer Homepage unter vvw.de→Service→Ergänzungen/Aktualisierungen
Dort halten wir für Sie wichtige und relevante Änderungen und Ergänzungen zum Download bereit.

Gleichstellungshinweis
Zur besseren Lesbarkeit wird auf geschlechtsspezifische Doppelnennungen verzichtet.

ISBN   978-3-89952-875-6

Vorwort

Jedes Unternehmen muss sich im Rahmen seiner Finanzierung ganz allgemein mit den Fragen des **Kapitalbedarfs** und der **Kapitalbereitstellung** auseinandersetzen, wobei bei Versicherungen das Kapital zur Absicherung der dauerhaften Erfüllbarkeit der Verträge der wichtigste Produktionsfaktor ist. Insofern kommt hier der Frage nach dem Kapitalbedarf eine zentrale Rolle zu, was auch in einer hohen Dichte von gesetzlichen Regelungsvorschriften seinen Niederschlag findet.

Die vorliegende Ausarbeitung ist im Rahmen einer von mir initiierten Projektarbeit der Masterstudenten des Institutes für Versicherungswesen an der Fachhochschule Köln entstanden, wobei hiermit eine Themenreihe zur finanziellen Steuerung in (Schaden-) Versicherungsunternehmen ihren vorläufigen Abschluss findet.

Ziel dieses Projektes war, ein vertieftes Verständnis für die Finanzierungsanforderungen eines (Schaden-) Versicherungsunternehmens zu entwickeln. Hierfür wurden die wichtigsten Grundbegriffe eingeführt und mit Hilfe eines durchgängigen Beispiels erläutert.

Dieses Projekt hätte nicht entstehen können ohne die tatkräftige Unterstützung von vielen Seiten. So möchte ich mich ausdrücklich bei dem sehr engagierten studentischen Projektleitungsteam bedanken, welches gemeinsam mit mir auch als Herausgeber fungiert. Aber auch das hohe Engagement aller beteiligten Studenten hat maßgeblich zur Qualität des vorliegenden Werkes beigetragen. Weiterhin möchte ich meinem Kollegen Prof. Dr. Jochen Axer danken, der für einen Teil mit vielen juristischen Aspekten die Qualitätssicherung vorgenommen hat.

Köln, im Februar 2015   Maria Heep-Altiner

Autorenverzeichnis

Vorbemerkungen	Maria Heep-Altiner Malvina Narloch
1 Einleitung und Grundbegriffe & 2 Assets	Philipp Eckrodt Alexander Eremuk Nina Gigil Maria Heep-Altiner Andreas Hockelmann Benedikt Klingenheben Simon Kröger Andreas Pfaffenroth Miho Yoshioka
3 Liabilities	Phillip Bieber Raphael Drahs Maria Heep-Altiner Ralf Haftmann Felix Hummerich Leonard Ihli Thomas Keßling Jan Möller Philipp Münchow Matthias Schmiedel
4 Solvency II und ALM	Frederick Gerhards Maria Heep-Altiner Sarah Hennecke Nicolas Mario Kozuch Christina Sondermann Michaela Weber

Inhaltsverzeichnis

Vorwort V
Inhaltsverzeichnis IX
Abbildungsverzeichnis XIII
Abkürzungs- und Symbolverzeichnis XVII
Vorbemerkungen 1

1   Einleitung 11
1.1   Grundbegriffe 11
1.2   Kapitalbedarf 14
1.3   Formen der Finanzierung 17
1.4   Bilanzierung 21
1.4.1   HGB-Bilanz eines Versicherungsunternehmens 22
1.4.2   Bilanzierung für das Beispielunternehmen 24
1.5   Wirkung von Finanzierungsinstrumenten 31
1.5.1   Rückversicherung 32
1.5.2   Hybridkapital 34

2   Assets 39
2.1   Klassifikation & Risiken 39
2.1.1   Klassifikation der Kapitalanlagen 39
2.1.2   Assetrisiken 44
2.2   Gesetzliche Rahmenbedingungen 47
2.2.1   Allgemeine Anlagegrundsätze gemäß VAG 50
2.2.2   Anlageart im Verhältnis zur Mischungsquote 52
2.3   Festverzinsliche Wertpapiere 57
2.3.1   Zerobonds 57
2.3.2   Kuponanleihen 77

2.4	Aktien	88
2.4.1	Portfoliotheorie nach Markowitz	89
2.4.2	Variation der Korrelationskoeffizienten	93
2.4.3	Optimierung mittels einer Präferenzfunktion	95
2.5	Optionen	97
2.5.1	Berechnungsbeispiel	104
2.5.2	Exkurs zur Black-Scholes-Formel	107
2.5.3	Exkurs zur Monte-Carlo-Simulation	111
3	**Liabilities**	**117**
3.1	Vorbemerkungen & Grundbegriffe	117
3.1.1	Altbestand vs. Neugeschäft	117
3.1.2	Versicherungstechnische Grundbegriffe	120
3.2	Reservebewertung	125
3.2.1	Reserven im Kontext von Bilanzierungsnormen	126
3.2.2	Mathematische Schätzverfahren	134
3.2.3	Beispiel – Chain Ladder Verfahren	139
3.2.4	Beispiel – Bornhuetter Ferguson Verfahren	150
3.2.5	Beispiel – Fair Value Reserven	155
3.2.6	Beispiel – IBNR-Umlage	162
3.3	Tarifanalyse	168
3.3.1	Pauschale Profitabilitätsanalyse	169
3.3.2	Detaillierte Tarifkalkulation	180
4	**Solvency II und wertorientierte Steuerung**	**191**
4.1	Solvency I	192
4.1.1	Regelungen und Kritikpunkte	193
4.1.2	Solvenzregelungen & Bilanzierungsvorschriften	201
4.2	Solvency II	204

4.2.1 Hintergrund und Ziele 204
4.2.2 Struktur von Solvency II 207
4.2.3 Standardformel – Allgemeiner Aufbau 212
4.2.4 Standardformel – Berechnungsbeispiel 222
4.2.5 Interne Modelle 237
4.3 Grundzüge der wertorientierten Steuerung 251
4.3.1 Wert- und risikoorientierte Steuerung 253
4.3.2 Weitere Aspekte 258

Glossar **265**

Literaturverzeichnis **277**

Stichwortverzeichnis **285**

Abbildungsverzeichnis

Abbildung 1: Struktur des Finanzmanagements. ... 14
Abbildung 2: Finanzierungsformen bei VU ... 18
Abbildung 3: HGB-Bilanz der IVW Privat AG. ... 25
Abbildung 4: IFRS-Bilanz der IVW Privat AG ... 28
Abbildung 5: Ökonomische Bilanz der IVW Privat AG. ... 30
Abbildung 6: Normalfall – ohne Finanzierungsinstrumente. ... 31
Abbildung 7: Normalfall – mit Rückversicherung. ... 32
Abbildung 8: Überschadenfall – ohne Rückversicherung. ... 33
Abbildung 9: Überschadenfall – mit Rückversicherung. ... 34
Abbildung 10: Normalfall – mit Hybridkapital. ... 35
Abbildung 11: Extremschadenfall – ohne Hybridkapital. ... 36
Abbildung 12: Extremschadenfall – mit Hybridkapital. ... 36
Abbildung 13: Kapitalanlagerisiken. ... 45
Abbildung 14: Vermögensaufteilung gemäß § 54 VAG. ... 48
Abbildung 15: Allgemeinmischungsquote. ... 52
Abbildung 16: Vorsichtsprinzip und Sonderquote. ... 53
Abbildung 17: Risikokapitalanlagequote. ... 54
Abbildung 18: Immobilienquote ... 55
Abbildung 19: Öffnungsklauselquote. ... 55
Abbildung 20: Risikofreier Zerobond – rechnungsm. ab t = 0. ... 60
Abbildung 21: Riskanter Zerobond (1) – rechnungsm. ab t = 0. ... 64
Abbildung 22: Riskanter Zerobond (2) – rechnungsm. ab t = 0. ... 65
Abbildung 23: Riskanter Zerobond – Zinsanstieg ab t = 1. ... 67
Abbildung 24: Riskanter Zerobond – Risiken ab t = 1 ... 68
Abbildung 25: Riskanter Zerobond – stochastisch ab t = 1. ... 69
Abbildung 26: Schuldnerbilanz vor Ausgabe des Zerobonds. ... 71
Abbildung 27: Schuldnerbilanz nach Ausgabe des Zerobonds. ... 71
Abbildung 28: Schuldnerbilanz nach Aktivierung von Goodwill ... 72
Abbildung 29: Return der Zerobonds und Forwardzinsen. ... 73

Abbildung 30: Zinsstrukturkurve (1). 75
Abbildung 31: Zinsstrukturkurve (2). 76
Abbildung 32: Fixkuponanleihe (1) – rechnungsmäßig ab t = 0. 79
Abbildung 33: Fixkuponanleihe (2) – rechnungsmäßig ab t = 0. 80
Abbildung 34: Fixkuponanleihe (1) – Zinssenkung ab t = 1. 82
Abbildung 35: Fixkuponanleihe (2) – Zinssenkung ab t = 1. 82
Abbildung 36: Variable Kuponanleihe – rechnungsmäßig ab t = 0. 85
Abbildung 37: Variable Kuponanleihe – Zinssenkung ab t = 1. 87
Abbildung 38: Risiko und (Über-) Rendite (1). 91
Abbildung 39: Risiko und (Über-) Rendite (2). 92
Abbildung 40: Risiko und (Über-) Rendite (3). 94
Abbildung 41: Kennzahlen RORAC und EVA. 96
Abbildung 42: Pay Off und Wert eines Long Calls. 100
Abbildung 43: Pay Off und Wert eines Short Calls. 101
Abbildung 44: Pay Off und Wert eines Long Puts. 101
Abbildung 45: Pay Off und Wert eines Short Puts. 102
Abbildung 46: Innere Werte von Call und Put Optionen. 103
Abbildung 47: Dichtefunktion für ein gleichverteiltes Wertpapier. 104
Abbildung 48: Gesamtvergleich – K = 1.000 106
Abbildung 49: Gesamtvergleich – K = 800 106
Abbildung 50: Kursverlauf – EW und 95 % Konfidenzintervall..... 112
Abbildung 51: Kursverlauf – 10.000 Simulationen. 113
Abbildung 52: Kursverlauf – 50 Simulationen. 114
Abbildung 53: Kursverlauf – 5 Simulationen. 114
Abbildung 54: Klassisches aktuarielles Aufgabenspektrum. 119
Abbildung 55: Bilanzeffekte – ohne Berücksichtigung von IBNR. 123
Abbildung 56: Bilanzeffekte – mit Berücksichtigung von IBNR. ... 124
Abbildung 57: Bilanzeffekte – kombiniert. 125
Abbildung 58: Fair Value in % des Best Estimate, VK = 10 %..... 133
Abbildung 59: Fair Value in % des Best Estimate, VK = 50 %..... 133
Abbildung 60: Vergleich der Verfahren – Erste Hälfte in 1,5 Std. 137

Abbildung 61: Vergleich der Verfahren – Erste Hälfte in 2,5 Std. 137
Abbildung 62: Schadenzahlungen – einzeln. ... 139
Abbildung 63: Schadenzahlungen – kumuliert. ... 140
Abbildung 64: Einzelreserven. ... 140
Abbildung 65: Erreichter Aufwand. ... 141
Abbildung 66: Abw.-Faktoren – CHL ungew. zahlungsbasiert. ... 142
Abbildung 67: Abw.-Faktoren – CHL ungew. aufwandsbasiert. ... 143
Abbildung 68: Abw.-Faktoren – CHL gew. zahlungsbasiert. ... 145
Abbildung 69: Abw. der Zahlungen – CHL gew. ohne Auslauf. ... 146
Abbildung 70: Abw. der Aufwände – CHL gew. ohne Auslauf (1). 147
Abbildung 71: Abw. der Zahlungen – CHL gew. mit Auslauf (1). . 148
Abbildung 72: Abw. der Zahlungen – CHL gew. mit Auslauf (2). . 149
Abbildung 73: Abw. der Aufwände – CHL gew. mit Auslauf (2). ... 150
Abbildung 74: Abw. der Zahlungen – BF Verfahren. ... 152
Abbildung 75: Vergleich der geschätzten Endschadenaufwände. 153
Abbildung 76: Vergleich der IBNR und Reserven (1). ... 153
Abbildung 77: Vergleich der IBNR und Reserven (2). ... 154
Abbildung 78: S&P Reservefaktoren. ... 157
Abbildung 79: Zusatzdividendenberechnung. ... 159
Abbildung 80: Cash Flow-Struktur – CHL gewichtet. ... 160
Abbildung 81: Fair Value Bewertung von Reserven. ... 161
Abbildung 82: Abw. der Schadenanzahl – Ausgangsdreieck. ... 163
Abbildung 83: Abw. der Schadenanzahl – noch erw. Schäden. ... 164
Abbildung 84: IBNR-Zerlegung. ... 164
Abbildung 85: IBNR-Zerlegung – Umlagefaktoren. ... 166
Abbildung 86: IBNR-Umlage auf ein Teilsegment (1). ... 166
Abbildung 87: IBNR-Umlage auf ein Teilsegment (2). ... 167
Abbildung 88: Schadenregulierungskosten in T€. ... 173
Abbildung 89: Bestandskosten in T€. ... 174
Abbildung 90: Pauschalisierte Gesamtkosten in T€. ... 175
Abbildung 91: Pauschalisierte Schadenkosten in T€. ... 178

Abbildung 92: Zielerfüllungsgrade. 178
Abbildung 93: Großschadenbereinigung und Abwicklung. 185
Abbildung 94: Tarifbedarfe in ‰. 189
Abbildung 95: Brutto Beitragsindex für die IVW Privat AG. 198
Abbildung 96: Brutto Schadenindex für die IVW Privat AG. 198
Abbildung 97: Drei-Säulen-Modell von Solvency II. 208
Abbildung 98: Struktur der Standardformel nach Solvency II 215
Abbildung 99: Zerlegung des Marktrisikos gemäß QIS 5. 216
Abbildung 100: BSCR für ein Schaden-/Unfall-VU gemäß QIS 5. 218
Abbildung 101: Risikomodul Nicht-Leben gemäß QIS 5. 219
Abbildung 102: Zerlegung des SCR gemäß QIS 5. 220
Abbildung 103: Bottom Up Ansatz zur SCR Berechnung. 222
Abbildung 104: Prämienexposures der IVW Privat AG. 224
Abbildung 105: STD der Prämienexposures. 225
Abbildung 106: Reserveexposures der IVW Privat AG. 225
Abbildung 107: STD der Reserveexposures. 226
Abbildung 108: STD Prämien & Reserven vor geogr. Diversif. 226
Abbildung 109: STD Prämien & Reserven nach geogr. Diversif. .. 227
Abbildung 110: Aggregation zur Gesamt STD. 227
Abbildung 111: SCR Nicht-Leben. 231
Abbildung 112: Diversifiziertes BSCR. 232
Abbildung 113: SCR für operationelle Risiken. 234
Abbildung 114: Ergebnisse des Berechnungsbeispiels. 237
Abbildung 115: Basisgleichung für das stochastische EK. 240
Abbildung 116: Verteilungsparameter der Assets. 245
Abbildung 117: Verteilungsparameter des Saldos A – L. 246
Abbildung 118: Steuerungsniveaus. 250
Abbildung 119: Wert- und risikoorientierte Steuerung. 252
Abbildung 120: Konflikt Detailtiefe vs. Stabilität. 262

Abkürzungs- und Symbolverzeichnis

€	Euro
%	Prozent
‰	Promille
Abs.	Absatz
AG	Aktiengesellschaft
AktG	Aktiengesetz
ALM	Asset Liability Management
AnlV	Anlageverordnung
BaFin	Bundesanstalt für Finanzdienstleistungsaufsicht
BGB	Bürgerliches Gesetzbuch
BSCR	Basis Solvency Capital Requirement
BilMoG	Bilanzrechtsmodernisierungsgesetz
BW	Barwert
bzw.	beziehungsweise
ca.	circa
CR	Combined Ratio
DFA	Dynamische Finanzanalyse
d. h.	das heißt
EDV	Elektronische Datenverarbeitung
EG	Europäische Gemeinschaft
EIOPA	European Insurance and Occupational Pensions Authority
EK	Eigenkapital
EPIFP	Expected profits in Future Premiums

erw.	erwartet
etc.	et cetera
EU	Europäische Union
EURIBOR	Euro Interbank Offered Rate
EVA	Economic Value Added
EW	Erwartungswert
FV	Fair Value
ggf.	gegebenenfalls
GmbH	Gesellschaft mit beschränkter Haftung
GuV	Gewinn- und Verlustrechnung
HGB	Handelsgesetzbuch
IAS	International Accounting Standards
IASB	International Accounting Standards Board
IBNER	Incurred but not enough reported / reserved
IBNR	Incurred but not reported
i. d. R.	in der Regel
IFRS	International Financial Reporting Standards
i. V. m.	in Verbindung mit
IVW	Institut für Versicherungswesen
KAGB	Kapitalanlagegesetzbuch
LOB	line of business
MCR	Minimum Capital Requirement
Mio.	Million
MPT	Moderne Portfoliotheorie
MVP	Minimum-Varianz-Portfolio
ORSA	Own Risk and Solvency Assessment
p. a.	per anno

QIS	Quantitative Impact Study
RechVersV	Verordnung über die Rechnungslegung von Versicherungsunternehmen
RAROC	Risk Adjusted Return on Capital
RoE	Return on Equity
RORAC	Return on Risk Adjusted Capital
RSR	Regular Supervisory Report
RV	Rückversicherung
SCR	Solvency Capital Requirement
SFCR	Solvency and Financial Condition Report
SK	Schadenkosten
STD	Standardabweichung
S&P	Standard and Poors
US	Unterer Schwellenwert
US-GAAP	United States Generally Accepted Accounting Principles
VAG	Versicherungsaufsichtsgesetz
VaR	Value at risk
VK	Variationskoeffizient
VN	Versicherungsnehmer
VT	versicherungstechnisch
VU	Versicherungsunternehmen
VVaG	Versicherungsverein auf Gegenseitigkeit
WOS	Wertorientierte Steuerung
WP	Wertpapier
z. B.	zum Beispiel
zzgl.	zuzüglich

Vorbemerkungen

Da das vorliegende Buch zeitlich den Abschluss, aber inhaltlich den Beginn einer Themenreihe zur finanziellen Steuerung in (Schaden-) Versicherungsunternehmen bildet, soll an dieser Stelle vorab eine grundlegende Einordnung der Thematik an sich sowie dieses Buches als Teil dieser Reihe erfolgen.

Die nachfolgenden Ausführungen beziehen sich dabei speziell auf die Schadenversicherung, auch wenn einige Aspekte für Versicherungen im Allgemeinen gelten.

Produktion von Versicherungsschutz

Die Produktion von Versicherungsschutz unterscheidet sich in einigen Aspekten deutlich von der Produktion eines klassischen Konsumgutes, wobei in der nachfolgenden Tabelle die wichtigsten Eigenschaften gegenübergestellt sind:[1]

	Klassisches Konsumgut	**Versicherungs-Schutz**
Produktion	Vor dem Absatz; Produktionskosten stehen fest. ➔ Eher geringes Risiko Produkttransparenz	Nach dem Absatz; Produktionskosten stehen nicht fest. ➔ Relativ hohes Risiko Produktintransparenz
Absatz	Nach der Produktion; Umsatzvolumen steht nicht fest. ➔ Relativ hohes Risiko	Vor der Produktion; Umsatzvolumen steht fest (ggf. Mindestbedarf). ➔ Eher geringes Risiko

---

[1] Vgl. Heep-Altiner et al. 2014, Wertorientierte Steuerung in der Schadenversicherung, S. 5.

Die Herausforderung bei der Produktion von Versicherungsschutz besteht daher in der Schätzung der Schadenzahlungen und den weiteren anfallenden Kosten, da die dauernde Erfüllbarkeit der Versicherungsverträge gewährleistet werden muss.

Zur Absicherung der dauernden Erfüllbarkeit der Verträge wird Eigenkapital benötigt, das somit einen zentralen Produktionsfaktor für die Produktion von Versicherungsschutz darstellt (neben dem zweiten wichtigen Produktionsfaktor Arbeit).

Aufgrund der Vorfinanzierung von Versicherungsschutz durch sofortige Prämieneinnahmen und erst später anfallenden Kosten in Form von Schadenzahlungen und sonstigen Verwaltungs- oder Schadenregulierungskosten ergeben sich freie liquide Salden, für die zusätzlich Kapitalerträge (z. B. in Form von Zinsen auf die freien liquiden Salden) generiert werden können, siehe dazu die nachfolgende vereinfachte Illustration für die Cash Flows eines einzelnen Anfalljahres über die gesamte Abwicklungsdauer:

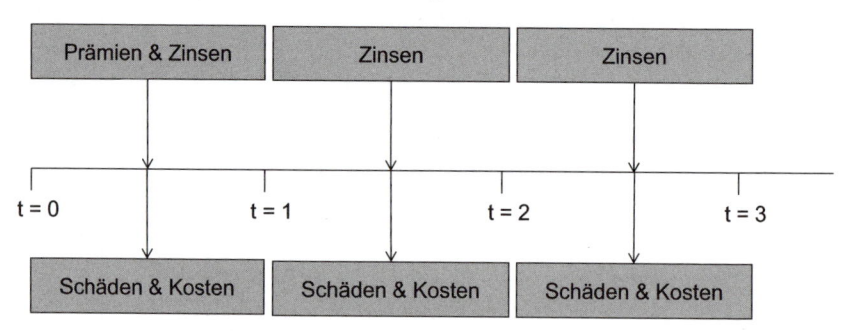

Prämien & Zinsen	Zinsen	Zinsen
t = 0	t = 1	t = 2	t = 3
Schäden & Kosten	Schäden & Kosten	Schäden & Kosten

Versicherung ist also ein **Kuppelprodukt**, so dass ein Versicherungsunternehmen sich immer zusammensetzt aus den zwei Geschäftsbereichen **Risikozeichnung** (reflektiert in der Passivseite der Bilanz) und **Kapitalanlage** (reflektiert in der Aktivseite der Bilanz).

Jedes Unternehmen muss sich im Rahmen seiner Finanzierung ganz allgemein mit den Fragen des **Kapitalbedarfs** und der **Kapitalbereitstellung** auseinandersetzen, wobei man hier zwischen

- einmaligem Kapitalbedarf bei Gründung oder Erweiterung und
- laufendem Kapitalbedarf zur Entlohnung der Produktionsfaktoren

unterscheiden kann, wobei bei Versicherungen das Kapital bereits selbst der Produktionsfaktor ist.

Die Frage nach dem Kapitalbedarf ist bei einem Versicherungsunternehmen somit besonders kritisch, wobei durch die Kollektivierung von Risiken allerdings hohe **Synergieeffekte** generiert werden können, d. h. der Kapitalbedarf bei einer Kollektivierung ist deutlich geringer als der Kapitalbedarf ohne Kollektivierung. Die wichtigsten Eigenkapitalsynergien ergeben sich hierbei durch

- Kollektivierung der versicherungstechnischen (Einzel-) Risiken innerhalb einer Sparte,
- Kollektivierung der versicherungstechnischen (Sparten-) Risiken über mehrere Sparten innerhalb des gesamten Unternehmens,
- Kollektivierung der versicherungstechnischen (Spitzen-) Risiken über mehrere Versicherer bei einem Rückversicherer sowie
- Kollektivierung der versicherungstechnischen Risiken über die beiden Geschäftsbereiche Risikozeichnung und Kapitalanlage mit den Kapitalanlagerisiken innerhalb des gesamten Unternehmens.

Aufgrund der Entwicklung des neuen Solvenzregimes Solvency II (wodurch die Solvency I Regelungen ersetzt werden) fällt der Ermittlung des Eigenkapitalbedarfs in der Versicherungsbranche eine besondere Rolle zu, wobei in diesem Zusammenhang auch eine Einbeziehung in die betrieblichen Steuerungssysteme gefordert wird.

Die **wertorientierte Steuerung** WOS (besser noch wert- und risikoorientierte Steuerung WRS) beinhaltet die Gegenüberstellung und Steuerung des Kapitalbedarfs (Soll-Kapital) und der verfügbaren Mittel (Ist-Kapital). Das **Ist-Kapital** kann dabei anhand von geeigneten Bewertungsverfahren und das **Soll-Kapital** durch geeignete Risikomodelle ermittelt werden.

Bewertungsmodelle für das Ist-Kapital

Die Bewertung des Ist-Kapitals hängt von der zugrunde gelegten Rechnungslegungsnorm ab. Das **Sicherheitsprinzip** korrespondiert hierbei zu den Vorschriften nach dem HGB. Der **Best Estimate** stellt die Bewertung nach US GAAP sowie (in den meisten Fällen) den derzeitigen IFRS dar. Nach Solvency II (vermutlich auch nach den zukünftigen IFRS) ergibt sich eine Bewertung des Ist-Kapitals nach dem **Fair Value**, wobei man bei der Fair Value Bewertung unterscheidet zwischen

- dem **Mark-to-Market-Ansatz**, bei dem der Fail Value aus aktuellen Marktwerten mittelbar oder unmittelbar abgeleitet werden kann, und zum anderen

- dem **Mark-to-Model-Ansatz**, bei dem der Fair Value mangels liquider Märkte anhand eines Modells ermittelt wird, insbesondere hier z. B. die Modellierungsvarianten
    - Real-World Bewertung,
    - risikoneutrale Bewertung oder
    - Cost-of-Capital-Ansatz.

In der Lebensversicherung erfolgt die Fair Value Bewertung des Ist-Kapitals derzeit mit dem **Embedded Value** als eine Kombination aus verschiedenen der zuvor genannten Methoden. Dieses Konzept kann auch auf die Schaden- und Unfallversicherung übertragen werden.

Risikomodelle für das Soll-Kapital

Das Soll-Kapital kann anhand von **externen Modellen** oder mithilfe von **internen Modellen** ermittelt werden. Externe (Standard-) Modelle sind i. d. R. einfache Faktorensysteme, die die Risikosituation eines Unternehmens nur pauschal widerspiegeln.

Interne Modelle dagegen sind üblicherweise vollstochastische Modelle, bei denen geeignete Zielfunktionen optimiert werden. Dabei wird meistens ausgehend vom deterministischen (ökonomischen) Kapital zu Jahresbeginn JB mit Simulationsverfahren das stochastische (ökonomische) Kapital zum Jahresende JE wie folgt modelliert:

$$\text{Stochast. Kapital JE} = \text{Determin. Kapital JB} + \text{stochast. GuV.}$$

Nachfolgend ist eine derartige stochastische Gewinn- und Verlustrechnung für fünf ausgewählte Simulationspfade illustriert:[2]

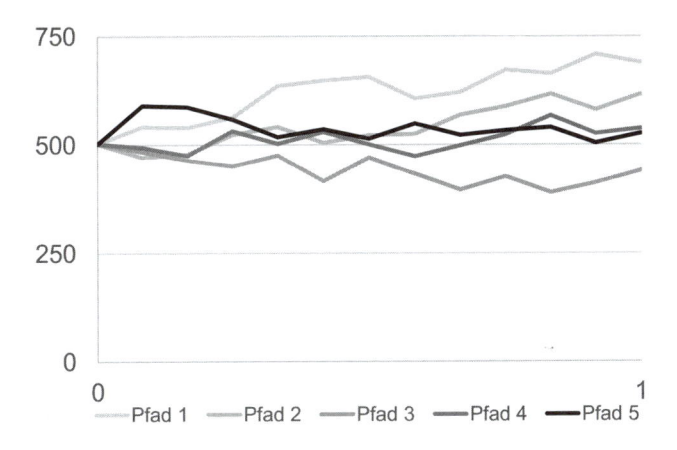

---

[2] Entnommen aus Heep-Altiner et al. 2014, Wertorientierte Steuerung in der Schadenversicherung, S. 47.

Diese Simulationsansätze liefern eine Eigenkapitalverteilung zum Jahresende, mit der dann der Eigenkapitalbedarf zu Jahresbeginn ermittelt werden kann.

Themenreihe zur finanziellen Steuerung in (Schaden-) VU

Die zuvor skizzierten Aspekte wurden in der Themenreihe zur finanziellen Steuerung in (Schaden-) Versicherungsunternehmen, die in einer langjährigen Projektarbeit mit den Masterstudenten des Instituts für Versicherungswesen an der Fachhochschule Köln entstanden ist, intensiv bearbeitet. Nachfolgend sind die einzelnen Bestandteile dieser Themenreihe und ihre Zusammenhänge zueinander illustriert.

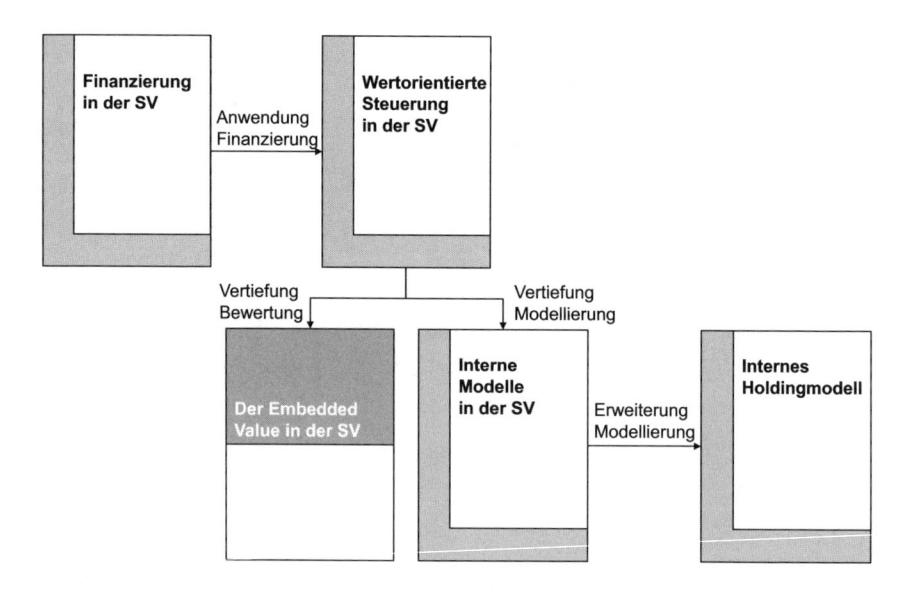

```
┌──────────────┐                    ┌──────────────┐
│ Finanzierung │                    │ Wertorientierte │
│ in der SV    │   Anwendung        │ Steuerung    │
│              │   Finanzierung     │ in der SV    │
│              │ ─────────────────▶ │              │
└──────────────┘                    └──────────────┘
        │                                   │
   Vertiefung                          Vertiefung
   Bewertung                           Modellierung
        │                                   │
        ▼                                   ▼
┌──────────────┐          ┌──────────────┐          ┌──────────────┐
│ Der Embedded │          │ Interne      │          │ Internes     │
│ Value in der │          │ Modelle      │ Erweiterung │ Holdingmodell │
│ SV           │          │ in der SV    │ Modellierung │              │
│              │          │              │ ─────────▶  │              │
└──────────────┘          └──────────────┘          └──────────────┘
```

Die einzelnen Teile und die Zusammenhänge untereinander sind im Folgenden kurz zusammengefasst.

Finanzierung in der (Schaden-) Versicherung

Hier werden allgemeine finanzwirtschaftliche Grundsätze vermittelt, um einen allgemeinen Überblick über die Finanzierungsmöglichkeiten eines (Schaden-) Versicherungsunternehmens zu ermöglichen. Somit bildet dieser Teil den Anfang der gesamten Reihe, auf dem inhaltlich alle anderen Teile aufbauen.

Wertorientierte Steuerung in der Schadenversicherung[3]

Ausgehend von den vermittelten Grundlagen im ersten Teil der Reihe werden hier die Anwendungen im Rahmen der wert- und risikoorientierten Steuerung eines Schadenversicherungsunternehmens erläutert, bei der das Ist-Kapital dem Soll-Kapital gegenübergestellt wird.

Konsequenterweise ergibt sich daraus ein Vertiefungsbedarf in zwei unterschiedliche Richtungen: die Bewertung des Ist-Kapitals bzw. die Risikomodellierung des Soll-Kapitals.

Der Embedded Value in der Schadenversicherung[4]

In diesem Teil wird der Embedded Value als etabliertes Konzept aus der Lebensversicherung auf die Schadenversicherung übertragen und in seinen Auswirkungen diskutiert. Dies ist derzeit der modernste Ansatz einer Fair Value Bewertung des verfügbaren Kapitals eines Schadenversicherungsunternehmens.

Interne Modelle nach Solvency II[5]

In diesem Teil wird die Ermittlung des Eigenkapitalbedarfs eines Schadenversicherungsunternehmens mit Hilfe eines internen (sto-

---

[3] Heep-Altiner et al. 2014, Wertorientierte Versicherung in der Schadenversicherung. Schritt für Schritt zur wert- und risikoorientierten Unternehmenssteuerung.
[4] Heep-Altiner et al. 2012, Der Embedded Value in der Schadenversicherung. Da dieser Teil in einer Kooperation mit der Arbeitsgruppe „Embedded Value Sach" der Deutschen Aktuarvereinigung (DAV) entstanden ist, erfolgte die Veröffentlichung in der Schriftenreihe Versicherungs- und Finanzmathematik der Deutschen Gesellschaft für Versicherungs- und Finanzmathematik e. V. (DGVFM).
[5] Heep-Altiner et al. 2010, Interne Modelle nach Solvency II. Schritt für Schritt zum internen Modell in der Schadenversicherung.

chastischen) Modells intensiver erläutert, um auch Nicht-Mathematikern ein vertieftes Verständnis der Vorgehensweise zu ermöglichen.

Internes Holdingmodell nach Solvency II[6]

Abschließend wird als Erweiterung des Themengebietes die Modellierung des Eigenkapitalbedarfs für ein Holdingunternehmen mit Hilfe eines internen Modells erläutert, wobei in diesem Fall ein Schadenversicherungsunternehmen nur noch eine einzige Beteiligungsposition in der Holdingbilanz darstellt.

Bei einem internen Modell eines Holdingunternehmens spielen also nicht mehr nur die Risiken eines einzelnen Unternehmens, sondern vielmehr die gemeinsamen Risiken und Interaktionen über alle Unternehmen eine Rolle.

Finanzierung in der (Schaden-) Versicherung

Im vorliegenden Buch als Beginn der Themenreihe werden nicht nur die allgemeinen Grundlagen für alle weiteren Teile zur Verfügung gestellt, sondern es wird auch das Themengebiet durchgängig anhand des Beispiels der so genannten IVW Privat AG diskutiert. Insgesamt gliedert sich die Ausarbeitung dabei in

- Einleitung und Grundbegriffe,
- Assets,
- Liabilities sowie
- Solvency II und ALM / wertorientierte Steuerung.

In der **Einleitung** werden, da das Thema der Finanzierung für Versicherungsunternehmen eine besondere Rolle einnimmt, die wichtigsten Grundbegriffe und Zusammenhänge erläutert. Dabei spielen die

---

[6] Heep-Altiner et al. 2011, Internes Holdingmodell nach Solvency II. Schritt für Schritt zu einem internen Holdingmodell.

Möglichkeiten einer Versicherungsgesellschaft, sich finanzielle Mittel zu beschaffen, sowie deren Bewertung, eine wesentliche Rolle.

In den Teilbereichen zu den **Assets** und **Liabilities** werden die den Kapitalbedarf der Versicherungsunternehmen beeinflussenden Risiken sowohl auf der Aktivseite als auch auf der Passivseite näher betrachtet.

Im Hinblick auf die Risiken der **Assets** (Aktivseite einer Bilanz) werden dabei einerseits die rechtlichen Rahmenbedingungen und andererseits die Eigenschaften wichtiger Assetklassen wie festverzinsliche Wertpapiere, Aktien und Optionen dargestellt.

Bei den **Liabilities** (Passivseite einer Bilanz) stehen die Verpflichtungen eines Versicherungsunternehmens im Vordergrund, zum einen aus dem bereits vorhandenen Altbestand (bewertet durch Reserveanalysen) und zum anderen für zukünftiges Neugeschäft (bewertet durch Tarifanalysen).

Im letzten Teil zu **Solvency II und ALM / wertorientierte Steuerung** werden für ein vertieftes Verständnis zunächst einmal die **Solvency I**- und **Solvency II**-Regelungen näher beleuchtet – insbesondere auch in einer Abgrenzung zueinander. Für das durchgängige Beispiel der IVW Privat AG wird dabei die Standardformel nach Solvency II gerechnet und mit einem sehr vereinfachten internen Modell für dieses Unternehmen verglichen.

Das Themengebiet **ALM / wertorientierte Steuerung** wird an dieser Stelle nur kurz skizziert, da es in einem weiteren Teil vertieft wird. Insofern stellen die Ausführungen in diesem Teil nur eine verkürzte Überleitung zum nächsten Teil der Themenreihe dar.

1 Einleitung

Finanzwirtschaftliche Entscheidungen spielen für Unternehmen eine wichtige Rolle und beeinflussen deren Unternehmenspraxis. Daher stellt das Thema Finanzierung einen unverzichtbaren Aspekt für das Unternehmen dar. Dem Unternehmen steht dabei ein breites Spektrum an Möglichkeiten zur Finanzierung von Kapitalbedarf zur Verfügung. Sämtliche unternehmerischen Entscheidungen, wie z. B. der Kauf einer neuen Maschine, haben folglich auch finanzielle Auswirkungen. Für die Unternehmenstätigkeit werden finanzielle Mittel gebraucht, währenddessen durch diese Geschäftstätigkeit neue Finanzmittel erwirtschaftet werden. Soll ein Unternehmen langfristig bestehen, bedarf es eines funktionierenden Finanzmittelkreislaufes.[7] Dies gilt auch für die Versicherungswirtschaft, die mit Hilfe von Fremdkapital neue Finanzmittel erwirtschaftet, um ihren langfristigen Garantieversprechen an ihre Versicherungsnehmer gerecht zu werden.

1.1 Grundbegriffe

Jedes Unternehmen benötigt sowohl bei einer Gründung als auch im laufenden Geschäftsbetrieb Finanzmittel, um Maschinen, Materialien etc. kaufen zu können, das so genannte Kapital. Im Folgenden werden die wichtigsten Begriffe in diesem Zusammenhang erläutert.

Kapital:	Unter Kapital versteht man alle Geldmittel, die für Investitionszwecke zur Verfügung stehen. Das für Investitionszwecke zur Verfügung stehende Kapital kann auf verschiedene Weise vom Unternehmen beschafft werden, wobei das Eigenkapital (wie der Name bereits verrät) „eigenständig" bereitgestellt wird.

---

[7] Vgl. Pape 2009, Grundlagen der Finanzierung und Investition, S. 1.

Eigenkapital: Das Eigenkapital stellt die Differenz zwischen der Summe der Aktiva und der Summe der Verbindlichkeiten auf der Passivseite dar.[8] Das bedeutet, dass das Eigenkapital die finanziellen Mittel umfasst, die ein Unternehmen selbstständig aufbringen kann.

Fremdkapital: Im Unterschied zum Eigenkapital wird Fremdkapital von Dritten dem Unternehmen zur Verfügung gestellt, z. B. in Form eines Darlehens. Deshalb wird das Fremdkapital auch zu den Verbindlichkeiten gezählt.[9]

Generell wird das Kapital auf der Passivseite der Bilanz ausgewiesen.

Auf der Aktivseite der Bilanz hingegen werden unter anderem die Gegenstände ausgewiesen, in die das Kapital des Unternehmens gebunden ist. Man spricht folglich vom Vermögen.

Vermögen: Das Vermögen stellt die Gesamtheit aller materiellen und immateriellen Güter dar. Hier unterscheidet man zwischen Anlagevermögen wie z. B. Grundstücke, Maschinen etc. und Umlaufvermögen wie z. B. Forderungen oder Vorräte.

Generell wird das Vermögen auf der Aktivseite der Bilanz ausgewiesen.[10]

Damit ein Unternehmen Güter erwerben kann, benötigt es folglich Kapital. Dieses Kapital muss ein Unternehmen bereitstellen und beschaffen.

---

[8] Vgl. Ludwig/Prätsch/Schikorra 2007, Finanzmanagement, S. 6 ff.
[9] Vgl. Pape 2009, Grundlagen der Finanzierung und Investition, S. 38 f.
[10] Vgl. Pape 2009, Grundlagen der Finanzierung und Investition, S. 24.

Finanzierung: Finanzierung ist die Beschaffung und Bereitstellung finanzieller Mittel, beispielsweise für die Gründung eines Unternehmens oder andere Investitionen. Diese finanziellen Mittel können aus Eigenkapital oder aus Fremdkapital bereitgestellt werden. Somit beinhaltet Finanzierung alle Maßnahmen der Mittelbeschaffung und Rückzahlung und ist folglich ausschlaggebend für die Gestaltung von Zahlungs-, Informations-, Kontroll- und Sicherungsbeziehungen zwischen Unternehmen und Kapitalgebern.[11]

Finanziertes Kapital obliegt der Überlegung der **Kapitalverwendung**.

Investition: Bei der Bereitstellung von Kapital stellt sich die Frage, in was das für die Finanzierung verfügbare Kapital investiert werden soll. Diesen Vorgang nennt man Kapitalverwendung oder auch Investition. Wie zuvor erläutert wird dies als materielle oder auch immaterielle Güter auf der Aktivseite bilanziell unter dem Posten Vermögen entsprechend ausgewiesen oder erweitert. Die Kapitalverwendung gibt also Auskunft über die Verwendung von finanziellen Mitteln.

Beschaffung und Verwendung von Kapital sollten in einem Unternehmen exakt geplant werden.

Finanzmanagement: Unter Finanzmanagement wird die gesamte Ablaufplanung und Steuerung hinsichtlich der Verwendung und der Beschaffung finanzieller Mittel verstanden.

---

[11] Vgl. Pape 2009, Grundlagen der Finanzierung und Investition, S. 5 ff.

In der nachfolgenden Abbildung sind die einzelnen Komponenten des Finanzmanagements und ihre Beziehungen zueinander illustriert:

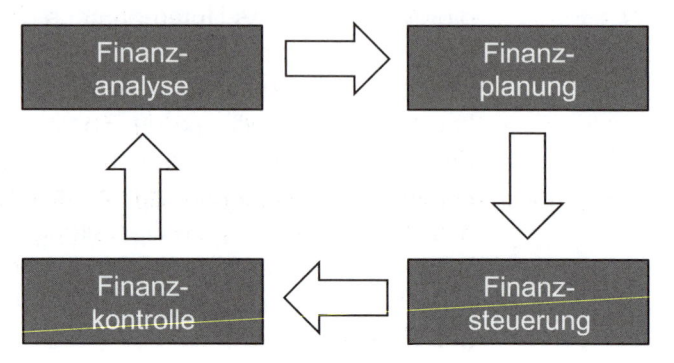

```
  Finanz-      ⇒    Finanz-
  analyse           planung
     ⇑                ⇓
  Finanz-      ⇐    Finanz-
  kontrolle         steuerung
```

Abbildung 1: Struktur des Finanzmanagements.[12]

Im Rahmen des Finanzmanagements werden sowohl die Kapitalbeschaffung als auch die Verwendung zunächst analysiert. Aus diesem Ergebnis wird ein gewisser Kapitalbedarf bzw. eine gewisse Verwendung ersichtlich. Diese Planung wird in der Finanzsteuerung unter Zuhilfenahme verschiedener Methoden umgesetzt. Am Ende wird das Soll mit dem Ist verglichen und beobachtete Diskrepanzen werden in der Finanzkontrolle ausgewiesen.[13]

In jedem Fall benötigt ein Unternehmen für den Betrieb sowohl einmalig als auch laufend Kapital. Im folgenden Abschnitt wird dieser Kapitalbedarf näher erläutert.

1.2 Kapitalbedarf

Verwendung und Beschaffung von finanziellen Mitteln müssen geplant werden. Hier kann es häufig zu Engpässen aufgrund des notwendigen Kapitalbedarfes kommen.[14]

---

[12] Eigene Darstellung in Anlehnung an Bieg/Kußmaul 2011, Finanzierung, S. 21 ff.
[13] Vgl. Pape 2009, Grundlagen der Finanzierung und Investition, S. 23.
[14] Vgl. Ludwig/Prätsch/Schikorra 2007, Finanzmanagement, S. 25.

Als Kapitalbedarf bezeichnet man den Geldbedarf, den eine Unternehmensführung für Auszahlungen aufbringen muss. Diese Auszahlungen können einmalig oder laufend sein, d. h. man unterscheidet zwischen

- **einmaligem** Kapitalbedarf z. B. für Gründungs- und Erweiterungsfinanzierungen und
- **laufendem** Kapitalbedarf zur Entlohnung aller Produktionsfaktoren. Bei Versicherungsunternehmen beinhaltet das im Wesentlichen Löhne und Gehälter für den Produktionsfaktor „Arbeit" sowie Kapitalkosten für den Produktionsfaktor „Kapital".

Ein einmaliger Kapitalbedarf entsteht bei der Gründung eines Unternehmens. Bei Versicherungsunternehmen wird neben dem einmaligen Kapitalbedarf zusätzlich gemäß § 5 VAG die Erlaubnis zum Geschäftsbetrieb durch die Bundesanstalt für Finanzdienstleistungsaufsicht (BaFin) benötigt. Dies beinhaltet eine

- Satzung,
- Angaben, welche Sparten betrieben und welche Risiken gedeckt werden,
- Angaben über Beherrschungs-, Gewinnabführungsverträge, Gewinnbeteiligungsverträge (s. auch § 292 AktG) und Funktionsausgliederungsverträge sowie den
- Nachweis ausreichender Eigenmittel (§ 5 Abs. 4 VAG).

Auch bei der Erweiterungsfinanzierung wird einmalig Kapital benötigt, beispielsweise wenn ein Unternehmen um eine weitere Zweigstelle an einem anderen Standort erweitert wird. Bei einem Versicherungsunternehmen umfasst eine Erweiterungsfinanzierung z. B. aber auch die Zeichnung einer völlig neuen Sparte oder eines Segmentes. Im Allgemeinen ist die Deckung des einmaligen Kapitalbedarfes abhängig von der Rechtsform (z. B. GmbH oder AG).

Der laufende Kapitalbedarf umfasst die Entlohnung der Produktionsfaktoren. Zu den laufenden Zahlungen eines Versicherungsunternehmens gehören beispielsweise

- Personalkosten (Gehälter, Schulungsmaßnahmen etc.),
- (Ersatz-) Beschaffung von Betriebsmitteln,
- Zahlung von Abschlusskosten,
- Rückversicherungsprämien,
- Schadenzahlungen und
- Kapitalkosten / Dividenden.[15]

Die Deckung erfolgt hauptsächlich durch versicherungstechnische Fremdfinanzierung, d. h. aus den im Voraus gezahlten Prämien der Versicherungsnehmer.[16]

Die Problematik der Kapitalbedarfsdeckung hängt oftmals mit der Komplexität des Unternehmens zusammen. Bestimmungsfaktoren wie z. B. die leistungswirtschaftlichen Prozesse, der Absatzmarkt oder die Betriebsgröße beeinflussen die Ein- und Auszahlungen und somit den Kapitalbedarf.[17] Besonders bei Versicherungsunternehmen resultiert der Kapitalbedarf aus der Absicherung von Risiken aus eingegangenen Verbindlichkeiten gegenüber den Versicherungsnehmern. Diese Verbindlichkeiten sind dem Versicherungsunternehmen hinsichtlich Höhe und Zeitpunkt nicht bekannt. Daher haben Versicherungsunternehmen besondere Bestimmungsfaktoren bezüglich des Kapitalbedarfes. Diese sollen an dieser Stelle kurz aufgelistet werden:

- quantitativ-zeitliche Struktur,
- Unternehmensgröße,

---

[15] Kapitalkosten sind eine geforderte Solldividende. Betriebswirtschaftlich sind dies Kosten im Sinne von Opportunitätskosten; steuerrechtlich sind die Kapitalkosten allerdings dem Gewinn zuzuordnen, da diese nicht unabhängig gegenüber einer weiteren Partei entstehen.
[16] Vgl. Farny 2011, Versicherungsbetriebslehre, S. 809.
[17] Vgl. Zantow 2004, Finanzierung, S. 17 f.

- Größe und Zusammensetzung des Versicherungsbestandes,
- angewandte versicherungstechnische Verfahren sowie
- angewandte betriebstechnische Verfahren.

Diese zusätzlichen Faktoren stellen eine Herausforderung an das Finanzmanagement eines Versicherungsunternehmens dar, da die Zahlungsströme unterschiedlich hoch sind, wie beispielsweise Prämien und Schadenzahlungen, und zeitlich auseinander fallen. Es ist denkbar, dass zu einem gewissen Zeitpunkt die kumulierten Auszahlungen höher sind als die Einzahlungen. Deshalb muss ein Versicherungsunternehmen gemäß den Solvenzvorschriften in § 53 c Abs. 1 VAG zu jeder Zeit über ausreichend Kapital verfügen.

Nachdem sowohl einmaliger als auch laufender Kapitalbedarf näher erläutert wurde, stellt sich einem Unternehmen i. d. R. die Frage, wie es sich Kapital beschaffen kann. Diesen Vorgang nennt man Kapitalbedarfsdeckung und wird im folgenden Kapitel erklärt.

1.3 Formen der Finanzierung

Im Rahmen der Kapitalbedarfsdeckung, also der Überlegung der Kapitalbeschaffung, gibt es diverse Möglichkeiten der Finanzierung, insbesondere:

Eigenfinanzierung	→	durch Eigenkapitalgeber,
Fremdfinanzierung	→	durch Fremdkapitalgeber,
Innenfinanzierung	→	Kapitalbildung, *Umsetzung*
Außenfinanzierung	→	Kapitalzuführung.[18]

In der nachfolgenden Abbildung sind diese Klasseneinteilungen für die wichtigsten Finanzierungsformen in einem Versicherungsunternehmen illustriert. Dabei wurden nur „Reinformen" dargestellt.

---

[18] Vgl. Ludwig/Prätsch/Schikorra 2007, Finanzmanagement, S. 29.

„Grauzonen", wo sich die einzelnen Formen ggf. überschneiden, sind nicht berücksichtigt.

```
                    Eigen-                          Fremd-
                    finanzierung                    finanzierung

Beteiligungs-   Finanzierung    Finanzierung aus    VT Fremd-       Kredit-
finanzierung    aus Gewinn      Desinvestitionen    finanzierung    finanzierung

                        Innen-
                        finanzierung

                        Außen-
                        finanzierung
```

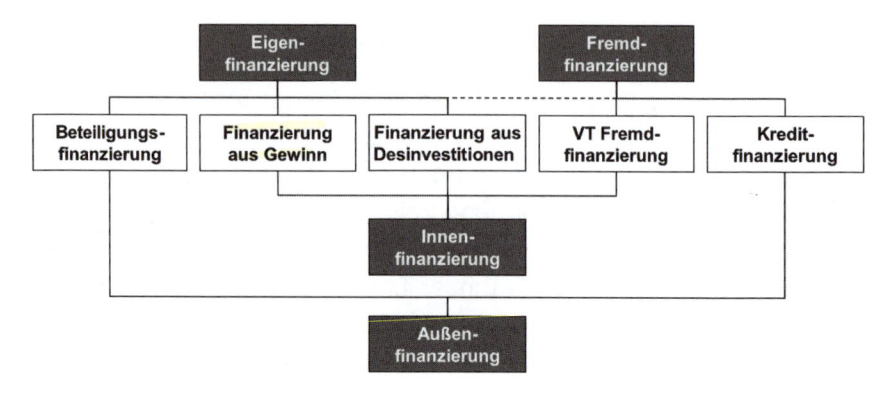

Abbildung 2: Finanzierungsformen bei VU.[19]

Die einzelnen Finanzierungsformen aus der obigen Darstellung werden im Folgenden näher erläutert.

Beteiligungsfinanzierung:

Bei der Beteiligungsfinanzierung handelt es sich um eine Außenfinanzierung, also eine Kapitalzuführung von Eigenkapital. Eine Person kann z. B. Eigenkapital in eine Firma einbringen, um Mitwirkungsrechte am Unternehmen zu erlangen (= Gesellschaftereinlagen).[20]

Kreditfinanzierung:

Bei der Kreditfinanzierung handelt es sich um eine Außenfinanzierung mit Fremdkapital. Gegensätzlich zur Beteiligungsfinanzierung wird bei der Kreditfinanzierung das Kapital von Fremdkapitalgebern zur Verfügung gestellt. Folglich ist dieses Kapital zeitlich befristet. Auf den Kapitalmärkten bestehen zahlreiche Formen der Kreditfi-

---

[19] In Anlehnung an Pape 2009, Grundlagen der Finanzierung und Investition, S. 34 ff. Aufgrund der Einschränkungen im Hinblick auf eine Fremdkapitalaufnahme bei Versicherungen wurden in dieser Abbildung die Desinvestitionen überwiegend der Eigenfinanzierung zugeordnet.
[20] Vgl. Pape 2009, Grundlagen der Finanzierung und Investition, S. 35.

nanzierung. Exemplarisch sei hier als bekannteste Form der Bankkredit erwähnt.[21]

Gemäß VAG darf ein Versicherungsunternehmen jedoch keine echte Kreditfinanzierung vornehmen, sondern nur Mischformen wie beispielsweise Hybridkapital.

Finanzierung aus Gewinn:

Bei der Selbstfinanzierung handelt es sich um die Finanzierung aus Umsatzerlösen. Man spricht daher von einer Innen- und Eigenfinanzierung, also einer Kapitalbildung durch das eigene Unternehmen. Erwirtschaftete Gewinne werden nicht an die Aktionäre ausgeschüttet, sondern im Unternehmen einbehalten. Diese Gewinne stehen im Rahmen der Kapitalverwendung für potentielle Investitionen zur Verfügung.

Versicherungstechnische Fremdfinanzierung:

Diese spezielle Form der Finanzierung gibt es nur bei Versicherungsunternehmen. Versicherungsunternehmen geben ein Schutzversprechen, ein spezielles Risiko des Kunden zu übernehmen. Der Kunde hat für die Übernahme seines Risikos die Prämie im Voraus zu entrichten, d. h. es findet eine Vorfinanzierung des Versicherungsproduktes statt. Deshalb fallen i. d. R. Prämieneingang und Auszahlungsverpflichtung aus dem Schutzversprechen zeitlich auseinander.

Dies stellt für das Unternehmen eine spezielle Form einer Fremdfinanzierung dar. Da das Kapital dem Versicherer für längere Zeit überlassen wird (bis es in Form von in Zeit und Höhe unbekannten Schadenzahlungen zurückgezahlt werden muss), können diese finanziellen Mittel optimal und ertragsreich eingesetzt werden. Daher spricht man bei der versicherungstechnischen Fremdfinanzierung

---

[21] Vgl. Pape 2009, Grundlagen der Finanzierung und Investition, S. 36.

von einer Fremdfinanzierung mit Innenfinanzierungscharakter. Eine Fremdfinanzierung liegt vor, da Versicherungsnehmer ihr Kapital dem Versicherer überlassen; eine Innenfinanzierung liegt vor, da damit Kapital gebildet wird.

Die quantitative und zeitliche Diskrepanz zwischen Ein- und Auszahlungen als auch die Unternehmensgröße und die Zusammensetzung des Versicherungsbestandes erfordern ein erfolgreiches Finanzmanagement. Hier muss das Finanzmanagement eines Versicherers sicherstellen, dass zu jedem Zeitpunkt die Liquidität und die damit zusammenhängende dauernde Erfüllbarkeit (bzw. Finanzierung) des übernommenen Schutzversprechens aus dem Versicherungsvertrag gewährleistet ist.

Finanzierung aus Desinvestition:

Diese Finanzierungsform beinhaltet eine Finanzierung aus Vermögensumschichtung.[22] Man spricht daher von einer Innenfinanzierung. Der Finanzierungseffekt entsteht dadurch, dass Kapital freigesetzt wird, welches bisher auf der Aktivseite in Vermögen gebunden war. Dies kann sowohl durch Desinvestitionen, Rationalisierungen als auch durch Outsourcing und Sales-and-Lease-Back-Verfahren erreicht werden.

Im Rahmen einer Desinvestition werden ggf. Vermögensgegenstände verkauft, die nicht für die laufende Geschäftstätigkeit benötigt werden.[23] Bei Outsourcing und dem Sales-and-Lease-Back-Verfahren stehen primär die Kostenaspekte und der durch diesen Finanzierungseffekt entstandene Liquiditätszufluss im Vordergrund.[24]

---

[22] Vgl. Pape 2009, Grundlagen der Finanzierung und Investition, S. 37 ff.
[23] Vgl. Pape 2009, Grundlagen der Finanzierung und Investition, S. 37.
[24] Vgl. Ludwig/Prätsch/Schikorra 2007, Finanzmanagement, S. 193 ff.

Bei Versicherungsunternehmen könnte eine Desinvestition beispielsweise in der Einstellung des Neugeschäftes für eine nicht ausreichend profitable Sparte bestehen.

Die Frage, ob es sich bei einer Desinvestition um eine Eigen- oder Fremdfinanzierung handelt, ist zunächst offen. Abhängig ist die korrekte Zuordnung von der Überlegung, ob die betreffenden Produktionsfaktoren damals mit Eigenkapital oder Fremdkapital finanziert worden waren.[25] In den meisten Fällen handelt es sich um eine Mischfinanzierung aus Eigen- und Fremdkapital.[26]

Nachdem zentrale Finanzierungsbegriffe und Zusammenhänge erläutert worden sind, wird im folgenden Abschnitt kurz auf die Struktur der Bilanz nach dem deutschen Handelsgesetzbuch (HGB) eingegangen.

1.4 Bilanzierung

Eine Bilanz wird in Kontenform in Aktiva und Passiva unterteilt. Die Aktiva-Seite beschreibt die **Mittelverwendung**, wohingegen die Passiva-Seite die **Mittelherkunft** aufzeigt. Gerade bei Versicherungsunternehmen, die sich unter anderem durch versicherungstechnisches Fremdkapital finanzieren, spielt die Mittelherkunft eine bedeutende Rolle.

Die konkrete Ausgestaltung einer Bilanz hängt von der (rechtlich vorgeschriebenen oder freiwillig zugrunde gelegten) Bilanzierungsnorm ab. Bevor anhand eines für dieses Buch durchgängigen Beispiels auf weitere Bilanzierungsnormen eingegangen wird, soll zunächst die Struktur der Bilanz gemäß HGB aufgezeigt werden, da dies in Deutschland rechtlich verbindlich und in vielen Fällen auch die einzige angewendete Bilanzierungsform ist.

---

[25] Vgl. Wagner 2006, Versicherungsbetriebslehre, S. 184.
[26] Vgl. Pape 2009, Grundlagen der Finanzierung und Investition, S. 37.

1.4.1 HGB-Bilanz eines Versicherungsunternehmens

Die für deutsche Versicherungsunternehmen grundsätzlich verpflichtende Bilanzierung des Jahresabschlusses nach dem **HGB** dient der Information zum Schutz externer Unternehmensinteressenten wie z. B. Anteilseignern, Gläubigern, Arbeitnehmern und der allgemeinen Öffentlichkeit.

Der Fokus bei der Bewertung nach HGB liegt dabei eindeutig auf dem **Gläubigerschutz**. Die Fremdkapitalgeber sind die Hauptadressaten der Bilanzierung nach HGB. Das Hauptziel der Rechnungslegung ist die Ermittlung des ausschüttungsfähigen Gewinns an die Aktionäre, um sicherzustellen, dass genug Haftungsmasse für die Gläubiger erhalten bleibt.

Eine Ausschüttungsbegrenzung dient dazu, möglichst viel Kapital und somit Haftungsmasse für die Gläubiger zu bewahren. Das **Vorsichtsprinzip** bzw. das **Imparitätsprinzip** bewirkt, dass Erfolge eher niedrig und spät ausgewiesen werden und Verluste eher früh und hoch. Allerdings führt dies in letzter Konsequenz auch dazu, dass Aktiva und Passiva in der Bilanz oft hohe stille Reserven enthalten.

Die nachfolgende Auflistung zeigt die Struktur der Passivseite (= Mittelherkunft) bei der HGB-Bilanz eines Versicherers gemäß Formblatt 1 RechVersV[27], wobei an dieser Stelle zur Übersicht ausschließlich die Oberbegriffe der Positionen aufgelistet werden.

---

[27] Formblatt 1 zur RechVersV vom 25.04.2014 (BaFin).

A. Eigenkapital

B. Genussrechtskapital

C. Nachrangige Verbindlichkeiten

D. (weggefallen)

E. Versicherungstechnische Rückstellungen

F. Versicherungstechnische Rückstellungen im Bereich Lebensversicherung, soweit das Anlagerisiko von den Versicherungsnehmern getragen wird

G. Andere Rückstellungen

H. Depotverbindlichkeiten aus dem in Rückdeckung gegebenen Versicherungsgeschäft

I. Andere Verbindlichkeiten

K. Rechnungsabgrenzungsposten

L. Passive latente Steuern

Der Aufzählungspunkt „J" tritt für eine bessere Unterscheidbarkeit in beiden Listen (Aktiv- und Passivseite) nicht auf.

Im Gegensatz zur Mittelherkunft zeigt die Mittelverwendung (d. h. die Aktivseite einer Versicherungsbilanz) die Vermögenswerte, z. B. Investitionen, Rechte oder Lizenzen, siehe dazu wieder die nachfolgende Struktur gemäß Formblatt 1 RechVersV.

A. (weggefallen)

B. Immaterielle Vermögensgegenstände

C. Kapitalanlagen

D. Kapitalanlagen für Rechnung und Risiko von Inhabern von Lebensversicherungspolicen

E. Forderungen

F. Sonstige Vermögensgegenstände

G. Rechnungsabgrenzungsposten

H. Aktive latente Steuern

I. Aktiver Unterschiedsbetrag aus der Vermögensverrechnung

K. Nicht durch Eigenkapital gedeckter Fehlbetrag

In diesem Abschnitt wurde die allgemeine Struktur der HGB-Bilanz eines Versicherungsunternehmens skizziert. Im nachfolgenden Abschnitt wird ergänzend anhand der Bilanz eines Beispielunternehmens auch auf andere Bilanzierungsnormen näher eingegangen, wobei insbesondere die wichtigsten Bewertungsdifferenzen zwischen dem HGB und den „International Financial Reporting Standards" (IFRS) im Hinblick auf Versicherungsunternehmen dargestellt werden.

1.4.2 Bilanzierung für das Beispielunternehmen

Das Themengebiet Finanzierung soll in diesem Buch durchgängig am Beispiel der so genannten „IVW Privat AG" in möglichst vielen Facetten erläutert werden.

In der nachfolgenden Abbildung ist die HGB-Bilanz dieses Unternehmens dargestellt, wobei bei der Darstellung auf die zuvor skizzierten Gliederungspunkte aus Formblatt 1 RechVersV verzichtet wurde, da diese Gliederungspunkte bei anderen Bilanzierungsnormen in dieser Form nicht auftreten; der Begriff „Kapitalanlagen" ist hier ebenfalls etwas weiter gefasst.

HGB-Bilanz			
Aktiva		Passiva	
Kapitalanlagen	15.708	7.628	Eigenkapital
Immaterielle Güter	*50*	*8.080*	*VT Reserven*
Festverzinslich	*9.808*	*7.345*	*Schadenreserven*
Aktien	*984*	*10.493*	*Brutto*
Darlehen	*2.000*	*3.148*	*zediert*
Forderungen	*1.000*	*735*	*SchwaRü*
Immobilien	*1.867*	*0*	*Steuerrückstellung*
Summe	15.708	15.708	Summe

Abbildung 3: HGB-Bilanz der IVW Privat AG.

Die Struktur der IVW Privat AG ist dabei recht einfach, insbesondere gibt es keine Rechnungsabgrenzungsposten. Die VT Reserven sind gemäß der HGB-Vorgehensweise saldiert ausgewiesen, wobei zusätzlich noch eine Schwankungsrückstellung ausgewiesen ist. Die Position „Steuerrückstellung" auf der Passivseite ist für die HGB-Bilanz bedeutungslos, wird aber für die verschiedenen (nicht erfolgsneutralen) Umbewertungen benötigt.

Auf Einzelabschlussebene haben deutsche Versicherer für Zwecke der Offenlegung neben der Bilanzierung nach HGB zudem die Möglichkeit der Bilanzierung nach IFRS (§ 325 Abs. 2a und 2b HGB). Als Grundlage für die Ausschüttungsbemessung sowie für die steuerliche Gewinnermittlung muss allerdings auf Einzelabschlussebene weiterhin ein HGB-Abschluss erstellt werden. Auf Konzernabschlussebene ist seit 2005 die Anwendung der IFRS für kapitalmarktorientierte Unternehmen sogar vorgeschrieben. Dies wurde durch die EU-Richtlinie Nr. 1606/2002 ("IAS-Verordnung") angeordnet.[28]

---

[28] Vgl. Coenenberg 2012, Jahresabschluss und Jahresabschlussanalyse, S. 9 ff.

Mittels der „IAS-Verordnung" der EU sind die IFRS seit 2005 Bestandteil der Rechtsnormen innerhalb der EU. Sie beschreiben Regeln, die durch den privaten Standardisierungssetter „International Accounting Standards Board" (IASB) fortlaufend entwickelt werden. In ihrer Eigenschaft ähneln sie stark den US-amerikanischen „Generally Accepted Accounting Principles" (US-GAAP).

Konzeptionell sollen IFRS einheitliche, qualitativ hochwertige, transparente und global akzeptierte Rechnungslegungsstandards darstellen. Sie dienen vor allem der internationalen Vergleichbarkeit einzelner Jahresabschlüsse und der globalen Investoreninformation. Vor allem für große Versicherungskonzerne ist diese Funktion im Wettbewerb mit anderen Konzernen besonders wichtig.[29]

Im Unterschied zu der Bilanzierung nach HGB fokussiert sich die Bilanzierung nach IFRS stärker auf den **Anlegerschutz** und die Eigenkapitalgeber. Diese benötigen für ihre Entscheidung, Unternehmensanteile zu kaufen, zu halten oder zu verkaufen vor allem zeitgemäße Informationen. Ausgeschüttete Gewinne stehen den Aktionären dabei unmittelbar zur Verfügung, während thesaurierte Gewinne die Unternehmenssubstanz erhöhen.

Vor diesem Hintergrund ist das primäre Rechnungslegungsziel der Bilanzierung nach IFRS die Informationsvermittlung für Investitionen. Das Vorsichtsprinzip des HGB ist dabei nachrangig. Erfolge sollen stattdessen möglichst periodengerecht und in adäquater Höhe ausgewiesen werden.[30]

Transformiert man eine typische HGB-Bilanz in eine IFRS-Bilanz, so werden sämtliche stille Reserven der Aktiva und Passiva in der HGB-Bilanz aufgedeckt. Dies führt i. d. R. zu einer Erhöhung der Bilanzsumme. Auch das Eigenkapital als Residualgröße zwischen den Aktiva und den Reserven auf der Passivseite der Bilanz erhöht sich dabei in der Regel.

---

[29] Vgl. Coenenberg 2012, Jahresabschluss und Jahresabschlussanalyse, S. 51 ff.
[30] Vgl. Buchholz 2011, Internationale Rechnungslegung, S. 21 ff.

Die Schwankungsrückstellung, welche bei der vorsichtigen HGB-Bilanzierung zum Ausgleich der Schwankungen im Schadenverlauf künftiger Jahre dient (§ 341h Abs. 1 HGB), wird unter IFRS zum Zwecke der adäquaten Investoreninformation aufgelöst und dem Eigenkapital zugeschrieben. Der Gewinn auf das Eigenkapital, welcher sowohl aus der Auflösung der Schwankungsrückstellung als auch aus der Aufdeckung der stillen Reserven resultiert, unterliegt nun einer Unternehmensbesteuerung. Diese wird passivisch als Steuerrückstellung angesetzt.[31]

Der Ausweis der passiven Rückversicherung funktioniert unter HGB prinzipiell auf Basis des modifizierten Nettoprinzips. Die Bruttobeiträge der Schadenreserven werden unter den Passiva in Vorspalten ausgewiesen. Der Anteil der Rückversicherung wird davon abgezogen. In der Hauptspalte stehen dann unter HGB die daraus resultierenden Nettobeträge.

Bei der Umbewertung in IFRS wird die Rückversicherung allerdings auf der Seite der Aktiva als Forderung gegenüber den Rückversicherern ausgewiesen.[32]

Für die Umbewertung nach IFRS benötigt man Angaben zu den stillen Reserven/Lasten sowie zum Steuersatz, siehe dazu zunächst die nachfolgende Tabelle:

	HGB-Wert	IFRS-Wert
Immaterielle Güter	50	100
Festverzinslich	9.808	9.949
Risikofreier Zerobond	*4.808*	*4.878*
Riskante Kuponanleihe	*5.000*	*5.071*

---

[31] Vgl. Rockel 2012, Versicherungsbilanzen – Rechnungslegung nach HGB und IFRS, S. 214 ff.
[32] Vgl. Rockel 2012, Versicherungsbilanzen – Rechnungslegung nach HGB und IFRS, S. 286, 296.

Die immateriellen Güter haben unter IFRS unter Umständen einen höheren Wert, da in HGB hier oft ein Ansatz nicht zulässig ist. Was die festverzinslichen Wertpapiere der IVW Privat AG betrifft, so wurden diese vor neun Jahren bei einem deutlich höheren Zinsniveau gekauft und haben jetzt noch eine Restlaufzeit von einem Jahr. Die hier aufgelisteten Wertänderungen werden im Abschnitt zu den festverzinslichen Wertpapieren explizit vorgerechnet.

Für alle anderen Umbewertungen werden folgende Informationen zugrunde gelegt:

Stille Reserven aller anderen Aktiva   1,68 %

Stille Reserven Schadenrückstellungen   10,00 %

Steuersatz   30,00 %

Nach Aufdeckung der stillen Reserven und Anwendung des Steuersatzes auf den entstehenden Unternehmensgewinn zur Kalkulation der Steuerrückstellungen resultiert daraus die nachfolgende IFRS-Bilanz:

IFRS-Bilanz			
Aktiva			**Passiva**
Kapitalanlagen	15.998	8.859	Eigenkapital
Immaterielle Güter	*100*		
Festverzinslich	*9.949*		
Aktien	*1.000*		
Sonstige Aktiva	*4.948*		
zedierte BE Reserven	2.833	9.444	BE Bruttoreserven
		528	Steuerrückstellung
Summe	**18.831**	**18.831**	**Summe**

Abbildung 4: IFRS-Bilanz der IVW Privat AG.

Die Umbewertungen der immateriellen Güter und festverzinslichen Wertpapiere wurden explizit angegeben, alle anderen Umbewertungen auf der Aktivseite ergeben sich durch Anwendung des Prozentsatzes in Höhe von 1,68 %.

Die **Best Estimate** Reserven (Brutto bzw. zediert) sind gemäß der getroffenen Modellannahmen 90 % der HGB-Reserven (Brutto bzw. zediert).

Die stillen Reserven ergeben sich als Differenz aus den umbewerteten Aktiva und den umbewerteten Passiva; die Steuerrückstellung entspricht dem Produkt aus dem Steuersatz mit den stillen Reserven.

$$
\begin{aligned}
\text{Stille Reserven} &= \text{umbew. Aktiva} - \text{umbew. Passiva} \\
&= (15.998 + 2.833) - (7.628 + 9.444) \\
&= \mathbf{1.759}.
\end{aligned}
$$

$$
\begin{aligned}
\text{Steuerrückst.} &= \text{Stille Reserven} \cdot \text{Steuersatz} \\
&= 1.759 \cdot 30{,}00\% \\
&= \mathbf{528}.
\end{aligned}
$$

Bei der Umbewertung wird vor allem deutlich, dass durch die Aufdeckung der stillen Reserven sowohl die Bilanzsumme der Aktiva und Passiva als auch das Eigenkapital ansteigt. Die Bilanzsumme ist somit als Effekt der Umbewertung von 15.708 um rund 19,88 % auf 18.831 angestiegen. Die Erhöhung des Eigenkapitals beträgt absolut 1.231 und ist somit um 16,14 % höher als unter HGB.

Obwohl auch IFRS den Anspruch hat, möglichst marktnahe Werte auszuweisen, wird bei den Schadenreserven mangels liquider Märkte derzeit meistens noch in Anlehnung an US-GAAP[33] die Best Reserve (d. h. eine mathematische Schätzung des undiskontierten Erwartungswertes) ausgewiesen.

---

[33] Generally Accepted Accounting Principles.

Im Rahmen einer vollständigen ökonomischen Betrachtung (beispielsweise unter Solvency II) wird aber auch bei den Schadenreserven ein Ausweis als Fair Value (FV) gefordert. Bei der Reservebewertung muss man allerdings hier wegen fehlender Märkte auf modellierte Werte zurückgreifen.

Nachfolgend ist für die IVW Privat AG die ökonomische Bilanz mit den umbewerteten Fair Value Reserven dargestellt; die Herleitung der Fair Values erfolgt im Abschnitt zur Reservebewertung.

Ökonomische Bilanz			
Aktiva			**Passiva**
Kapitalanlagen	15.998	8.887	Eigenkapital
Immaterielle Güter	*100*		
Festverzinslich	*9.949*		
Aktien	*1.000*		
Sonstige Aktiva	*4.948*		
zedierte FV Reserven	2.816	9.387	FV Bruttoreserven
		539	Steuerrückstellung
Summe	**18.814**	**18.814**	**Summe**

Abbildung 5: Ökonomische Bilanz der IVW Privat AG.

Auf der Seite der Aktiva weicht die Bewertung der Kapitalanlagen nicht von der Bewertung gemäß IFRS ab. Die zedierten FV Reserven sind allerdings etwas geringer als die zedierten Best Estimate Reserven unter IFRS. Es ergibt sich demnach eine etwas geringere Bilanzsumme.

Auf der Seite der Passiva fallen die FV Bruttoreserven wiederum etwas geringer aus als die Best Estimate Bruttoreserven unter IFRS. Die Steuerrückstellung berechnet sich wie zuvor. Das Eigenkapital ergibt sich als Residualgröße.

Steuerrückst. = Steuerrückst. nach IFRS
  + Stille Reserven · Steuersatz
= 528 + 40 · 30,00%
= **540**.

Nachdem die wesentlichen Bewertungsunterschiede der Bilanz der IVW Privat AG nach HGB, IFRS und einer ökonomischen Betrachtung dargestellt wurden, werden im nachfolgenden Abschnitt die Auswirkungen von zwei wichtigen Finanzierungsinstrumenten – Rückversicherung und Hybridkapital – auf die Finanzsituation dieses Unternehmens untersucht.

1.5 Wirkung von Finanzierungsinstrumenten

Die in diesem Abschnitt betrachteten Finanzierungsinstrumente werden in ihren Auswirkungen auf die IFRS-Bilanz untersucht. Um hier sozusagen einen „Normalfall" vor Anwendung der Finanzierungsinstrumente zu definieren, wird die IFRS-Bilanz der IVW Privat AG vor Anwendung von Rückversicherung betrachtet, siehe dazu die nachfolgende Abbildung:

IFRS-Bilanz			
Aktiva			**Passiva**
Kapitalanlagen	18.962	8.951	Eigenkapital
		9.444	BE Bruttoreserven
		567	Steuerrückstellung
Summe	**18.962**	**18.962**	**Summe**

Abbildung 6: Normalfall – ohne Finanzierungsinstrumente.

Im Folgenden werden die Auswirkungen von Rückversicherung und Aufnahme von Hybridkapital auf diesen Normalfall analysiert.

1.5.1 Rückversicherung

Die zuvor eingeführte IFRS-Bilanz der IVW Privat AG stellt jetzt sozusagen den Normalfall (d. h. einen Fall ohne größere Schadenereignisse) mit Rückversicherung dar.

IFRS-Bilanz			
Aktiva			Passiva
Kapitalanlagen	15.998	8.859	Eigenkapital
Zedierte BE Reserven	2.833	9.444	BE Bruttoreserven
		528	Steuerrückstellung
Summe	**18.831**	**18.831**	**Summe**

Abbildung 7: **Normalfall – mit Rückversicherung.**

Der Kauf von Rückversicherung ist kein ergebnisneutraler Aktivtausch, da Rückversicherung im langfristigen Durchschnitt „Geld" kostet (im konkreten Fall wurde ca. 4,43 % Kostenabrieb einkalkuliert). Als Konsequenz verringern sich die Bilanzsumme, das Ist-Eigenkapital und die Steuerrückstellung.

Die Hauptfunktion von Rückversicherung ist jedoch eine Teilung und somit eine Reduktion des versicherungstechnischen Risikos. Durch diese Risikoteilung (Aufteilung des Risikos und gemeinsame Tragung mit dem Rückversicherer) bzw. den Risikotransfer (Übertragung des Risikos vom Risikoträger auf den Rückversicherer) kann der Erstversicherer einen Teil des versicherungstechnischen Risikos auf den Rückversicherer übertragen.

Im Falle eines Überschadens, welcher in dieser Form vom Erstversicherer nicht zu erwarten ist, übernimmt der Rückversicherer einen Teil des Schadens. Er schützt somit die Bilanz des Erstversicherers durch eine Absicherung des Eigenkapitals. Ohne Rückversicherung müsste der Überschaden voll aus dem Eigenkapital des Erstversicherers gezahlt werden und könnte somit zu einer drastischen Senkung der zur Verfügung stehenden Eigenmittel führen.[34]

Um diese Funktion des Risikotransfers zu verdeutlichen, soll nun ein Szenario mit einem Überschaden von 6.000 in Form einer zusätzlichen Rückstellung betrachtet werden. Die Bilanzauswirkungen ohne Rückversicherung sind in der nachfolgenden Abbildung dargestellt.

IFRS-Bilanz			
Aktiva			Passiva
Kapitalanlagen	18.962	4.751	Eigenkapital
		15.444	BE Bruttoreserven
		-1.233	Steuerrückstellung
Summe	18.962	18.962	Summe

Abbildung 8: Überschadenfall – ohne Rückversicherung.

Der Überschaden muss hier voll aus dem Eigenkapital des Erstversicherers finanziert werden (unter Berücksichtigung von Steuereffekten). Die negative „Steuerrückstellung" ergibt sich (im Sinne einer aktiven latenten Steuerposition) aus dem Verlustvortrag. Da noch genügend Eigenkapital nach dem Überschaden zur Verfügung steht, kann diese Position als werthaltig angesehen werden und muss nicht notwendigerweise abgeschrieben werden.

Betrachtet man nun die Auswirkungen dieses Überschadens unter der Voraussetzung, dass eine Rückversicherung mit

Priorität   1.000

Haftungsstrecke   5.000

eingekauft wurde, ergibt sich die nachfolgende Bilanzsituation:

---

[34] Vgl. Liebwein 2009, Klassische und moderne Formen der Rückversicherung, S. 18 ff., S. 35, S. 50.

IFRS-Bilanz			
Aktiva		**Passiva**	
Kapitalanlagen	15.998	8.159	Eigenkapital
Zedierte BE Reserven	7.833	15.444	BE Bruttoreserven
		228	Steuerrückstellung
Summe	**23.831**	**23.831**	**Summe**

Abbildung 9: Überschadenfall – mit Rückversicherung.

Im Falle eines Überschadens bleibt mit dieser Rückversicherungslösung deutlich mehr Eigenkapital übrig, so dass das Eigenkapital durch den Einkauf der Rückversicherung geschützt werden kann. Das Soll-Kapital ist somit insgesamt geringer, da man grob gesprochen mehr Überschadenszenarien überstehen kann. Zusammenfassend lässt sich also sagen:

> *Rückversicherung mindert das Ist-Kapital im Normalfall, sie mindert aber auch das Soll-Kapital zum Abfedern von Überschäden. Rückversicherung ist **effizient**, wenn der zweite Effekt den ersten übersteigt. Dies kann i. d. R. nur mit Simulationsverfahren getestet werden.*

1.5.2 Hybridkapital

Hybridkapital nimmt wirtschaftlich eine Stellung zwischen Eigen- und Fremdkapital ein und wird insbesondere dann genutzt, wenn die klassische Eigen- bzw. Fremdfinanzierung für die Zwecke des Kapitalnehmers nicht ausreichend ist. Bei Versicherungsunternehmen ist dies fast schon die einzige zulässige Form der Fremdfinanzierung (zusätzlich zur versicherungstechnischen Fremdfinanzierung).

Hybridkapital hat den großen Vorteil, dass den Kapitalgebern keine Stimmrechte zur Verfügung stehen. Außerdem kann sich auch das Unternehmensrating dadurch verbessern, dass das Unternehmen Hybridkapital vorzeigen kann. Unter der Voraussetzung der Anerkennung als wirtschaftliches Eigenkapital erleichtert es die Aufnahme von weiterem Fremdkapital. In diesem Fall wird zudem die Bilanzstruktur verbessert, insbesondere das Verhältnis von Eigen- zu Fremdkapital.

Für Versicherungen besteht durch Inspruchnahme von Mittelzufluss aus Hybridkapital die Möglichkeit, Eigenmittel im Sinne des § 53 c VAG zu erwerben. Hybridkapital hat prinzipiell Haftungscharakter. Der Vorteil ist dabei, dass im Falle eines Überschadens zusätzliches Haftungskapital zur Verfügung steht.[35]

Um die Wirkungsweise von Hybridkapital besser zu verdeutlichen, wird für den zuvor dargestellten Normalfall ein Mittelzufluss von **500** durch die Aufnahme von Hybridkapital untersucht.

Da aufgrund des hohen Risikos Hybridkapital „Geld" kostet, ist der Fair Value der Verpflichtung aus der Rückzahlung des Hybridkapitals deutlich höher als der Mittelzufluss, in diesem Fall **631** (was im Abschnitt zu den festverzinslichen Wertpapieren noch hergeleitet wird).

Die Auswirkung dieser Aufnahme von Hybridkapital auf den Normalfall ist in der nachfolgenden Abbildung dargestellt:

IFRS-Bilanz			
Aktiva		Passiva	
Kapitalanlagen	19.462	8.859	Eigenkapital
		631	Hybridkapital
		9.444	BE Bruttoreserven
		528	Steuerrückstellung
Summe	19.462	19.462	Summe

Abbildung 10: Normalfall – mit Hybridkapital.

---

[35] Vgl. Lühn 2013, Genussrechte – Grundlagen, Einsatzmöglichkeiten, Bilanzierung und Besteuerung, S. 25 ff.

In diesem Fall steigt zwar die Bilanzsumme aufgrund des direkten Mittelzuflusses, Eigenkapital und Steuerrückstellung sinken aber im gleichen Maß wie bei dem zuvor diskutierten Beispiel einer Aufnahme von Rückversicherung.

Um die eigentliche Wirkungsweise und Funktion des Hybridkapitals darzustellen, soll nun von einem extremen Überschaden in Höhe von **10.000** ausgegangen werden. Ohne Hybridkapital würde das Eigenkapital nicht ausreichen, um diesen Überschaden zu decken, siehe dazu die nachfolgende Abbildung:

IFRS-Bilanz			
Aktiva			**Passiva**
Kapitalanlagen	18.962	-482	Eigenkapital
		19.444	BE Bruttoreserven
		0	Steuerrückstellung
Summe	**18.962**	**18.962**	**Summe**

Abbildung 11: Extremschadenfall – ohne Hybridkapital.

Da in diesem extremen Fall der Unternehmensruin eintritt, kann der „Verlustvortrag" nicht mehr als werthaltig angesehen werden und muss in jedem Fall vollständig abgeschrieben werden.

Bei der Lösung mit Hybridkapital stellt sich dieser sehr extreme Fall allerdings wie folgt dar:

IFRS-Bilanz			
Aktiva			**Passiva**
Kapitalanlagen	19.462	0	Eigenkapital
		18	Hybridkapital
		19.444	BE Bruttoreserven
		0	Steuerrückstellung
Summe	**19.462**	**19.462**	**Summe**

Abbildung 12: Extremschadenfall – mit Hybridkapital.

Wie die obige Abbildung zeigt, kann auf diese Weise der wirtschaftliche Ruin durch Inanspruchnahme des Hybridkapitals verhindert werden. In der Tendenz tritt er somit wesentlich seltener auf als ohne Hybridkapital. Das Hybridkapital dient als zusätzliches Haftungskapital und schützt somit den Kapitalnehmer. Zusammenfassend lässt sich also sagen:

*Hybridkapital mindert das Ist-Kapital im Normalfall, es mindert aber auch das Soll-Kapital zum Abfedern von extremen Überschäden. Hybridkapital ist **effizient**, wenn der zweite Effekt den ersten übersteigt. Dies kann i. d. R. nur mit Simulationsverfahren getestet werden.*

In einem Versicherungsunternehmen kommt folglich dem Produktionsfaktor Kapital eine immense Bedeutung zu, insbesondere muss der Kapitalbedarf ermittelt werden, der sich aus dem Zusammenspiel der Risiken auf der Aktivseite (Assetrisiken) und den Risiken auf der Passivseite (Liabilityrisiken) ergibt.

Aus diesem Grund werden in den folgenden Kapiteln zunächst die Assets und ihre Risiken sowie die Liabilities und ihre Risiken separat betrachtet und anschließend in einem Kapitel zum Asset Liability Management (ALM) zusammengeführt, wobei natürlich in diesem Abschnitt auch die gesetzlichen Solvenzvorschriften (hier vor allem das Solvency II Regime) eine maßgebliche Rolle spielen.

2 Assets

Im Unterschied zur Bilanz eines klassischen Produktionsunternehmens, welches auf seiner Aktivseite hohe illiquide Vermögensbestandteile (z. B. Produktionsanlagen) aufweist, umfasst die Aktivseite einer Versicherungsbilanz in hohem Maße tendenziell sehr liquide Kapitalanlagen (charakterisiert als renditeorientierte Vermögenswerte), die aus den Prämienzuflüssen der Versicherten finanziert werden.

2.1 Klassifikation & Risiken

Da die Kapitalanlagen bei Versicherungsunternehmen meistens den größten Aktivposten darstellen, wird in diesem Abschnitt zunächst die Rubrik „C. Kapitalanlagen" aus der HGB-Bilanz näher erläutert.

Anschließend werden die dabei möglichen (Asset) Risiken in ihrer Wirkungsweise und Bedeutung für den Versicherer skizziert; in einem anschließenden Abschnitt werden die gesetzlichen Rahmenbedingungen für die Aktivseite eines Versicherungsunternehmens erläutert.

2.1.1 Klassifikation der Kapitalanlagen

Die Kapitalanlagen sind in der Bilanz gemäß der nachfolgenden Aufstellung in Unterpositionen aufzugliedern: [36]

---

[36] Formblatt 1 zur RechVersV vom 25.04.2014 (BaFin).

C. Kapitalanlagen

I. Grundstücke, grundstücksgleiche Rechte und Bauten einschließlich den Bauten auf fremden Grundstücken

II. Kapitalanlagen in verbundenen Unternehmen und Beteiligungen
    1. Anteile an verbundenen Unternehmen
    2. Ausleihungen an verbundene Unternehmen
    3. Beteiligungen
    4. Ausleihungen an Unternehmen, mit denen ein Beteiligungsverhältnis besteht

III. Sonstige Kapitalanlagen
    1. Aktien, Investmentanteile u. a. nicht festverzinsliche Wertpapiere
    2. Inhaberschuldverschreibungen u. a. festverzinsliche Wertpapiere
    3. Hypotheken-, Grundschuld- und Rentenschuldforderungen
    4. Sonstige Ausleihungen
        a) Namensschuldverschreibungen
        b) Schuldscheinforderungen und Darlehen
        c) Darlehen und Vorauszahlungen auf Versicherungsscheine
        d) Übrige Ausleihungen
    5. Einlagen bei Kreditinstituten
    6. Andere Kapitalanlagen

IV. Depotforderungen aus dem in Rückdeckung übernommenen Versicherungsgeschäft

Die wichtigsten Positionen der Tabelle werden nachfolgend kurz erläutert.

Verbundene Unternehmen:

Verbundene Unternehmen sind solche Unternehmen, die nach Maßgabe des § 271 Abs. 2 HGB als Mutter- oder Tochterunternehmen in den Konzernjahresabschluss des Mutterunternehmens einzubeziehen sind.

Beteiligungen:

Beteiligungen sind Anteile an anderen Unternehmen, die bestimmt sind, dem eigenen Geschäftsbetrieb durch Herstellung einer dauernden Verbindung zu jenen Unternehmen zu dienen (§ 271 Abs. 1 HGB).

Depotforderungen:

Wenn der Vorversicherer die Rückversicherungsprämien nicht an den bilanzierenden Rückversicherer abführt, sondern diese als Sicherheit einbehält, dann entsteht aus der aktiven Rückversicherung eine Depotforderung. Die daraus resultierenden Depotforderungen sind zu verzinsen (Depotzinsen) und als ein Kapitalanlagensurrogat aufzufassen.[37]

Aktien, Investmentanteile und andere nichtfestverzinsliche WP:

In diesem Posten sind Aktien, Zwischenscheine, Anteile oder Aktien an Investmentvermögen, Optionsscheine, Gewinnanteilscheine, als Inhaber- oder Orderpapiere ausgestaltete börsenfähige Genussscheine sowie andere nicht festverzinsliche Wertpapiere, soweit sie börsennotiert sind, auszuweisen[38].

---

[37] Vgl. Bildungswerk der deutschen Versicherungswirtschaft e.V. 2006, Versicherungsbetriebslehre, S. 279.
[38] Vgl. Verordnung über die Rechnungslegung von Versicherungsunternehmen (RechVersV), Abschnitt 3: Vorschriften zu einzelnen Posten der Bilanz, § 7 Posten der Aktivseite.

Inhaberschuldverschreibungen & andere festverzinsliche WP:

Als Inhaberschuldverschreibungen und andere festverzinsliche Wertpapiere sind insbesondere die folgenden Rechte auszuweisen: festverzinsliche Inhaberschuldverschreibungen und andere festverzinsliche Inhaberpapiere, Orderschuldverschreibungen, Schatzwechsel, Schatzanweisungen und andere Geldmarktpapiere sowie Kassenobliegenheiten. Als festverzinslich gelten auch Wertpapiere, die mit einem veränderten Zinssatz ausgestaltet sind, sowie Nullkuponanleihen, ferner Schuldverschreibungen, die einen anteiligen Anspruch auf Erlöse aus einem gepoolten Forderungsvermögen verbriefen.[39]

Hypotheken-, Grundschuld- und Rentenschuldforderungen:

In diesem Posten sind Forderungen auszuweisen, für die dem bilanzierenden Versicherungsunternehmen Pfandrechte an Grundstücken oder Schiffen bestellt worden sind und bei denen die Befriedigung insbesondere durch Verwertung des belasteten Objekts erfolgen soll.[40]

Einlagen bei Kreditinstituten:

Hier sind die Guthaben und Sparguthaben bei Kreditinstituten auszuweisen, über die erst nach Ablauf einer Kündigungsfrist verfügt werden kann. Des Weiteren sind auch die zugunsten ausländischer Regierungen als Kaution hinterlegten Geldbestände in diesem Posten auszuweisen.[41]

---

[39] Vgl. Verordnung über die Rechnungslegung von Versicherungsunternehmen (RechVersV), Abschnitt 3: Vorschriften zu einzelnen Posten der Bilanz, § 8 Posten der Aktivseite.
[40] Vgl. Verordnung über die Rechnungslegung von Versicherungsunternehmen (RechVersV), Abschnitt 3: Vorschriften zu einzelnen Posten der Bilanz, § 9 Posten der Aktivseite.
[41] Vgl. Verordnung über die Rechnungslegung von Versicherungsunternehmen (RechVersV), Abschnitt 3: Vorschriften zu einzelnen Posten der Bilanz, § 11 Posten der Aktivseite.

Von der typischen Regelausstattung einer **Anleihe** (festgeschriebener Kupon, Rückzahlung am Ende der Laufzeit), im Angelsächsischen auch Bonds genannt[42], gibt es einige Ausnahmen:

Zunächst gibt es Anleihen, die nicht den Inhaber legitimieren, sondern als **Namenspapiere** ausgegeben sind. Für Namenspapiere als Anlagevermögen gelten andere Bilanzierungsvorschriften als für **Inhaberpapiere**, die als Umlaufvermögen angesehen werden. Deshalb kaufen Versicherungen aus bilanzplanerischen Gründen oft Namenspapiere, weil sie über die ganze Laufzeit zum Einstandspreis bilanziert werden dürfen. Es gibt keine Unsicherheit dahingehend, ob in der Bilanz eventuell Wertberichtigungen vorgenommen werden müssen.[43]

Inhaberpapiere grenzen sich von Order- und Namenspapieren nach der Art der Übertragung ab, weil der Besitzer eines solchen Papiers das Recht aus dem Papier geltend machen kann. Dabei gilt, dass der Besitzer (Inhaber) auch Eigentümer der beweglichen Sache bzw. des Rechts ist.

Namenspapiere auch Rektapapiere genannt, werden im Gegensatz zu den Inhaberpapieren nicht durch Übereignung der Urkunde, sondern durch Abtretung des verbrieften Rechts übertragen. Das verbriefte Recht kann eine Geldforderung (§ 925 BGB) beinhalten, ein Eigentums-, Pfand- oder Besitzrecht sein oder Teilhabe begründen.[44] Damit sind Namenspapiere z. B. Schuldscheindarlehen, Namensschuldverschreibungen, Hypotheken-, Grund- und Rentenschuldbriefe sowie Sparbücher.[45]

---

[42] Vgl. Spremann 2007, Zinsen/Anleihen/Kredite, S.17.
[43] Vgl. Spremann 2007, Zinsen/Anleihen/Kredite, S.23.
[44] Vgl. Tolkmitt 2007, Neue Bankbetriebslehre, S. 286.
[45] Vgl. Buck-Heep 2010, Kapitalmarktrecht, S. 25.

Zerobonds (Nullkuponanleihen) haben keinen Kupon (periodische Zinsleistung). Die einzige Zahlung, die hier dem Inhaber am Ende zufließt, ist die Tilgung am Ende der Laufzeit.[46]

Termingeschäfte, die auch **Derivate** genannt werden, lassen sich in Futures und Optionen unterteilen.[47] Diese werden später in einem eigenen Abschnitt noch gesondert betrachtet.

Im weiteren Verlauf werden die wichtigsten Kapitalanlagen im Hinblick auf ihre relevanten Eigenschaften untersucht, insbesondere

- festverzinsliche Wertpapiere wie Zerobonds und Kuponanleihen (risikofrei oder riskant),

- Aktien oder vergleichbare Wertpapiere wie Aktienportfolios und Immobilienportfolios sowie

- Derivate wie Kaufoptionen und Verkaufsoptionen (z. B. auf Aktien).

In den noch folgenden Abschnitten werden diese Anlagen näher bezüglich der auf sie **einwirkenden Risiken** analysiert.

2.1.2 Assetrisiken

In der nachfolgenden Abbildung ist die übliche Einteilung der wichtigsten Kapitalanlagerisiken illustriert, wobei einige dieser Risiken keine separaten Assetrisiken, sondern Asset Liability Risiken (ALM Risiken) sind, die durch entsprechende Strukturierung auf der Passivseite (teilweise) immunisiert werden können.

---

[46] Vgl. Spremann 2007, Zinsen/Anleihen/Kredite, S. 23.
[47] Vgl. Buck-Heep 2010, Kapitalmarktrecht, S. 30.

```
┌─────────────────────────┐
│  Zinsänderungsrisiko    │         ┌──────────┐
├─────────────────────────┤   →     │  ALM -   │
│     Währungsrisiko      │         │  Risiken │
└─────────────────────────┘         └──────────┘

┌─────────────────────────┐
│    Marktpreisrisiko     │         ┌──────────┐
├─────────────────────────┤   →     │  Asset - │
│    Bonitäts- oder       │         │  Risiken │
│    Spreadrisiko         │         └──────────┘
└─────────────────────────┘
```

Abbildung 13: Kapitalanlagerisiken.

Unter dem **Zinsänderungsrisiko** versteht man die zinsinduzierte Kursänderung eines **festverzinslichen Wertpapiers** durch den Anstieg der Marktzinsen. Auf der Seite der Aktiva bewirkt eine Zinserhöhung eine Minderung des Eigenkapitals und eine Zinssenkung eine Erhöhung des Eigenkapitals. Konträr dazu bewirkt eine Zinserhöhung auf der Seite der Passiva eine Erhöhung des Eigenkapitals und eine Zinssenkung eine Minderung des Eigenkapitals.[48] Das Zinsänderungsrisiko ist also ein klassisches ALM Risiko.[49]

Obwohl das Zinsänderungsrisiko ökonomisch gesehen (teilweise) immunisiert werden kann, wird dies nicht in jeder Bilanznorm auch so abgebildet, insbesondere nicht unter dem Vorsichtsprinzip in HGB.

Auch unter IFRS wird die Passivseite nicht immer übereinstimmend zur Aktivseite bilanziert (z. B. bei der Bilanzierung der Schadenreserven als Best Estimate Reserve). Hier gibt es aber die Möglichkeit, unter der Rubrik „Held-to-Maturity" zu fortgesetzten Anschaffungskosten anstelle von Marktwerten zu bilanzieren, um die Auswirkungen des Zinsänderungsrisikos zumindest teilweise abzufedern.

---

[48] Vgl. Möbius/Pallenberg 2011, Risikomanagement in Versicherungsunternehmen, S. 131 ff., S. 171 f.
[49] Vgl. Romeike/Müller-Reichart 2008, Risikomanagement in Versicherungsunternehmen, S. 285 ff.

Das **Währungsrisiko** ist das Risiko von Wertverlusten, die aus der Investition in Anlagen in ausländischer Währung resultieren. Dieses Risiko kann (teilweise) immunisiert werden, wenn die Kapitalanlagen Positionen der Passivseite bedecken; das Währungsrisiko ist somit ein ALM Risiko.

Das **Marktpreisrisiko** bezeichnet das Risiko, Vermögenswertverluste durch Änderungen der Marktpreise (z. B. Aktienkurse) zu verzeichnen. Diesem Risiko unterliegen alle **Aktien** oder vergleichbare an Märkten gehandelte Wertpapiere oder Portfolios, die keinen festen Nominalwert aufweisen, sondern einem Kurswert mit entsprechenden Schwankungen unterliegen. Das Marktänderungsrisiko ist ein klassisches Assetrisiko.

Das **Bonitäts- oder Spreadrisiko** stellt das Risiko dar, dass der Emittent eines Wertpapiers durch Insolvenz (ganz oder teilweise) zahlungsunfähig wird. Somit kann er nicht mehr seiner Verpflichtung zur Rückzahlung seiner Verbindlichkeit gegenüber dem Käufer vollständig Folge leisten bzw. der Käufer seine Forderungen gegenüber dem Emittenten bzw. Schuldner nicht mehr vollständig geltend machen. Der Käufer trägt also das Bonitäts- bzw. Ausfallrisiko des Emittenten.[50]

Bei **festverzinslichen Wertpapieren** ist dieses Risiko in einem Zinsspread auf den risikofreien Zins reflektiert (daher auch der Begriff Spreadrisiko), der bei sinkender Bonität ansteigt (und somit bei starker Bonitätsverschlechterung hohe Wertverluste nach sich zieht).

Dem Bonitätsrisiko unterliegen darüber hinaus auch **Rückversicherungsverträge**, die in IFRS konsequenterweise als Assetpositionen ausgewiesen werden.

Durch die Auflistung der oben genannten Risiken wird deutlich, dass ein Versicherungsunternehmen mit vielen Risiken bei der As-

---

[50] Vgl. Möbius/Pallenberg 2011, Risikomanagement in Versicherungsunternehmen, S. 131 ff.

setzusammensetzung konfrontiert ist. Um nicht allzu vielen Risiken ausgesetzt zu werden, hat die Gesetzgebung eine Fülle von gesetzlichen Vorschriften für Versicherungsunternehmen erlassen, die unter Risikogesichtspunkten die Zusammensetzung der Kapitalanlagen aus den einzelnen Assetklassen regeln. Diese werden daher nachfolgend skizziert.

2.2 Gesetzliche Rahmenbedingungen

In diesem Abschnitt werden die gesetzlichen Grundlagen für die Zusammensetzung des Anlagevermögens bei einem Versicherungsunternehmen dargestellt. Dabei wird zunächst ein Überblick über die Aufstellung der Bilanz gegeben. Hier spielt das so genannte **gebundene Vermögen** auf der Aktivseite eine wichtige Rolle.

Danach werden die allgemeinen und speziellen Anlagegrundsätze gem. § 54 Versicherungsaufsichtsgesetz (VAG) i.V.m. der Anlageverordnung (AnlV) definiert und erläutert. Anschließend werden verschiedene Anlagearten des gebundenen Vermögens (§ 2 AnlV) zu den Mischquoten (§ 3 AnlV) in Relation gesetzt. Durch eine tabellarische Auflistung soll eine schnelle und einfache Übersicht über alle zulässigen Mischquoten gegeben werden.

Deutsche Versicherungsunternehmen sind hinsichtlich der Wahl und des Umfangs der Kapitalanlagen aus dem gebundenen Vermögen beschränkt.[51] Ein großer Teil des Anlagevermögens unterliegt aufsichtsrechtlichen Vorgaben (§ 54 VAG i.V.m. der AnlV 2011).

Nach § 54 Abs. 1 S. 1 VAG sind die Bestände des Sicherungsvermögens und das sonstige gebundene Vermögen unter Berücksichtigung der Art und der betriebenen Versicherungsgeschäfte sowie der Unternehmensstruktur so anzulegen, dass möglichst große Sicherheit und Rentabilität bei jederzeitigen Liquidität des Versicherungsunternehmens unter Wahrung angemessener Mischung und

---

[51] Vgl. Grundt 2003, Private Equity, S. 11.

Streuung erreicht wird. Die Aktivseite der Bilanz teilt sich danach auf in:

- Sicherungsvermögen,
- sonstiges gebundenes Vermögen und
- freies Vermögen.

Die Bestände des Sicherungsvermögens und das sonstige gebundene Vermögen werden zum gebundenen Vermögen zusammengefasst. Das so genannte **freies Vermögen** ergibt sich dann als Residualgröße, siehe dazu auch die nachfolgende Abbildung:

Aktiva		Passiva
Gebundenes Vermögen	Bestände des Sicherungsvermögens	Bilanzposten gem. § 66 I a VAG
	Sonstiges gebundenes Vermögen	Versicherungstechnische Rückstellungen, Verbindlichkeiten, Rechnungsabgrenzungsposten (ohne Bilanzposten gem. § 66 I a VAG)
Freies Vermögen		Eigenkapital, sonstige Verpflichtungen

Abbildung 14: Vermögensaufteilung gemäß § 54 VAG.[52]

Das **Sicherungsvermögen** (§ 66 VAG) ist zwar bilanziell nicht mit bestimmten Quellen verknüpft, speist sich aber zum größten Teil aus den Prämieneinnahmen und ggf. zu einem kleineren Teil aus den Kapitalerträgen. Bis Dezember 2003 wurde es als Deckungsstockvermögen bezeichnet. Es soll der Sicherung der Ansprüche

---

[52] Vgl. Prölss 2005, Versicherungsaufsichtsgesetz, § 54.

der Versicherten im Falle der Insolvenz dienen. Es bildet ein vom übrigen Vermögen intern getrenntes Sondervermögen, auf das im Konkursfall nur die Versicherungsnehmer Anspruch haben. Dementsprechend regelt § 77a Abs. 1 VAG, dass im Insolvenzfall die Versicherten zuerst einen Anspruch auf dieses Vermögen haben.

Das **sonstige gebundene Vermögen** im Sinne von § 54 Abs. 5 VAG muss mindestens der Summe aus den Bilanzwerten der versicherungstechnischen Rückstellungen und der aus Versicherungsverhältnissen entstandenen Verbindlichkeiten und Rechnungsabgrenzungsposten entsprechen, die nicht zum Mindestumfang des Sicherungsvermögens gehören. Es dient damit zur Bedeckung aller weiteren versicherungstechnischen Tatbestände (z. B. Schadenreserven und Beitragsüberträge).

Das **freie Vermögen** umfasst alle sonstigen Vermögensteile, die nicht dem Sicherungsvermögen oder übrigen gebundenen Vermögen hinzugerechnet werden. Es unterliegt nicht den allgemeinen Anlagegrundsätzen, da es aufsichtsrechtlich keinerlei Beschränkungen für das freie Vermögen gibt.[53]

Die Bedeckung des (zur Absicherung von Überschadenrisiko) erforderlichen Eigenkapitals erfolgt durch das freie Vermögen und ist damit nicht durch die Anlagevorschriften geschützt. Hier greifen andere Regelungsmechanismen wie etwa Solvenzvorschriften.

Das gebundene Vermögen der Versicherungsunternehmen darf nur in bestimmte – in § 54 VAG i.V.m. der AnlV aufgelistete – Kapitalanlagearten investiert werden. Die dritte Änderungsverordnung über die Anlage des gebundenen Vermögens von Versicherungsunternehmen (AnlV) trat am 11. Februar 2011 in Kraft.[54] Ermächtigungsgrundlage für diese Verordnung ist § 54 Abs. 3 VAG.

---

[53] Vgl. Prölss 2005, Versicherungsaufsichtsgesetz, § 54 Rn. 2.
[54] AnlV 2011, S. 1.

§ 54 Abs. 1 und 2 des VAG enthalten allgemeine Anlagegrundsätze, während die AnlV die Anlage des gebundenen Vermögens regelt, das den größten Teil des Vermögens darstellt.[55]

2.2.1 Allgemeine Anlagegrundsätze gemäß VAG

Das gebundene Vermögen muss gemäß § 54 Abs. 1 VAG nach den allgemeinen Anlagegrundsätzen angelegt werden, damit bei der Anlage des Sicherungsvermögens und des sonstigen gebundenen Vermögens (= gebundenes Vermögen) möglichst große Sicherheit und Rentabilität bei jederzeitiger Liquidität des Versicherungsunternehmens unter Wahrung angemessener Mischung und Streuung erreicht wird. Diese Grundsätze werden nachfolgend genauer erläutert.

- **Sicherheit:** Der Grundsatz der Sicherheit fordert eine eingehende Prüfung hinsichtlich der Bonität; demnach müssen die Anlagen vollständig und realisierbar sein. Die Sicherheit soll durch Einzelbetrachtung jeder einzelnen Anlage gewahrt werden.[56]

- **Rentabilität:** Bei den Anlagen muss keine Mindestrendite nachgewiesen werden. Sie müssen aber eine Ertragskraft in Form laufender Erträge oder einer Substanzwertsteigerung haben.[57]

- **Liquidität:** Die Kapitalanlage muss so strukturiert sein, dass das Versicherungsunternehmen jederzeit seinen Zahlungsverpflichtungen nachkommen kann.[58]

- **Mischung:** Zur Vermeidung von Risikokumulierung muss das Vermögen auf verschiedene Anlageformen verteilt werden. Eine einseitige Zusammensetzung des Anlagebestandes oder auch eine übermäßige Konzentration auf bestimmte Anlage-

---
[55] Vgl. Prölss 2005, Versicherungsaufsichtsgesetz, § 54 S. 633.
[56] Vgl. Prölss 2005, Versicherungsaufsichtsgesetz, § 54 Rn. 3.
[57] Vgl. Prölss 2005, Versicherungsaufsichtsgesetz, § 54 Rn. 4.
[58] Vgl. Prölss 2005, Versicherungsaufsichtsgesetz, § 54 Rn. 5.

formen widerspricht dem Mischungsgrundsatz.[59] In § 3 AnlV sind *spezielle Mischungsquoten* festgeschrieben.

Bei Anlagearten, für welche die *allgemeine Mischungsquote* von 50 % gilt, müssen an die Sicherheit der Anlage besonders hohe Anforderungen gestellt werden. Denn aus diesen Anlagearten sollte sich das Sicherungsvermögen eines Versicherungsunternehmens zusammensetzen, damit die Bedeckung der versicherungstechnischen Passiva dauerhaft gewährleistet ist.

In der Personenversicherung ist dies z. B. die Erwirtschaftung des Garantiezinses. Folglich dürfen im Anwendungsbereich der allgemeinen Mischungsquote Anlagen, die den Sicherheitsanforderungen nicht genügen (wie z. B. High-Yield-Anleihen), dem Portfolio nur sehr vorsichtig beigemischt werden.[60]

- **Streuung:** Die schuldnerbezogenen Beschränkungen sind in § 4 AnlV festgelegt. Zusätzlich zur Mischung der Anlagearten erfordert die Streuung die Verteilung der Anlagen auf verschiedene Aussteller (Schuldner).[61] Nach der allgemeinen Streuungsquote dürfen alle auf ein und denselben Schuldner entfallenen Anlagen 5 % des gebundenen Vermögens nicht übersteigen. Spezielle Regelungen zur Streuung sind in § 4 Abs. 2 bis 6 AnlV enthalten.

- **Kongruenz:** Das frühere Belegenheitsprinzip wurde ersatzlos gestrichen. Im § 5 AnlV wurde die so genannte *Kongruenzregel* eingeführt. Das gebundene Vermögen ist nach Maßgabe der Anlage Teil C des VAG in Vermögenswerten anzulegen, die in derselben Währung sein müssen. Das heißt, die Versicherungen müssen in derselben Währung angelegt werden.[62] Mindestens 80 % der Vermögensanlagen müssen auf die Währung lauten, in der die Verpflichtungen erfüllt werden

---

[59] Vgl. Prölss 2005, Versicherungsaufsichtsgesetz, § 54 Rn. 6.
[60] Vgl. BaFin-Rundschreiben 4/2011, Anlage des gebundenen Vermögens.
[61] Vgl. Prölss 2005, Versicherungsaufsichtsgesetz, § 54 Rn. 7.
[62] VAG Anlage C Nr. 6 b).

müssen, womit max. 20 % – für Einrichtungen der betrieblichen Altersversorgung max. 30 % – inkongruent bedeckt sein dürfen (Anlage zum VAG Teil C Nr. 6 Buchstabe b).[63]

2.2.2 Anlageart im Verhältnis zur Mischungsquote

Die Anlagearten im gebundenen Vermögen eines Versicherungsunternehmens und die jeweils geltenden Mischungsquoten lassen sich (vereinfacht) wie folgt darstellen:

Anlageart gem. § 2 Abs. 1 AnlV		Maximalquote je Anlageart
Forderungen für ein Grundpfandrecht	Nr. 1	Allgemeinmischungsquote: Bei den Anlagearten, für die keine spezielle Mischquote gilt (§ 3 AnlV), dürfen die Anlagearten nicht mehr als 50% des Anlagebestandes ausmachen (B 3.4 Mischung BaFin-Rundschreiben 4/2011).
Forderungen für Schuldverschreibungen	Nr. 2 b)	
Darlehen	Nr. 3	
	Nr. 4 a)	
Policendarlehen	Nr. 5 a)	
Pfandbriefe, Kommunalobligationen	Nr. 6	
Schuldverschreibungen	Nr. 7	
Forderungen von Bund und Ländern/ Liquiditätspapiere	Nr. 11	
Anlagen bei Zentralbanken, öffentlich-rechtlichen Kreditinstituten	Nr. 18	

Abbildung 15: Allgemeinmischungsquote.

Die allgemeine Quote von 50 % gilt ebenso wie alle speziellen Mischungsquoten des § 3 Abs. 2 bis 6 AnlV jeweils für das Sicherungsvermögen und das sonstige gebundene Vermögen.[64]

---

[63] Vgl. BaFin-Rundschreiben 4/2011 (VA), Hinweise zur Anlage des gebundenen Vermögens, Nr. B 7.
[64] Vgl. BaFin-Rundschreiben 4/2011 (VA), Hinweise zur Anlage des gebundenen Vermögens, Nr. B 3.4.

Anlageart gem. § 2 Abs. 1 AnlV		Maximalquote je Anlageart
Forderungen: Anlagen in Wertpapierdarlehen	Nr. 2 a)	**Vorsichtsprinzip:** Diese Anlagen sind auf ein vorsichtiges Maß zu beschränken (§ 3 I AnlV).
Schuldverschreibungen, die nicht von § Nr. 6 und 7 erfasst werden	Nr. 8	
Anlagen bei Schuldnern mit Sitz in Staaten des EWR, bei denen nicht sichergestellt ist, dass sich das Vorrecht des § 77a VAG auf sie erstreckt	§ 3 I AnlV	
Asset Backed Securities und Credit Linked Notes	Nr. 10	**Sonderquote:** Diese Anlagen dürfen 7,5% des gebundenen Vermögens nicht überschreiten (§ 3 II Nr. 1 AnlV).

Abbildung 16: Vorsichtsprinzip und Sonderquote.

Die BaFin definiert das Vorsichtsprinzip folgendermaßen: Welches Maß noch als vorsichtig anzusehen ist, bestimmt sich nach der individuellen Situation des Versicherungsunternehmens, insbesondere seiner Risikotragfähigkeit.[65]

---

[65] Vgl. BaFin-Rundschreiben 4/2011 (VA), Hinweise zur Anlage des gebundenen Vermögens, Nr. B 3.4.

Anlageart gem. § 2 Abs. 1 AnlV		Maximalquote je Anlageart
Alle Anlagen zusammen		**Risikokapitalanlagequote:** Diese Anlagen dürfen 35% des gebundenen Vermögens nicht überschreiten (§ 3 III S. 1 AnlV). *Darin enthalten:*
Forderungen aus nachrangigen Verbindlichkeiten gegen Unternehmen oder Genussrechte	Nr. 9	**Beteiligungsquote:** 15% des gebundenen Vermögens (§ 3 III S. 3 AnlV)
Zugelassene und voll eingezahlte Aktien	Nr. 12	**Hedgefondsquote:** 5% des gebundenen Vermögens (§ 3 II Nr. 2 AnlV)
Geschäftsanteile an einer GmbH oder KG, stille Beteiligungen	Nr. 13	**Rohstoffrisikoquote:** 5% des gebundenen Vermögens (§ 3 II Nr. 3 AnlV)
Anteile an Sondervermögen i.S.d. InvG, z.B. Hedge-Fonds	Nr. 15	
Anlageaktien einer inländischen Investment-AG	Nr. 16	**High-Yield-Anleihenquote:** 10% des gebundenen Vermögens (B 3.1 e) BaFin-Rundschreiben 4/2011)
Ausländische Investmentanteile	Nr. 17	

Abbildung 17: Risikokapitalanlagequote.

Die Anlagen in Beteiligungen unter Nummer 13 dürfen aufgrund ihrer geringeren Fungibilität die Quote von jeweils 15 % des Sicherungsvermögens und des sonstigen gebundenen Vermögens nicht übersteigen. Dagegen fallen Anlagen in Holdinggesellschaften, deren alleiniger Zweck das Halten von notierten Aktien nach der Nummer 12 ist, lediglich unter die Risikokapitalanlagenquote von 35 %.[66]

Anlageart gem. § 2 Abs. 1 AnlV		Maximalquote je Anlageart
Gesellschafter-Darlehen	Nr. 4 b)	Immobilienquote: Diese Anlagen dürfen 25% des gebundenen Vermögens nicht überschreiten.
Grundstücke/ grundstücksgleiche Rechte	Nr. 14 a)	
Aktien einer REIT-AG	Nr. 14 b)	
Anteile an geschlossenen Fonds	Nr. 14 c)	

Abbildung 18: Immobilienquote.

Anlagen in Darlehen, in Immobilien und in Immobilien, die über Sondervermögen und Investmentgesellschaften gehalten werden, dürfen jeweils 25 % des Sicherungsvermögens und des sonstigen gebundenen Vermögens nicht übersteigen (§ 3 Abs. 5 AnlV).[67]

Anlageart gem. § 2 AnlV		Maximalquote je Anlageart
Das gebundene Vermögen kann darüber hinaus in Anlagen angelegt werden, die nicht im Katalog der AnlV genannt sind oder dessen Voraussetzungen nicht erfüllen	§ 2 II AnlV	Öffnungsklauselquote: Diese Anlagen sind auf 5% des gebundenen Vermögens beschränkt; die BaFin kann im Einzelfall auf 10% erhöhen (§ 3 II Nr. 4 AnlV).

Abbildung 19: Öffnungsklauselquote.

Über die Öffnungsklausel können dem gebundenen Vermögen Werte zugeführt werden, die im Anlagekatalog nicht genannt sind, des-

---
[66] Vgl. BaFin-Rundschreiben 4/2011 (VA), Hinweise zur Anlage des gebundenen Vermögens, Nr. B 6.2.
[67] Vgl. BaFin-Rundschreiben 4/2011 (VA), Hinweise zur Anlage des gebundenen Vermögens, Nr. B 6.3.

sen Voraussetzungen nicht erfüllen oder die Mischungsquoten des § 3 Abs. 2 bis 5 AnlV übersteigen. Anlagen, die der allgemeinen Mischungsquote von 50 % unterliegen, dürfen dem gebundenen Vermögen über diese Grenze hinaus auch über die Öffnungsklausel nicht zugeführt werden, weil sie *nur* die Überschreitung der speziellen Mischungsquoten ermöglicht.

Die allgemeinen Anlagegrundsätze der Sicherheit, Rentabilität und Liquidität gelten auch im Rahmen der Öffnungsklausel ohne Einschränkung. Es ist daher mit derselben Sorgfalt wie bei allen übrigen Anlagen des gebundenen Vermögens zu prüfen, ob die Anlage mit den allgemeinen Grundsätzen der Vermögensanlage in Einklang steht.[68]

Eine Anlage ist aus dem gebundenen Vermögen zu entnehmen, wenn nachträglich eine der nach den gesetzlichen Anlagebestimmungen (§ 54 VAG und AnlV) notwendigen Voraussetzungen entfällt.[69]

Im Hinblick auf das Inkrafttreten des Kapitalanlagegesetzbuches (KAGB) im Juli 2013 und die damit verbundene Neuordnung des Rechts der offenen und insbesondere der bisher unregulierten geschlossenen Fonds, ist eine Anpassung der AnlV an die aktuelle Rechtslage erforderlich. Deshalb hat das Bundesministerium der Finanzen nun am 27. Mai 2014 einen ersten Referentenentwurf der überarbeitenden Anlageverordnung vorgelegt. Dabei wird die AnlV formal an die neuen Begrifflichkeiten des KAGB angepasst. Darüber hinaus sieht der Entwurf im Bereich der Kapitalanlage in Fonds auch eine Neuordnung der Systematik der bisher vorgesehenen Anlageklassen vor.

Für die Unternehmen handelt es sich bei den Neuerungen allerdings nur um eine Übergangsregelung. Denn mit dem Inkrafttreten von Solvency II wird für diese das System der Kapitalanlage neu geregelt werden.

---

[68] Vgl. BaFin-Rundschreiben 4/2011 (VA), Hinweise zur Anlage des gebundenen Vermögens, Nr. B 5.
[69] Vgl. BaFin-Rundschreiben 4/2011 (VA), Hinweise zur Anlage des gebundenen Vermögens, Nr. 8.

2.3 Festverzinsliche Wertpapiere

In diesem Abschnitt werden **Zerobonds** und **Kuponanleihen** als die wichtigsten Vertreter dieser Anlageklasse erläutert, wobei zunächst auf deren Funktionsweise und Aufbau eingegangen wird. Es wird dargestellt, welche Erträge ein Anleger mit diesen Assets generieren kann und wie sich der Wert des Wertpapiers in Abhängigkeit von Markteinflüssen verändert.

2.3.1 Zerobonds

Zerobonds, auch Nullkuponanleihen genannt, sind eine spezielle Form der Zinsanleihen, die keine Kuponzahlungen besitzen. Der Investor (Gläubiger) zahlt einen bestimmten Betrag an den Emittenten (Schuldner). Zum Zeitpunkt der Ausgabe wird die Emissionsrendite festgelegt und die Zinsen und Zinseszinsen bei Endfälligkeit zusammen mit dem Investitionsbetrag an den Investor zurückgezahlt.[70] Der Rückzahlungsbetrag wird auch **Nominalbetrag** genannt.

Die Zerobonds eignen sich unter steuerlichen Aspekten sehr gut für Privatinvestoren. Während der Inhaber einer Kuponanleihe auf jede Kuponzahlung Steuern zahlen muss, kann der Zerobond-Investor die Steuerschuld auf den Auszahlungszeitpunkt des Zerobonds in die Zukunft verlegen.

Für institutionelle Anleger wie Versicherungsunternehmen ist dieser Steuereffekt jedoch nicht möglich. Dennoch stellen Zerobonds hier ein wichtiges Zinsinstrument dar.

Zerobonds werden in zwei verschiedenen Formen unterschieden. Auf der einen Seite gibt es den Zerobond in Form einer **Abzinsungsanleihe**, die deutlich unter dem nominalen Wert emittiert wird. Die Rückzahlung des investierten Kapitals erfolgt zu pari am Ende der Laufzeit. Die zweite Form des Zerobonds ist die **Aufzin-**

---

[70] Scholz 1996, Optimale Zahlungsstromgestaltung von Anlageprodukten, S. 34.

sungsanleihe. Im Unterschied zu der Abzinsungsanleihe wird sie zu einem 100 % Wert emittiert und die Rückzahlung erfolgt dann deutlich über pari.[71]

Dem emittierenden Unternehmen bietet der Zerobond bei der Emission folgende Vorteile:

- höhere Liquidität, da keine zwischenzeitlichen Zins- und Tilgungszahlungen anfallen,
- flexible Gestaltung des Finanzierungsinstrumentes,
- keine Kosten durch Kuponzahlungen,
- steuerliche Absetzbarkeit der rechnerischen Zinsen,
- im Allgemeinen niedrigere Effektivverzinsung und
- inflationsbedingte Reduzierung des Rückzahlungswertes.[72]

Aus Sicht eines Anlegers ergeben sich folgende Vorteile bei der Investition in einen Zerobond:

- kein Wiederanlagerisiko für Kuponzahlungen und
- Versteuerung der Erträge erst bei Veräußerung des Wertpapiers.

Durch den Handel und Verkauf auf den Kapitalmärkten lässt sich ein Zerobond i. d. R. bereits vor Fälligkeit liquidieren.

Durch Kursschwankungen, welche zu einem späteren Zeitpunkt näher erläutert werden, können sich bei vorzeitiger Liquidation sowohl Gewinne als auch Verluste ergeben.

Versicherungstechnische Verpflichtungen stellen langfristige Verpflichtungen dar, da der Schadenaufwand weit in der Zukunft liegen kann. Versicherungsunternehmen sind daher bestrebt, ihr Kapital langfristig und sicher anzulegen. Zerobonds eignen sich hierzu be-

---

[71] Fischer 2002, Finanzwirtschaft für Anfänger, S. 188.
[72] Vgl. Gräfer/Schiller/Rösner 2008, Finanzierung – Grundlagen, Institutionen, Instrumente und Kapitalmarkttheorie, S. 154.

sonders gut, da die Versicherungsunternehmen einen festen Rückzahlungsbetrag zu einem bestimmten Zeitpunkt in der Zukunft erhalten. Zerobonds bieten somit auch die Möglichkeit, das mit künftigen Schadenzahlungen verbundene Zinsänderungsrisiko zu verringern, wobei das Unternehmen in (fast) **risikofreie** oder **risikobehaftete** Zerobonds investieren kann. Die Funktionsweise dieser beiden Typen von Zerobonds wird nachfolgend illustriert.

Risikofreier Zerobond

Zunächst wird die Funktionsweise und Wertentwicklung eines (fast) risikofreien Zerobonds erläutert. Bei einem risikofreien Zerobond gibt es kein Ausfallrisiko, d. h. ein Investor kann sicher sein, dass er bei Ablauf auch den vertraglich vereinbarten Endbetrag in voller Höhe zurückgezahlt bekommt.

Ein risikofreier Zerobond ist jedoch eher als theoretisches Konstrukt anzusehen, da es in der Praxis bestenfalls risikoarme Bonds gibt (als beste Näherung an einen risikofreien Zerobond).

Die Funktionsweise eines derartigen Bonds wird erneut am Beispiel der IVW Privat AG erläutert, die vor neun Jahren einen Zerobond mit einer Laufzeit von **10 Jahren** (= Duration D) zum Nominalwert N in Höhe von **5.000** gekauft hat. Der risikofreie Zins r des Zerobonds betrug damals **4,0 %**.

Wert zum Ausgangszeitpunkt

Der Ausgabepreis W_0 ergibt sich aus dem Nominalwert (oder Fälligkeitswert zum Endzeitpunkt), dem risikofreien Zins und der Duration wie folgt:

$$W_0 = N / (1+r)^D.$$

Mit den Werten des Beispiels ergibt sich somit folgender Ausgabepreis (= Wert zum Zeitpunkt t = 0):

W_0 = 5.000 / $1,04^{10}$
 = **3.378**.

Der Zerobond gewinnt durch die laufende Verzinsung und den Zinseszinseffekt stetig an Wert. Der (rechnungsmäßige) Wert eines Zerobonds zu einem bestimmten Zeitpunkt t, also der Wert zu den fortgeführten Anschaffungskosten (in IFRS bilanziert unter Held-to-Maturity HtM), ergibt sich dann wie folgt:

W_t^{HtM} = $N / (1 + r)^{D-t}$
 = $W_0 \cdot (1 + r)^t$.

Nach neun Jahren beträgt der rechnungsmäßige Wert des risikofreien Zerobonds somit:

W_9^{HtM} = $3.378 \cdot 1,04^9$
 = **4.808**.

Dieser Wert ist auch in der HGB-Bilanz der IVW Privat AG ausgewiesen. Für den zehnjährigen Zerobond aus dem obigen Beispiel ergibt sich insgesamt folgende rechnungsmäßige Wertentwicklung:

| Zeit- | Wert aus Sicht der | |
punkt	Gläubiger	Schuldner
0	3.378	3.378
1	3.513	3.513
2	3.653	3.653
3	3.800	3.800
4	3.952	3.952
5	4.110	4.110
6	4.274	4.274
7	4.445	4.445
8	4.623	4.623
9	4.808	4.808
10	5.000	5.000

Abbildung 20: Risikofreier Zerobond − rechnungsm. ab t = 0.

In der obigen Tabelle wurden die Wertentwicklungen aus Sicht des Gläubigeres (= des Investors) und aus Sicht des Schuldners (= des Emittenten) dargestellt. Da es bei einem risikofreien Zerobond kein Ausfallrisiko gibt, das den Wert aus Sicht des Investors verringern würde, sind beide Wertentwicklungen identisch. Dies wird sich bei einem risikobehafteten Zerobond ändern.

Kennt man bei einem (risikofreien oder risikobehafteten) Zerobond der Laufzeit D den Ausgabepreis W_0 sowie den am Ende fälligen Nominalwert N, dann ergibt sich der interne Zins i gemäß der folgenden Beziehung:

$$i \quad = \quad (N / W_0)^{1/D} - 1.$$

Bei einem risikofreien Zerobond ist der interne Zins i identisch mit dem risikofreien Zins r. Unter Verwendung der obigen Beispielzahlen führt das zu einem Zinssatz von

$$i \quad = \quad (5.000 / 3.378)^{1/10} - 1$$
$$\quad = \quad 4{,}0\ \%.$$

Der Zinssatz des Zerobonds wird auch Spot-Rate oder Kassazinssatz genannt und ist für die rationale Entscheidung für oder gegen eine Anleihe nötig. Die Spot-Rate stellt die Effektivverzinsungen für einmalige Zahlungen zum jeweiligen Zeitpunkt dar.[73]

Wert zu einem späteren Zeitpunkt

Da sich die Marktzinsen ändern können, der rechnungsmäßige Zins des Zerobonds jedoch festgeschrieben ist, unterliegt die Wertentwicklung eines Zerobonds Schwankungen. Selbst bei einem risikofreien Zerobond ist lediglich der Endwert sicher; die zwischenzeitliche Wertentwicklung kann schwankend sein. Ein risikofreier Zerobond hat kein Ausfallrisiko, wohl aber ein Zinsänderungsrisiko, was

---

[73] Vgl. Steiner/Bruns 2007, Wertpapiermanagement, S.150.

zu Verlusten führen kann, wenn man die finanziellen Mittel vor der vereinbarten Ablaufzeit benötigt und den Zerobond veräußern muss.

Sinkt der risikofreie Zins aus dem obigen Beispiel nach neun Jahren auf 2,5 %, so ergibt sich für den risikofreien Zerobond eine Wertsteigerung. Der Zeitwert (Fair Value FV) nach neun Jahren beträgt dann:

$$W_9^{FV} = N / (1 + r)^{D-t}$$
$$= 5.000 / 1{,}025^{(10-9)}$$
$$= \mathbf{4.878}.$$

Dieser Wert ist auch in der IFRS-Bilanz der IVW Privat AG abgebildet. Würde die IVW Privat AG zum Zeitpunkt t = 9 den risikofreien Zerobond veräußern, würde sie einen Gewinn von 70 erzielen. Dieser wurde bei der IFRS-Umbewertung als stille Reserve angesetzt.

Unabhängig von sinkenden oder steigenden Zinsen ergibt sich allerdings am Ende der Laufzeit erneut der Wert des Rückzahlungsbetrags. Zinssenkungen implizieren also eine Wertsteigerung des Zerobonds, während Zinserhöhungen eine Wertsenkung des Zerobonds bedeuten. Im umgekehrten Fall könnte die IVW Privat AG bei vorzeitiger Veräußerung des Zerobonds Verluste erleiden.

Risikobehafteter Zerobond

Bei einem nicht risikofreien Zerobond gibt es aufgrund des Bonitäts- und Liquiditätsrisikos des Schuldners einen Unterschied zwischen dem internen Zins i (risikoadäquater Zins) und dem risikofreien Zins r. Der Zinsunterschied zwischen dem internen und dem risikofreien Zins wird als Zinsspread s bezeichnet, wobei

$$i = r + s$$

gilt. Da sich nun nicht nur der risikofreie Zins, sondern auch der Zinsspread ändern kann, besteht auch immer ein Spreadrisiko.

Als Kompensation für das Ausfallrisiko hat der risikobehaftete Zerobond einen höheren internen Zins und wirft so gegenüber dem risikofreien Zerobond einen höheren Zins ab. Ist der Zinsspread zudem größer als der risikofreie Zins, kann von einer eher schlechten Bonität des Schuldners ausgegangen werden, da der Spread mit sinkender Bonität des Schuldners ansteigt.

Durch den Zinsunterschied ergeben sich außerdem unterschiedliche Wertentwicklungen des Zerobonds aus Sicht von Schuldner und Gläubiger, woraus eine Marktmarge als Preis für das Risiko des Schuldners über die Zeit resultiert.

Das Risiko des Schuldners besteht darin, mit dem zur Verfügung gestellten Kapital eine Mindestrendite in Höhe des internen Zinses erwirtschaften zu müssen. Die Berechnungen der Wertentwicklungen aus Sicht des Gläubigers und Schuldners erfolgen analog mit den zuvor genannten Formeln unter Berücksichtigung der unterschiedlichen Zinssätze für den risikofreien und risikobehafteten Zins.

Auch dies wird anhand der IVW Privat AG erläutert, die nach Ablauf des risikofreien Zerobonds den Nominalbetrag in Höhe von **5.000** in einen weiteren 10-Jahres Zerobond investieren will. Aufgrund des auf **2,5 %** gesunkenen risikofreien Zinses scheint dem Unternehmen eine erneute Investition in einen risikofreien Zerobond jedoch unattraktiv. Es plant daher den Kauf eines risikobehafteten Zerobonds mit einem Zinsspread von **3,0 %** und somit einem gesamten internen Zins von **5,5 %**.

Wert zum Ausgangszeitpunkt

Der **Wert aus Sicht des Gläubigers** zum Zeitpunkt $t = 0$ ergibt sich gemäß der zuvor erläuterten Formeln wie folgt:

$$\begin{aligned} W_{0,G} &= N / (1 + r + s)^D \\ &= N / (1 + i)^D \\ &= 5.000 / (1 + 0{,}055)^{10} \\ &= \mathbf{2.927.} \end{aligned}$$

Für den **Wert aus Sicht des Schuldners** zum Zeitpunkt t = 0 gilt folgende Beziehung:

$$W_{0,S} = N / (1 + r)^D$$
$$= 5.000 / (1 + 0{,}025)^{10}$$
$$= \mathbf{3.906.}$$

Für die einzelnen Zeitpunkte innerhalb der Laufzeit ergeben sich folgende unterschiedlichen Wertentwicklungen des Zerobonds aus Sicht von Gläubiger und Schuldner:

Zeit-	Wert aus Sicht der		Risiko-
punkt	Gläubiger	Schuldner	marge
0	2.927	3.906	979
1	3.088	4.004	916
2	3.258	4.104	846
3	3.437	4.206	769
4	3.626	4.311	685
5	3.826	4.419	594
6	4.036	4.530	494
7	4.258	4.643	385
8	4.492	4.759	267
9	4.739	4.878	139
10	5.000	5.000	0

Abbildung 21: Riskanter Zerobond (1) – rechnungsm. ab t = 0.

Die Differenz zwischen dem Wert aus Sicht des Gläubigers und dem Wert aus Sicht des Schuldners zu einem Zeitpunkt t definiert eine Risikomarge

$$RM_t = W_{t,S} - W_{t,G}.$$

Für das Beispiel ergibt sich somit zum Zeitpunkt t = 0 eine Risikomarge in Höhe von 979.

Die Risikomarge für den Schuldner ist ein Preis für das Risiko über die Zeit und sinkt somit im Zeitverlauf. So beträgt sie zu Beginn 979 und nimmt kontinuierlich ab, so dass sie im neunten Jahr nur noch einen Wert von 139 aufweist. Kurz vor Fälligkeit sinkt sie auf null, siehe dazu auch die nachfolgende Abbildung:

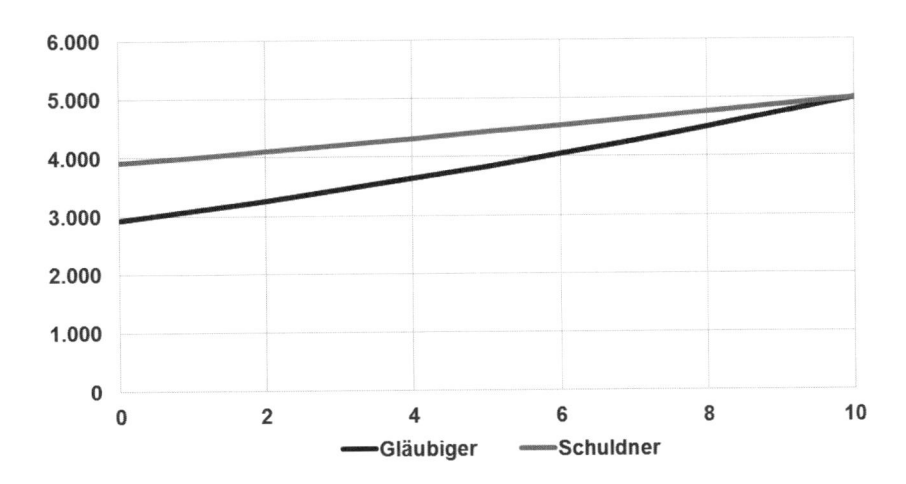

Abbildung 22: Riskanter Zerobond (2) – rechnungsm. ab t = 0.

Die dargestellten Wertentwicklungen des Zerobonds ab Beginn stellen lediglich rechnungsmäßige Wertentwicklungen (im Sinne von fortgesetzten Anschaffungskosten) dar. Die tatsächliche Wertentwicklung ist von den Marktzinsen abhängig.

Zinsänderungs- und Spreadrisiko nach einem Jahr

Da der risikofreie Zins und der Zinsspread über die gesamte Laufzeit des Zerobonds nicht fest sind und sowohl steigen als auch fallen können, unterliegt der Zerobond Wertschwankungen. Hier bestehen für den Investor ein Zins- und ein Spreadrisiko.

Bei steigenden Zinsen verliert der Zerobond aus Gläubigersicht an Wert, da er das investierte Kapital aktuell zu einem höheren Zins hätte anlegen können. Insbesondere die fehlenden Kuponzahlungen verhindern eine Wiederanlage der Zinserträge zu einem höheren Zinssatz. Für den Fall eines sinkenden Zinses steigt jedoch der Wert des Zerobonds aus Sicht des Gläubigers, da ihm der Zerobond einen höheren Zins garantiert als der aktuelle Marktzins.

Die Zinssätze auf dem Kapitalmarkt sind maßgeblich von konjunkturellen Entwicklungen, von der Geldpolitik und von Inflationserwartungen sowie anderen volkswirtschaftlichen Einflussfaktoren abhängig.[74] Da sich der Zinsspread unter anderem an der Bonität und der Liquiditätssituation des Schuldners orientiert, unterliegt auch dieser Schwankungen.

Insgesamt führen die Veränderungen des Zinses und des Spreads zu Wertschwankungen des Zerobonds. In welche Richtung sich Zins und Spread entwickeln, kann zum Investitionszeitpunkt jedoch nicht vorausgesagt werden. Die Wertentwicklungen sind also stochastisch.

Um Zinsänderungsrisiko und Spreadrisiko zu illustrieren, wird im Folgenden angenommen, dass sich nach einem Jahr sowohl der risikofreie Zins als auch der Spread um 60 % erhöhen, d. h. der interne Zins beträgt dann

$i \quad = \quad 4{,}0\ \% + 4{,}8\ \% = 8{,}8\ \%.$

In der nachfolgenden Tabelle sind die Wertentwicklungen auf Basis dieser Änderungen ab dem Zeitpunkt t = 1 bis zum Zeitpunkt t = 10 dargestellt.

---

[74] Spremann/Gantenbein 2007, Zinsen, Anleihen, Kredite, S. 138.

Zeit-punkt	Wert aus Sicht der Gläubiger	Schuldner	Risiko-marge
0			
1	2.341	3.513	1.172
2	2.546	3.653	1.107
3	2.771	3.800	1.029
4	3.014	3.952	937
5	3.280	4.110	830
6	3.568	4.274	706
7	3.882	4.445	563
8	4.224	4.623	399
9	4.596	4.808	212
10	5.000	5.000	0

Abbildung 23: Riskanter Zerobond – Zinsanstieg ab t = 1.

Im vorliegenden Beispiel führt der gestiegene Zins zu einer Wertminderung aus Gläubigersicht unter dem zuvor berechneten Ausgabepreis von 2.927. Dieser Effekt ist auf die höhere Diskontierung des Rückzahlungsbetrags zurückzuführen. Die Verluste aus **Zinsänderungsrisiko** ZÄ und **Spreadrisiko** können wie folgt ermittelt werden:

Im ersten Schritt wird die rechnungsmäßige Wertentwicklung ermittelt, die Veränderungen aus Zinsanstieg und Spreadanstieg werden dann sukzessive errechnet, d. h. man erhält

$$W_1^{HtM} = N / (1 + r_0 + s_0)^{D-1} = 5.000 / 1{,}055^9 = 3.088$$

$$W_1^{ZÄ} = N / (1 + r_1 + s_0)^{D-1} = 5.000 / 1{,}070^9 = 2.720$$

$$W_1^{FV} = N / (1 + r_1 + s_1)^{D-1} = 5.000 / 1{,}088^9 = 2.341,$$

mit W_1^{HtM} den rechnungsmäßigen Wert (bilanziert in der Kategorie Held-to-Maturity), $W_1^{ZÄ}$ den Wert nach Zinsänderung und W_1^{FV} den Fair Value als tatsächlichen Marktwert.

Somit kann man die gesamte Veränderung des Wertes jetzt wie folgt in die Komponenten Zinsänderung und Spreadänderung aufteilen:

$$\Delta W_1 = W_1^{FV} - W_1^{HtM}$$
$$= (W_1^{FV} - W_1^{Z\ddot{A}}) + (W_1^{Z\ddot{A}} - W_1^{HtM})$$
$$= \Delta W_1^{Spread} + \Delta W_1^{Z\ddot{A}}$$

Aufgrund des Zinsanstiegs (= Zinsänderungsrisiko) und des Spreadanstiegs (= Spreadrisiko) resultieren (unter Berücksichtigung von Rundungen) die nachfolgenden Verluste für den Gläubiger:

$$\Delta W_1^{Z\ddot{A}} = 2.720 - 3.088 = -368$$
$$\Delta W_1^{Spread} = 2.341 - 2.720 = -379$$
$$\Delta W_1 = (-368) + (-379) = -748.$$

Die geänderten Wertentwicklungen über die gesamte Restlaufzeit sind in der nachfolgenden Tabelle aufgelistet:

Zeit-punkt	GuV Effekt Gläubiger			GuV Effekt Schuldner	Änd. RM
	Änd. Zins	Änd. Spread	Gesamt		
0					
1	-368	-379	-748	491	256
2	-348	-364	-712	450	261
3	-323	-343	-667	407	260
4	-295	-317	-612	360	252
5	-261	-285	-546	310	236
6	-222	-246	-468	256	212
7	-177	-199	-376	198	178
8	-125	-143	-268	136	132
9	-66	-77	-144	70	73
10	0	0	0	0	0

Abbildung 24: Riskanter Zerobond – Risiken ab t = 1.

Da Wertverluste aus Gläubigersicht nur bei steigenden Zinsen eintreten, bestehen Zins- und Spreadrisiko auch nur bei steigenden

Zinsen. Sollten die Zinsen fallen, würden sich Werterhöhungen ergeben.

Da es in der Realität sowohl zu steigenden als auch sinkenden Zinsen und Spreads kommt, kann der Zerobond während der Laufzeit an Wert gewinnen oder verlieren. Die nachfolgende Abbildung zeigt daher einen stochastischen Verlauf eines risikobehafteten Zerobonds, wobei die rechnungsmäßige Entwicklung (unter IFRS bilanzierbar als Held-to-Maturity) und die tatsächliche Marktentwicklung (unter IFRS bilanzierbar als Fair Value) gegenübergestellt werden.

Abbildung 25: Riskanter Zerobond – stochastisch ab t = 1.

Es ist zu erkennen, dass die Wertentwicklungen in einigen Jahren über und in einigen Jahren unter den rechnungsmäßigen Wertentwicklungen (Held-to-Maturity) liegen. Am Ende der Laufzeit beträgt die Differenz zwischen Schuldner- und Gläubigersicht jedoch wieder null (sofern kein Ausfall erfolgt ist).

Während der Wert des Zerobonds bei der Held-to-Maturity-Bewertung sowohl für den Schuldner als auch für den Gläubiger ansteigt und gleichzeitig die Risikomarge jährlich geringer wird, liefert die Fair Value Bilanzierung einen sehr volatilen Verlauf. Je nach Entwicklung des risikofreien Zinses und des internen Zinses weist die Risikomarge mal höhere und mal geringere Werte auf.

Fair Value Bilanzierung eines risikobehafteten Zerobonds

Die theoretisch korrekten Auswirkungen einer Fair Value Bilanzierung eines risikobehafteten Zerobonds aus **Schuldnersicht** sollen in diesem Abschnitt kurz skizziert werden. (Aus **Gläubigersicht** impliziert ohne Berücksichtigung von Kosten und Gebühren die Investition in einen risikobehafteten Zerobond lediglich einen Aktivtausch ohne weitere Eigenkapitaleffekte.)

Im Rahmen einer HGB-Bilanzierung ist der Zerobond aus Sicht eines Schuldners als Verbindlichkeit auf der Passivseite zu verbuchen. Die HGB-Vorschriften schreiben hier vor, Verbindlichkeiten in Höhe des Erfüllungsbetrages anzusetzen. Gem. § 253 Abs. 1 Satz 2 HGB ist hier der Ausgabebetrag und nicht der Rückzahlungsbetrag als Erfüllungsbetrag anzusehen. Diese Bewertung ist der Ansicht geschuldet, dass der Ausgabebetrag zurückgezahlt wird und die im Rückzahlungsbetrag enthaltenen Zinsen lediglich bezahlt werden.

Auf der Aktivseite werden die Zerobonds dem Anlagevermögen zugeordnet. Hier findet § 252 Abs. 1 HGB Anwendung, so dass der Zerobond zu den Anschaffungskosten, also dem Ausgabebetrag zu aktivieren ist. Da nach den HGB-Bilanzierungsvorschriften Vermögensgegenstände höchstens mit den Anschaffungskosten anzusetzen sind, finden Wertschwankungen oberhalb der Anschaffungskosten keine Berücksichtigung.

In der Fair Value Bilanzierung muss der Zerobond aus Sicht des Schuldners hingegen mit dem (risikofrei) diskontierten Rückzahlungsbetrag als Verbindlichkeit passiviert werden. Die daraus resultierenden Auswirkungen sollen anhand des nachfolgenden Beispiels diskutiert werden, wobei zunächst die Fair Value Bilanz des Schuldners vor der Emission des Zerobonds betrachtet wird:

IFRS Bilanz des Schuldners			
Aktiva		Passiva	
Aktiva gesamt	18.831	8.859	Eigenkapital
		9.444	Verpflichtungen
		528	Steuerrückstellung
Summe	18.831	18.831	Summe

Abbildung 26: Schuldnerbilanz vor Ausgabe des Zerobonds.

Bilanziert man den Zerobond korrekt nach Fair Value, dann ist aufgrund der Risikomarge der Fair Value der Verbindlichkeiten höher als der Wert der zugeflossenen finanziellen Mittel – mit dem entsprechenden Eigenkapitaleffekt, wie die folgende Abbildung zeigt:

IFRS Bilanz des Schuldners			
Aktiva		Passiva	
Aktiva gesamt	21.758	8.174	Eigenkapital
		9.444	Verpflichtungen
		3.906	Kreditaufnahme
		234	Steuerrückstellung
Summe	21.758	21.758	Summe

Abbildung 27: Schuldnerbilanz nach Ausgabe des Zerobonds.

Da der Emittent des Zerobonds i. d. R. die zugeflossenen finanziellen Mittel für Investitionen verwendet und er mit diesen Investitionen Erträge erwirtschaften will, könnten diese im Rahmen einer Fair Value Bilanzierung ggf. als Goodwill aktiviert werden.

IFRS Bilanz des Schuldners			
Aktiva		**Passiva**	
Aktiva gesamt	21.758	8.859	Eigenkapital
		9.444	Verpflichtungen
Goodwill für Investitionen	979	3.906	Kreditaufnahme
		528	Steuerrückstellung
Summe	**22.737**	**22.737**	**Summe**

Abbildung 28: Schuldnerbilanz nach Aktivierung von Goodwill.

Wie aus der vorherigen Abbildung ersichtlich wird, neutralisiert die Aktivierung eines entsprechenden Goodwills aus einer geplanten Investition die Reduktion des Eigenkapitals durch die zum Fair Value bilanzierte Verbindlichkeit. Die Risikomarge stellt also (im Sinne einer Investitionsrechnung) den Mindestertrag einer geplanten Investition (im Sinn eines Break-Even-Points) dar, der erzielt werden muss, damit sich die Finanzierung der Investition durch Emission des Zerobonds „lohnt".

Zerobonds & Zinsstrukturkurven

In der Regel beobachtet man bei risikofreien (bzw. risikoarmen) Zerobonds für unterschiedliche Laufzeiten auch unterschiedliche interne Zinsen. Daraus ergeben sich dann implizit so genannte Forwardzinsen (= Forwardrates) für in der Zukunft liegende Zeitpunkte.

> *„Ein Forward ist ein Termingeschäft, also ein Vertrag, der heute geschlossen wird und bei dem sofort die Kondition festgelegt wird, der so genannte Terminkurs, zu dem zu einem fixierten späteren Zeitpunkt ein Rohstoff, eine Devise, ein Wertpapier oder ein anderes Underlying transferiert wird."*[75]

Ein Underlying oder auch Basiswert ist das Objekt (also Waren, Rohstoffe, Wertpapiere, etc.), das durch den Forward transferiert werden soll.[76] Bezogen auf Finanzgeschäfte lässt sich vereinfacht

---
[75] Spremann/Gantenbein 2007, Zinsen, Anleihen, Kredite, S. 94.
[76] Vgl. Spremann 2008, Portfoliomanagement, S. 512.

sagen, dass ein Forward-Vertrag zum Zeitpunkt t = 0 über ein Finanzgeschäft geschlossen wird, welches allerdings erst zum Zeitpunkt t = m beginnt und im Zeitpunkt t = n endet (und somit eine Dauer n − m aufweist).

Ein solches Geschäft soll am nachfolgenden Beispiel illustriert werden[77], bei dem man eine Zinsstruktur i_1 = 5 % und i_2 = 6 % für ein- und zweijährige Zerobonds betrachtet.

Man kann zum Zeitpunkt t = 0 (hypothetisch) einen Kredit in Höhe von 952.381 € zu einem Zins von i_1 aufnehmen und zum Zeitpunkt t = 1 mit 1,0 Mio. € entsprechend verzinst zurückzahlen. Legt man die 952.381 € in einen zweijährigen Zerobond an, erhält man eine Rückzahlung von 952.381 · $1,06^2$ = 1.070.096 €. Die dadurch (implizit) erzielte Verzinsung für das zweite Jahr beträgt $f_{1,2}$ = 7,01 %, siehe dazu auch die nachfolgende Illustration:

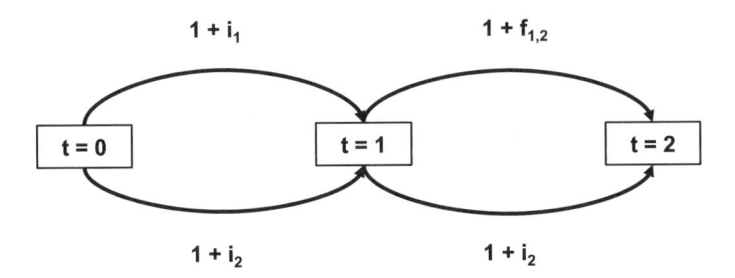

Abbildung 29: Return der Zerobonds und Forwardzinsen.[78]

Der Zinssatz $f_{1,2}$ ist der Zinssatz des Forwards (Termingeschäft) und wird als Forwardrate bezeichnet. Er gibt die Verzinsung an, die heute durch einen Forwardvertrag oder dessen Nachbildung über Kassageschäfte für ein in der Zukunft zu erfüllendes Geschäft zu

---

[77] Vgl. Spremann/Gantenbein 2007, Zinsen, Anleihen, Kredite, S. 95.
[78] Eigene Darstellung in Anlehnung an Spremann/Gantenbein 2007, Zinsen, Anleihen, Kredite, S. 95.

erzielen ist.[79] Die Forwardrates lassen sich mit Hilfe der bekannten Kassazinssätze und Preise für risikofreie Zerobonds ermitteln. Für W_n und W_{n-1} die Preise / Werte für Zerobonds der Dauer n bzw. n – 1 mit Auszahlungsbetrag 1 ergibt sich die einjährige Forwardrate $f_{n-1,\,n}$ durch die Beziehung

$$f_{n-1,\,n} = (W_{n-1} / W_n) - 1.$$

Führt man diese Berechnungen konsequent für die Zerobonds aller Laufzeiten durch, ergibt sich dadurch die so genannte Zinsstrukturkurve der einjährigen Forwardzinsen, die aus den aktuell vorliegenden Zerobonds generiert werden können.

Dies soll anhand eines Beispiels erläutert werden, bei dem (bei einem Startzins von i_0 = **1,00 %** für sehr kurzfristige Laufzeiten) ausgehend von einem Einperiodenzins in Höhe von i_1 = **1,25 %** ein Anstieg der Zerobondreturns von jeweils **0,14 % Punkten** pro Jahr angenommen wird, d. h. es gilt

$$i_n = 1{,}25\,\% + (n-1) \cdot 0{,}14\,\%.$$

Unter diesen Annahmen ergibt sich so z. B. die Forwardrate eines einjährigen Zerobonds, der heute geschlossen wird – allerdings erst zum Zeitpunkt t = 1 beginnt und im Zeitpunkt t = 2 endet – wie folgt:

$$W_1 = 1 / (1{,}0125)^1 = 0{,}9877$$

$$W_2 = 1 / (1{,}0139)^2 = 0{,}9728$$

$$f_{1,\,2} = 0{,}9877 / 0{,}9728 - 1 = 1{,}53\,\%.$$

---

[79] Steiner/Bruns 2007, Wertpapiermanagement, S. 151.

Für Zerobonds mit einer Laufzeit von n = 1 bis n = 10 ergibt sich somit nachfolgende Zinsstrukturkurve (mit durchschnittlich ca. 2,5 % risikofreiem Zins):

Dauer	Bond Preis	Bond Return	Forward Rate
0		1,00%	1,00%
1	98,77%	1,25%	1,25%
2	97,28%	1,39%	1,53%
3	95,56%	1,53%	1,80%
4	93,61%	1,66%	2,08%
5	91,46%	1,80%	2,36%
6	89,11%	1,94%	2,63%
7	86,59%	2,08%	2,91%
8	83,92%	2,22%	3,19%
9	81,11%	2,35%	3,46%
10	78,18%	2,49%	3,74%

Abbildung 30: Zinsstrukturkurve (1).

In diesem Beispiel sind die Forwardzinsen stets höher als die Verzinsung der Zerobonds und steigen kontinuierlich an. Man spricht hierbei auch von einer steigenden Zinsstrukturkurve. Die Zinserwartungen der Marktteilnehmer bestimmen dabei unter anderem die Forwardzinsen, welche wiederum die Zinsstrukturkurve bilden.

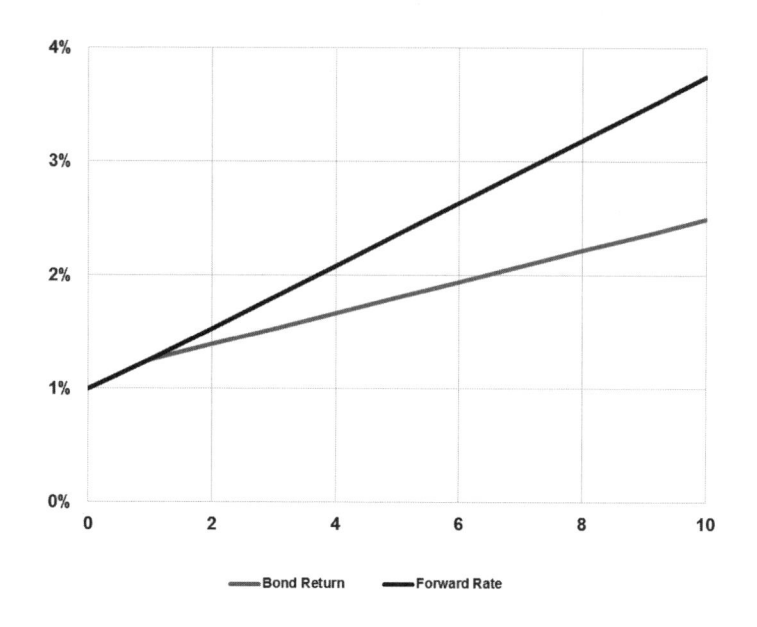

Abbildung 31: Zinsstrukturkurve (2).

Neben steigenden Zinsstrukturkurven sind allerdings auch flache und sinkende (inverse) Zinsstrukturkurven möglich. Eine inverse Kurve bedeutet, dass eine kurzfristige Anleihe eine höhere Verzinsung verspricht als eine langfristige Anleihe.

Zerobonds bieten den Versicherungsunternehmen feste Konditionen und ermöglichen ihnen im Rahmen des Asset Liability Managements eine bessere Planungssicherheit. Allerdings unterliegen auch Zerobonds einigen Risiken, die unter anderem zu Wertschwankungen führen können. Da Versicherungsunternehmen i. d. R. bestrebt sind, Anleihen bis zur Fälligkeit zu halten, macht sich diese Tatsache nicht so stark bilanziell bemerkbar wie beispielsweise eine Investition in Aktien.

Ein weiteres festverzinsliches Wertpapier stellen Kuponanleihen dar, die von ihrer Funktionsweise den Zerobonds ähneln. Auf die

Besonderheiten von Kuponanleihen wird im nachfolgenden Abschnitt näher eingegangen.

2.3.2 Kuponanleihen

Die Kuponanleihe (auch Standardanleihe bzw. plain vanilla bond) ist die am weitesten verbreitete Anleiheform. Sie stellt aus Sicht des Schuldners ein endfälliges Darlehen dar, bei welchem der Gläubiger nach Ablauf der im Vorhinein festgelegten Laufzeit den Nominalwert zurückerhält.[80] Außerdem wird die Kuponanleihe über die gesamte Laufzeit mit einem Nominalzins verzinst, welcher ebenso wie beim Zerobond vom Marktzins abweichen kann. Die Verzinsung wird nachschüssig ausgezahlt und zu festgelegten Stichtagen (meist jährlich) fällig. Somit muss jährlich eine Wiederanlage der Zinsen vorgenommen werden. Dies unterscheidet die Standardanleihe vom Zerobond.

Fixe Kupons

Eine Kuponanleihe mit fixem Kupon ist eine Anleihe mit konstantem Zinssatz. Der Nominalzins wird zu Beginn festgelegt und bleibt über die gesamte Laufzeit identisch.[81] Auch bei dieser Anleiheform besteht daher ein Zinsänderungsrisiko. Steigt der Marktzins über den Kuponzins, so verliert auch der fixe Kupon aus Gläubigersicht an Wert. Sinkt jedoch der Marktzins unter den Kuponzins, so steigt der Wert der Anleihe mit fixem Kupon für den Investor. Das Ausmaß von Wertverlust bzw. Wertsteigerung des Kupons ist vom Verhältnis des Kuponzinses zum Marktzins abhängig.

Die Wertentwicklung einer Kuponanleihe soll nachfolgend erneut an einem Beispiel der IVW Privat AG erläutert werden. Diese hat zusätzlich zum zuvor erläuterten Zerobond vor neun Jahren in eine Kuponanleihe bei einem Nominalwert von **5.000** mit einer Laufzeit

---
[80] Vgl. Spremann/Gantenbein 2007, Zinsen, Anleihen, Kredite, S. 19.
[81] Vgl. Spremann/Gantenbein 2007, Zinsen, Anleihen, Kredite, S. 18.

von **10 Jahren** investiert. Hierfür war bei einem risikofreien Zins von **4,0 %** ein fixer Kupon von **7,0 %** vereinbart. Da der Kuponzins zu Beginn gleichzeitig auch der interne Zins ist, ergab sich für die Anleihe ein Spread von **3,0 %**.

Wert zum Ausgangszeitpunkt

Die Verzinsung der Anleihe mit fixem Kupon wurde jährlich fällig. Bei einem Kuponzins von 7,0 % ergab sich somit für die IVW Privat AG eine jährlich nachschüssige Auszahlung von

$$5.000 \cdot 0{,}07 \quad = \quad 350.$$

Bei Vertragsablauf erfolgt zusätzlich zur genannten Zinszahlung die Rückzahlung des Nominalwertes von 5.000.

Die Verzinsung der Cash Flows erfolgt beim Gläubiger mit dem internen Zins, da dieser das Risiko der Anlage widerspiegelt. Beim Schuldner wird zur Diskontierung der risikofreie Zins angewendet. Somit ergeben sich auch bei der Anleihe mit fixem Kupon über die Vertragslaufzeit hinweg unterschiedliche Werte aus Gläubiger- und aus Schuldnersicht.

Der Kurswert $W_t(i)$ der Anleihe mit fixem Kupon $K = i_K \cdot N$ zu einem Zeitpunkt t lässt sich bei bekanntem internen Zins i durch folgende Formel bestimmen:

$$W_t(i) \quad = \quad N \cdot (v^{(D-t)} + i_k \cdot (1 - v^{(D-t)}) / i),$$

mit $v = 1 / (1 + i)$ dem Diskontfaktor und i_k dem Kuponzins. Der Kurswert der Kuponanleihe zum Kaufzeitpunkt t = 0 für die IVW Privat AG betrug somit

$$\begin{aligned} W_0(7{,}0\ \%) &= 5.000 \cdot (1/1{,}07^{10} + 0{,}07 \cdot (1 - 1/1{,}07^{10}) / 0{,}07) \\ &= 5.000. \end{aligned}$$

Durch die Diskontierung der Kupons mit dem risikofreien Zins ergab sich für den **Schuldner** zum selben Zeitpunkt ein Kurswert der Anleihe von

$W_0(4{,}0\ \%)$ = $5.000 \cdot (1/1{,}04^{10} + 0{,}07 \cdot (1 - 1/1{,}04^{10}) / 0{,}04)$
 = $5.000 \cdot 1{,}2433$
 = **6.217**.

Über die gesamte Laufzeit ergeben sich aus Sicht des Gläubigers und des Schuldners die folgenden Kurswerte der Anleihe mit fixem Kupon:

Zeit- punkt	Aus- zahlung	Wert aus Sicht der Gläubiger	Schuldner	Risiko- marge
0		5.000	6.217	1.217
1	350	5.000	6.115	1.115
2	350	5.000	6.010	1.010
3	350	5.000	5.900	900
4	350	5.000	5.786	786
5	350	5.000	5.668	668
6	350	5.000	5.544	544
7	350	5.000	5.416	416
8	350	5.000	5.283	283
9	350	5.000	5.144	144
10	5.350	5.000	5.000	0

Abbildung 32: Fixkuponanleihe (1) – rechnungsmäßig ab t = 0.

Der Wert der Kuponanleihe aus Sicht der IVW Privat AG bleibt während der gesamten Laufzeit konstant beim Nennwert in Höhe von 5.000. Dieser Wert ist auch in der HGB-Bilanz ausgewiesen.

Aus Sicht des Schuldners ergeben sich in jedem Jahr der Laufzeit unterschiedliche Kurswerte. Der Schuldner trägt das Risiko, mit dem investierten Geld über die gesamte Laufzeit den festgeschriebenen Zins der Anleihe erwirtschaften zu müssen. Dies ist reflektiert in der Risikomarge, welche sich als Differenz des Anleihewertes für Schuldner und Gläubiger ergibt.

Zu Beginn der Laufzeit birgt die Anleihe das höchste Bonitäts- und Ausfallrisiko. Daher liegt der Wert der fixen Kuponanleihe aus Sicht des Schuldners anfangs noch deutlich über dem Nennwert von 5.000. Je geringer die Restlaufzeit wird, desto geringer werden jedoch auch Ausfallrisiko und Liquiditätsrisiko. Somit sinkt auch der Wert der Verpflichtung aus Sicht des Schuldners.

Am Ende der Laufzeit entspricht der Wert der Anleihe für den Emittenten wie auch für die IVW Privat AG dem Nennwert von 5.000. Der Kurswert der Kuponanleihe sinkt also aus Sicht des Schuldners bis zum Ende der Laufzeit auf den Nennwert von 5.000 ab. Diese Entwicklung wird als „pull-to-par-Effekt" bezeichnet.[82]

Die Wertentwicklung der Anleihe mit fixem Kupon bei konstanten Zinsen über die gesamte Laufzeit lässt sich für Schuldner und Gläubiger wie folgt darstellen:

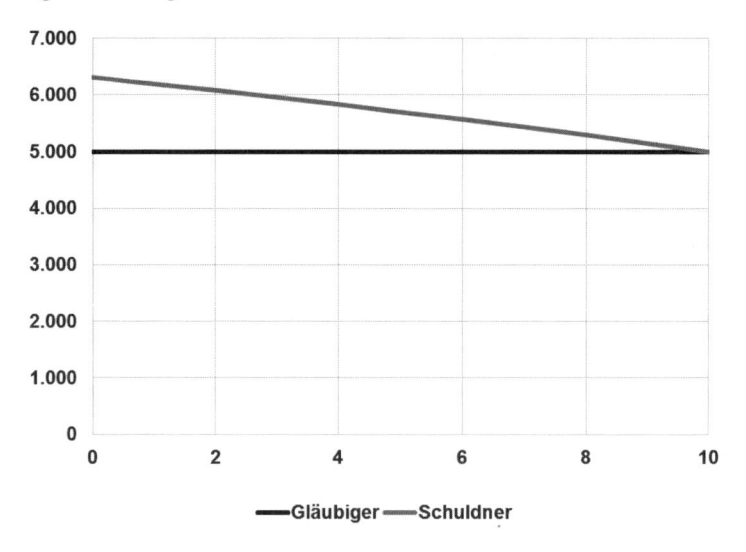

Abbildung 33: Fixkuponanleihe (2) – rechnungsmäßig ab t = 0..

---

[82] Vgl. Fischer 2010, Performanceanalyse in der Praxis, S. 236.

Die Wertentwicklung einer Anleihe ist abhängig von marktbedingten Zinsschwankungen. Während der fixe Kuponzins über die gesamte Laufzeit garantiert konstant bleibt, können der risikofreie und der interne Zins Schwankungen unterliegen. Dadurch ändern sich die Höhe der Diskontierung der Zinszahlungen und somit auch die Wertentwicklung der Anleihe. Dies gilt für die Wertentwicklung sowohl aus Sicht des Gläubigers als auch aus Sicht des Schuldners.

Wert zu einem späteren Zeitpunkt

Nach neun Jahren ist der risikofreie Zins auf **2,5 %** abgesunken, der Spread bei einer erneuten Anleihe des Schuldners liegt weiterhin bei **3,0 %** (der Schuldner hat sich also de facto etwas in der Bonität verschlechtert). Unter diesen Annahmen ergibt sich ein interner Zins von **5,5 %**. Der Kuponzins liegt weiterhin bei den garantierten **7,0 %**, so dass sich nach neun Jahren folgender Marktwert ergibt:

$W_9(5,5\%) =$ $5.000 \cdot (1/1,055^1 + 0,07 \cdot (1 - 1/1,055^1) / 0,055)$
         $=$ **5.071**.

Dieser Wert ist in der IFRS-Bilanz der IVW Privat AG angesetzt worden. Aus Sicht des Schuldners beträgt der Kurswert der Anleihe zum selben Zeitpunkt durch die Zinssenkung nun

$W_9(2,5\%) =$ $5.000 \cdot (1/1,025^1 + 0,07 \cdot (1 - 1/1,025^1) / 0,025)$
         $=$ **5.220**.

Auch beim Schuldner erfolgt durch den geringeren risikofreien Zins eine geringere Diskontierung. Kurswert und Risikomarge sind aus Schuldnersicht daher zum Zeitpunkt $t = 9$ ebenfalls gestiegen. Der Schuldner muss nun in einem niedrigeren Marktzinsumfeld weiterhin den garantierten Kuponzins von 7,0 % erwirtschaften. Da die Restlaufzeit jedoch nur noch ein Jahr beträgt, fällt der Anstieg der Risikomarge relativ gering aus.

Nachfolgend sind die Werte aufgelistet, falls die Zinssenkungen auf **2,5 %** risikofrei bzw. **5,5 %** interner Zins bereits in t = 1 erfolgt wären.

Zeit-punkt	Aus-zahlung	Wert aus Sicht der Gläubiger	Wert aus Sicht der Schuldner	Risiko-marge
1		5.521	6.793	1.272
2	350	5.475	6.613	1.138
3	350	5.426	6.429	1.002
4	350	5.375	6.239	865
5	350	5.320	6.045	725
6	350	5.263	5.846	584
7	350	5.202	5.643	440
8	350	5.138	5.434	295
9	350	5.071	5.220	148
10	5.350	5.000	5.000	0

Abbildung 34: Fixkuponanleihe (1) – Zinssenkung ab t = 1.

Unter diesen Annahmen beobachtet man einen „Knick" in beiden Wertentwicklungen (Gläubigersicht und Schuldnersicht), der sich erst mit der Zeit langsam abbaut („pull-to-par-Effekt"), siehe dazu auch die nachfolgende Abbildung:

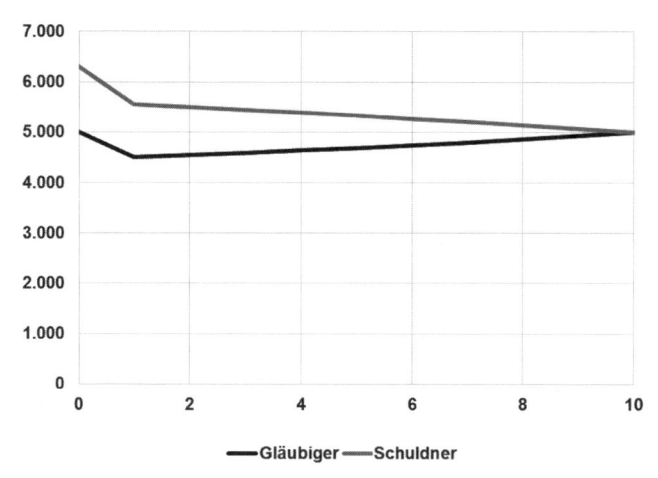

Abbildung 35: Fixkuponanleihe (2) – Zinssenkung ab t = 1.

Um einen solchen anfänglichen Wertsteigerungseffekt bei Zinsänderungen zu vermeiden, kann eine Kuponanleihe variabel gestaltet werden.

Variable Kupons

Variable Kuponanleihen (auch Floater oder Floating Rate Notes) werden nicht mit einem festen, sondern einem veränderlichen Zins verzinst. Der Nominalzins wird dabei in regelmäßigen, festgelegten Abständen an einen Referenzzinssatz (z. B. EURIBOR) angeglichen. Durch diese regelmäßige Angleichung wird das Kursrisiko eines variablen Kupons auf die Zeiträume zwischen den Zinsangleichungen reduziert.[83]

Die Kursentwicklung einer variablen Kuponanleihe soll nachfolgend wieder am Beispiel der IVW Privat AG dargestellt werden. Nach Ablauf der zuvor beschriebenen fixen Kuponanleihe möchte die IVW Privat AG erneut einen Betrag von **5.000** in eine Kuponanleihe investieren.

Da am Markt derzeit ein niedriges Zinsniveau herrscht, ist eine Kuponanleihe zu einem (garantierten) Kupon von 7,0 % allerdings nicht verfügbar (oder birgt ein viel zu hohes Risiko). Die IVW Privat AG plant daher, in eine variable Kuponanleihe zu investieren. Da diese regelmäßig an einen Referenzzinssatz angeglichen wird, besteht die Möglichkeit, im Falle steigender Marktzinsen während der Laufzeit auch einen höheren Kuponzins zu erhalten. Auf der anderen Seite besteht natürlich ebenso die Gefahr, dass die IVW Privat AG einen noch geringeren Kuponzins erhält, sollte das Zinsniveau während der Laufzeit weiter sinken.

---

[83] Vgl. Pape 2011, Grundlagen der Finanzierung und Investition, S. 178.

Die IVW Privat AG möchte in eine variable Kuponanleihe zum Nennwert **5.000** mit einer Laufzeit von erneut **10 Jahren** investieren, wobei der variable Kupon definiert sein soll als

Kupon = risikofreier Zins + 300 BP
= 2,5 % + 3,0 %
= **5,5 %**.

Die Werte zu Beginn sowie weitere mögliche Wertentwicklungen werden nachfolgend diskutiert.

Wert zum Ausgangszeitpunkt

Die Verzinsung der Anleihe mit variablem Kupon wird ebenfalls jährlich fällig. Bei einem Kuponzins von 5,5 % ergibt sich für die IVW Privat AG eine jährlich nachschüssige Auszahlung von:

5.000 · 0,055 = 275.

Die Anwendung der Formel für den Wert zu Beginn aus Gläubigersicht liefert wie auch zuvor im Beispiel der fixen Kuponanleihe einen Wert in Höhe des Nennwertes von 5.000. (Zu Beginn gibt es keinen Unterschied zwischen Kuponzins und internem Zins).

Für den Schuldner ergibt sich zum selben Zeitpunkt ein Kurswert der Anleihe von

$W_0(2{,}5\ \%)$ = 5.000 · $(1/1{,}025^{10} + 0{,}055 \cdot (1 - 1/1{,}025^{10}) / 0{,}025)$
= **6.313**.[84]

---

[84] Dieser Wert korrespondiert zum Fair Value Wert aus Sicht des Gläubigers im Beispiel zur Aufnahme von Hybridkapital als Finanzierungsinstrument eines Versicherungsunternehmens bei einem Mittelzufluss von 500 anstelle von 5.000.

Über die Laufzeit der variablen Kuponanleihe ergeben sich für die IVW Privat AG und den Emittenten folgende rechnungsmäßige Kurswerte:

Zeit-punkt	Aus-zahlung	Wert aus Sicht der Gläubiger	Schuldner	Risiko-marge
0		5.000	6.313	1.313
1	275	5.000	6.196	1.196
2	275	5.000	6.076	1.076
3	275	5.000	5.952	952
4	275	5.000	5.826	826
5	275	5.000	5.697	697
6	275	5.000	5.564	564
7	275	5.000	5.428	428
8	275	5.000	5.289	289
9	275	5.000	5.146	146
10	5.275	5.000	5.000	0

Abbildung 36: Variable Kuponanleihe – rechnungsmäßig ab t = 0.

Wie der Abbildung zu entnehmen ist, ist der rechnungsmäßige Kurswert der variablen Kuponanleihe aus Gläubigersicht rechnungsmäßig über die gesamte Laufzeit gleich dem Nennwert; hier gibt es also keine Unterschiede zur Anleihe mit fixen Kupons.

Wert zu einem späteren Zeitpunkt

Abweichungen in der Wertentwicklung im Vergleich zur fixen Kuponanleihe ergeben sich erst, wenn sich risikofreier und somit interner Zins verändern. Da der variable Kupon regelmäßig an einen Referenzzins angeglichen wird, der das Marktzinsumfeld widerspiegelt, erfolgt eine geglättete Reaktion der Wertentwicklung auf eine Zinsänderung.

Im obigen Beispiel wird nun ein Anstieg des risikofreien Zinses in t = 9 auf **4,0 %** unterstellt, der Zinsspread des Schuldners bei einer erneuten Anleihe soll wieder bei **3,0 %** liegen (er hat sich also de facto in der Bonität etwas verbessert). Für den variablen Kupon wie auch den internen Zins gilt dann

Kuponzins = interner Zins

= 4,0 % + 3,0 %

= **7,0 %**.

Durch den Anstieg des Kuponzinses erhält die IVW Privat AG nun auch eine höhere Zinszahlung. Die jährlich nachschüssige Auszahlung beträgt nun:

5.000 · 0,07 = 350.

Anhand der bereits bekannten Formel lassen sich erneut der Kurswert der Anleihe aus Sicht des Gläubigers und des Schuldners berechnen. Bei einem Zinsanstieg zum Zeitpunkt t = 9 ergibt sich für die variable Kuponanleihe aus Sicht der IVW Privat AG ein Kurswert in Höhe von

W_9(7 %) = 5.000 · (1/1,07^1 + 0,07 · (1 − 1/1,07^1) / 0,07)

= **5.000**.

Aus Sicht des Schuldners ergibt sich für dasselbe Jahr ein Kurswert der Anleihe von

W_9(4 %) = 5.000 · (1/1,04^1 + 0,07 · (1 − 1/1,04^1) / 0,04)

= **5.144**.

Zur Verdeutlichung der Glättungseffekte bei der Wertentwicklung durch variable Kupons im Vergleich zu fixen Kupons soll nachfolgend unterstellt werden, dass die IVW Privat AG vor neun Jahren eine variable Kuponanleihe (anstelle einer fixen Kuponanleihe) gezeichnet hätte. Bei der zuvor skizzierten Zinsabsenkung nach einem Jahr auf **2,5 %** würden sich keine erkennbaren Werteffekte ergeben, siehe dazu auch die nachfolgende Abbildung.

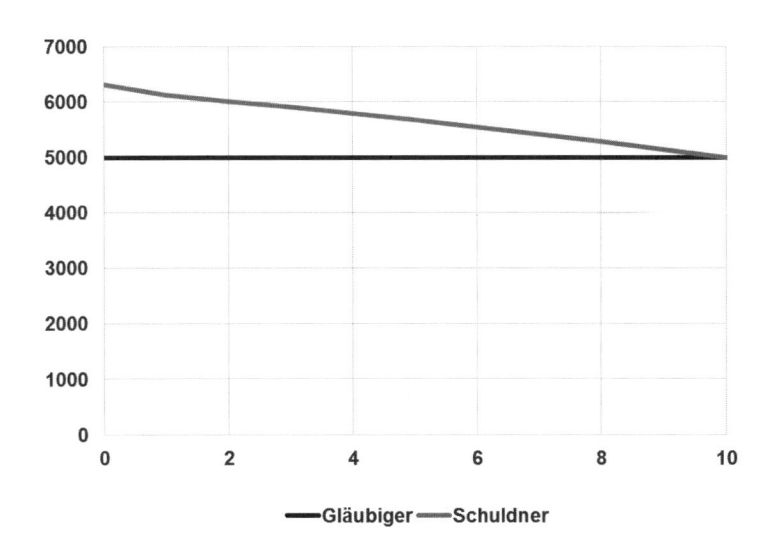

Abbildung 37: Variable Kuponanleihe – Zinssenkung ab t = 1.

Im Unterschied zum fixen Kupon erfolgt also beim variablen Kupon keine (oder eine geringere) Wertsteigerung bei einer Zinssenkung. Somit gestalten sich die Wertentwicklungskurven aus Sicht von Gläubiger und Schuldner konstanter, der zuvor beschriebene „Knick" bleibt aus oder verringert sich.

Sowohl Floater als auch Standardanleihen bieten Vor- und Nachteile für Gläubiger und Schuldner. Ein Floater kann dabei als eine defensive Anleihe betrachtet werden. Durch die regelmäßige Anpassung der Kuponverzinsung an den Referenzzins wird das Zinsänderungsrisiko auf die Zeiträume zwischen zwei Anpassungsstichtagen begrenzt und somit größtenteils eliminiert. Die Wertentwicklung der Anleihe bleibt somit auch bei Zinsschwankungen über die gesamte Laufzeit relativ konstant. Auf der anderen Seite schwankt dadurch jedoch die Höhe der Zinszahlungen. Bei sinkendem Leitzins sinkt somit auch die Verzinsung des Floaters. Durch die variable Gestaltung der Verzinsung besteht außerdem zu Beginn der Laufzeit keine absolute Sicherheit über die zukünftigen Zahlungsströme.

Absolute Sicherheit und Planbarkeit der zukünftigen Zahlungsströme bestehen hingegen bei einer fixen Kuponanleihe, solange diese nicht vor Ablauf der Laufzeit veräußert wird. Die Verzinsung bleibt beim fixen Kupon über die gesamte Laufzeit konstant, was vor allem bei sinkenden Zinsstrukturen einen Vorteil darstellt. Damit einher geht jedoch auch der Nachteil des hohen Zinsänderungsrisikos. Der Kurswert der fixen Kuponanleihe reagiert stark auf marktbedingte Zinsschwankungen. Bei steigenden Zinsstrukturen verliert die fixe Kuponanleihe daher stark an Wert. Eine Veräußerung vor Ablauf der Laufzeit kann somit zu erheblichen Verlusten führen.

Insgesamt bietet der Floater also Vorteile bei steigenden Zinsstrukturen, da hier eine höhere Verzinsung erzielt werden kann. Anleihen mit fixem Kupon bieten hingegen bei sinkenden Zinsstrukturen eine höhere Verzinsung.

2.4 Aktien

Außer in festverzinsliche Wertpapiere können Anleger im Rahmen des Asset Liability Managements in weitere Finanzinstrumente investieren. Zu den riskanteren Kapitalanlagen gehören Aktien, die täglichen oder gar stündlichen Kursschwankungen unterliegen. So kann der Anleger innerhalb kürzester Zeit viel Kapital verlieren.

Für die Bewertung dieser riskanten Anlagen werden andere Ansätze benötigt als für Zerobonds und Kuponanleihen, bei denen die Zinsentwicklungen von großer Relevanz sind. Es existieren mehrere solche Ansätze zur Bewertung von Aktien. Ein sehr prominenter Ansatz resultiert aus der „modernen Portfoliotheorie" (MPT) von Markowitz, welche in seinem Buch „Foundations of Portfolio Theory" veröffentlicht wurde.[85] Markowitz bewertete hier Portfolios anhand der von ihm eingeführten Kurven in einem vollkommenen Kapitalmarkt.

---

[85] Für dieses Modell wurde Markowitz zusammen mit Miller und Sharpe 1990 mit dem Nobelpreis ausgezeichnet.

Eine wichtige Änderung bei der MPT gegenüber den vorherigen Theorien ist, dass „*die Renditen der Wertpapiere als Zufallsgrößen betrachtet werden*".[86] Diese werden durch die annähernd bekannten Renditeerwartungswerte (EW), Standardabweichungen (STD) der Rendite und Korrelationskoeffizienten (Diversifikation) beschrieben. Dabei bleibt bei der Schätzung der zukünftigen Rendite ein Anteil an Ungewissheit. Die Investoren konzentrieren sich hauptsächlich auf den Erwartungswert und die Standardabweichung, wobei die Letztere möglichst gering sein und der Erwartungswert maximiert werden soll. Bei einer größeren Standardabweichung der Rendite ist die Schwankung und somit das eingegangene Risiko größer.

Eine weitere Annahme der MPT ist, dass Investoren sich ausschließlich auf die finanziellen Aspekte konzentrieren und alle anderen außer Acht lassen. Nach dem Modell von Markowitz lässt sich eine Effizienzkurve (Markowitzkurve) darstellen, die das Risiko im Verhältnis zum Renditeerwartungswert darstellt. Die betrachtete Zeitperiode wird in diesem Modell auf ein Jahr festgesetzt.

2.4.1 Portfoliotheorie nach Markowitz

Der Markowitz-Ansatz soll in diesem Abschnitt anhand eines Beispiels analysiert werden, bei dem die finanziellen Mittel ein Jahr lang in verschiedene Mischungen aus zwei (in diesem Falle hoch) riskanten Assets angelegt werden können.

In dieses Beispiel gehen zwei (approximativ normalverteilte) Aktien und ein risikofreies festverzinsliches Wertpapier mit folgenden erwarteten Kurswerten und Standardabweichungen (STD) nach einem Jahr bei einem Ausgangsvolumen von **1.000** ein:

---

[86] Spremann 2008, Portfoliomanagement, S. 59

	Erwarteter Kurs	STD
Asset A	1.075	200
Asset B	1.100	300
Risikofreies WP	1.025	

Die beiden Assets sollen zunächst als unkorreliert betrachtet werden. Das bedeutet, dass sie sich völlig unabhängig voneinander entwickeln. In der Praxis ist dies eher selten, denn die Kapitalmärkte sind global miteinander verbunden.

Das Anlagevolumen soll auf die beiden Assetklassen vollständig aufgeteilt werden, wobei dies zunächst einmal nur in „Tranchen" zu je 10 % geschehen soll, d. h. von einer vollständigen Investition in die Anlage A in eine vollständige Investition in die Anlage B wird Schritt für Schritt übergegangen.

Um (quasi auf ganz natürliche Art und Weise) zu einer Präferenzfunktion zu kommen, wird angenommen, dass das Ausgangsvolumen risikofrei geliehen wird, d. h. nach einem Jahr muss ein Betrag in Höhe von 1.025 zurückgezahlt werden und nur die Überrendite (oberhalb von 2,5 % risikofreiem Zins) steht dem Investor zur Verfügung.

Das Risiko besteht in diesem Fall darin, dass im Falle eines Verlusts der Investor Kapital nachschießen muss. Es ist also absolut nicht unerheblich, dass beispielsweise das zweite Wertpapier aufgrund einer höheren Standardabweichung deutlich öfter den Betrag von 1.025 unterschreitet als das erste. Die Chance von deutlich höheren Überschreitungen ist jedoch ebenfalls höher.

Diese Annahme entspricht konzeptionell der Situation eines Versicherungsunternehmens, das Anlagen aus den Prämieneinnahmen tätigt, die in Form von späteren Schadenzahlungen aber zurückgezahlt werden müssen.

Für den Investor ergeben sich Ergebnis und Überrendite aus der Investitionsentscheidung wie folgt:

Ergebnis   = Kurswert − 1.025.

Überrendite = Ergebnis / Ausgangsvolumen.

Die Ergebnisse der Berechnungen der Standardabweichung sowie der Renditen, Ergebnisse und Überrendite sind nachfolgend dargestellt.

Asset A	STD	Ergebnis	Überrendite
100%	200,0	50,0	5,0%
90%	182,5	52,5	5,3%
80%	170,9	55,0	5,5%
70%	166,4	57,5	5,8%
60%	169,7	60,0	6,0%
50%	180,3	62,5	6,3%
40%	197,0	65,0	6,5%
30%	218,4	67,5	6,8%
20%	243,3	70,0	7,0%
10%	270,7	72,5	7,3%
0%	300,0	75,0	7,5%

Abbildung 38: Risiko und (Über-) Rendite (1).

Bei einer reinen Renditebetrachtung der Mischung der beiden Portfolios ist zunächst das Portfolio bestehend nur aus dem Asset B optimal. Aus der Tabelle lässt sich ablesen, dass das Ergebnis in diesem Fall mit 75 am größten ist. Das jeweilige Risiko der Kapitalanlagemischung entwickelt sich jedoch nicht gleichförmig mit der erwarteten Rendite. Dies ergibt sich durch die Diversifikationseffekte, die durch die Unkorreliertheit der beiden Assets entstehen.

Die einfachste Form der Darstellung des Risikos besteht in der Gegenüberstellung von Erwartungswert und Standardabweichung, siehe dazu die nachfolgende Abbildung:

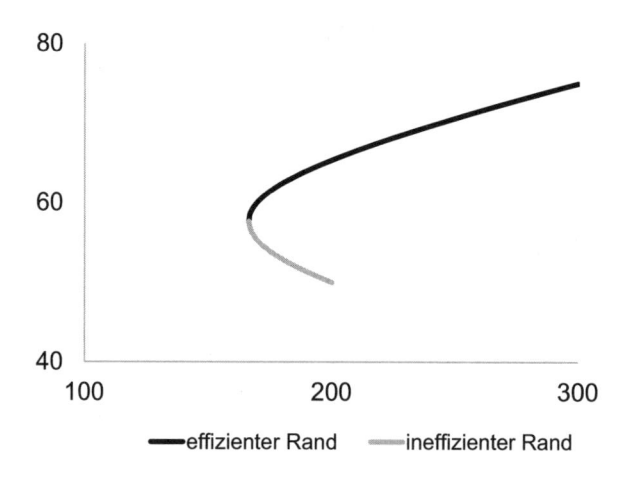

Abbildung 39: Risiko und (Über-) Rendite (2).

Die Kurve charakterisiert das Risiko / (Über-) Renditeprofil eines Portfolios, das aus den beiden Anlagen A und B in den jeweiligen Kombinationen zusammengesetzt ist. Die (erstmals von Markowitz eingeführte) Risiko-Rendite-Kurve kann in drei Teilbereiche unterteilt werden.

- Der *ineffiziente* Rand beschreibt all diejenigen Portfolios, bei denen ein höherer Gewinn bei demselben Risiko erzielt werden kann. Der Grund dafür sind Diversifikationseffekte. Die Entscheidung für diese Portfolios sollte daher nicht getroffen werden.

- Der *effiziente* Rand beschreibt all diejenigen Portfolios, bei denen dieses Phänomen nicht mehr beobachtet werden kann. Renditesteigerungen gibt es hier nur bei steigender Standardabweichung – bis hin zum Maximum. Auf dem ineffizienten Rand hängt die Portfolioentscheidung von der Risikopräferenz eines Investors ab. Ein extrem risikofreudiger Investor würde das Maximum des effizienten Randes auswählen, denn ihm ist das Risiko nicht so wichtig, solange der mögliche Ertrag möglichst hoch ist.

- Im Schnittpunkt der beiden Kurven liegt das Portfolio mit der *minimalen Varianz der Rendite*, also das Portfolio mit dem geringsten Risiko; es wird daher als Minimum-Varianz-Portfolio (MVP) bezeichnet.[87] Ein risikoaverser Investor würde dieses Portfolio auswählen, denn er bevorzugt Anlagen mit einem niedrigen Risiko.[88] Im Falle diskreter Tranchen zu je 10 % Schritten ist dies das Portfolio mit einem Anteil von 70 % in der Assetklasse A.

Zur Bestimmung des MVP wird die Varianz als Funktion des Anteils x in der Assetklasse A dargestellt, d. h. man erhält:

$\sigma^2(x) = x^2 \cdot \sigma_A^2 + (1-x)^2 \cdot \sigma_B^2 + 2 \cdot x \cdot (1-x) \cdot \sigma_A \cdot \sigma_B \cdot \rho_{A,B}$.

Leitet man diese Funktion nun nach x ab, so erhält man

$(d/dx)\, \sigma^2 = 2 \cdot (x \cdot \sigma_A^2 - (1-x) \cdot \sigma_B^2 + (1-2 \cdot x) \cdot \sigma_A \cdot \sigma_B \cdot \rho_{A,B})$.

Setzt man die erste Ableitung gleich null, so ergibt sich

$x_{MVP} = (\sigma_B^2 - \sigma_A \cdot \sigma_B \cdot \rho_{A,B}) / (\sigma_A^2 + \sigma_B^2 - 2 \cdot \sigma_A \cdot \sigma_B \cdot \rho_{A,B})$.

Das durch dieses Gewicht bestimmte MVP trennt die effizienten von den dominierten (= nicht effizienten) Portfolios, die aus A und B erzeugt werden. Dieser Wert liegt nicht notwendigerweise zwischen 0 % und 100 %, d. h. die Portfoliokombination ist nicht immer zulässig, beispielsweise bei sehr hohen Korrelationen.

2.4.2 Variation der Korrelationskoeffizienten

Wie bereits zuvor erwähnt, wurden die Berechnungen mit unkorrelierten Assets durchgeführt. Da dies in der Praxis nicht oft der Fall ist, sind in der nachfolgenden Grafik die Risiko- / (Über-) Rendite-

---

[87] Vgl. Spremann 2008, Portfoliomanagement, S. 180.
[88] Vgl. Mondello 2013, Portfoliomanagement, S. 134.

kurven für Korrelationskoeffizienten von −100 % bis 100 % (jeweils in Schritten zu je 25 %) dargestellt:

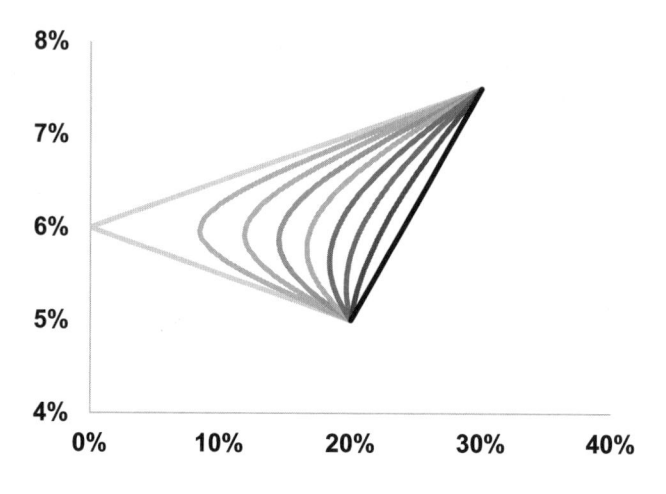

Abbildung 40: Risiko und (Über-) Rendite (3).

Die „geknickte" Kurve beschreibt dabei die Situation bei einer Korrelation von −100 %; die Gerade eine Situation mit 100 % Korrelation. Bei einer Korrelation von 75 % liegt das MVP außerhalb des zulässigen Bereichs, da sich für große Korrelationskoeffizienten die Kurve immer mehr der Gerade annähert.

Für kleine Korrelationskoeffizienten (insbesondere für negative Korrelationskoeffizienten) wird die Kurve hingegen immer enger und „spitzer" und nähert sich immer mehr der geknickten Kurve an.[89] Das Risiko bei einer komplett negativen Korrelation beträgt 0 %. Dieser Fall ist für die Praxis allerdings nicht relevant, da auf den Finanzmärkten die meisten Aktienrenditen Korrelationen größer als −100 % aufweisen.[90] Oft liegen sie sogar im positiven Bereich.

---

[89] Vgl. Spremann 2008, Portfoliomanagement, S. 180.
[90] Vgl. Mondello 2013, Portfoliomanagement, S. 118.

2.4.3 Optimierung mittels einer Präferenzfunktion

Die Herausforderung besteht nun darin, das optimale Portfolio auf dem effizienten Rand zu finden. Ohne Kenntnis einer Präferenzfunktion können jedoch nur ineffiziente Portfolios ausgeschlossen werden. Da im konkreten Beispiel die finanziellen Mittel geliehen wurden (analog zum Geschäftsmodell einer Versicherung), muss Eigenkapital zur Absicherung des Verlustes vorgehalten werden; im vorliegenden Beispiel soll dabei von einem gewünschten Sicherheitsniveau von 99,8 % ausgegangen werden. Dies entspricht einer Absicherung vor dem 500-Jahres-Ereignis.

Man benötigt jetzt Präferenzfunktionen, die Risiko und Rendite gegeneinander abwägen. Hier existieren mit EVA[91] und RORAC[92] zwei Präferenzfunktionen aus der wertorientierten Unternehmenssteuerung, die auf Basis des erforderlichen Eigenkapitals definiert werden können.[93]

Für das geforderte Sicherheitsniveau von α = 99,8 % ergibt sich unter der Annahme normalverteilter Assets das benötigte Eigenkapital EK_α für die Portfoliomischung mit x % Anteil in der Assetklasse A wie folgt:

$$EK_\alpha = (t_\alpha \cdot \sigma(x) - E(x)) / (1 + r_f),$$

mit $E(x)$ das erwartete Ergebnis, r_f der risikofreie Zins und t_α die Normalverteilungsschranke zum Niveau α. Im vorliegenden Beispiel mit diskreten Tranchen ist die Höhe des benötigten Eigenkapitals für das Portfolio mit 70 % Anteil an der Assetklasse A am geringsten. Bei einem Portfolio, das nur aus dem Asset B besteht, ist das Risiko (reflektiert durch die Standardabweichung) am größten.

---

[91] Economic Value Added, geschützter Begriff von Stern & Steward. Im Folgenden wird nicht mehr in jedem Fall darauf hingewiesen.
[92] Return on Risk Adjusted Capital.
[93] Diese Präferenzfunktionen werden im letzten Kapitel genauer erläutert und werden daher an dieser Stelle ohne weitere Erklärung verwendet.

Die Kennzahlen RORAC und EVA werden nachfolgend wie folgt definiert:

RORAC = Ergebnis / benötigtes Eigenkapital.

EVA = Ergebnis − Kapitalkosten

EVA = Ergebnis − $z_f \cdot EK_\alpha$,

mit z_f als gewünschter Zielverzinsung. Bei einem Versicherungsunternehmen ist die Zielverzinsung von Steuerungsvorgaben abhängig. In diesem Beispiel wird eine Zielverzinsung eines Industrieversicherers mit A-Rating angenommen, welche bei 9,75 % liegen soll.[94]

Die Ergebnisse der Berechnung von RORAC und EVA für den vorliegenden Beispielfall sind in der nachfolgenden Abbildung ausführlich dargestellt:

Asset A	Ergebnis	Überrendite	EK 99,80%	RORAC	EVA 9,75%
100%	50,0	5,0%	512,8	9,8%	0,0
90%	52,5	5,3%	461,2	11,4%	7,5
80%	55,0	5,5%	426,2	12,9%	13,5
70%	57,5	5,8%	411,2	14,0%	17,4
60%	60,0	6,0%	418,0	14,4%	19,2
50%	62,5	6,3%	445,2	14,0%	19,1
40%	65,0	6,5%	489,7	13,3%	17,3
30%	67,5	6,8%	547,4	12,3%	14,1
20%	70,0	7,0%	614,9	11,4%	10,0
10%	72,5	7,3%	689,5	10,5%	5,3
0%	75,0	7,5%	769,2	9,8%	0,0

Abbildung 41: Kennzahlen RORAC und EVA.

Der RORAC ist in diesem Beispiel mit 14,4 % beim Portfolio mit 60 % Anteil an der Assetklasse A am höchsten. Beim EVA geht man von einer Zielverzinsung von 9,75 % über dem Marktzins aus.

---

[94] Vgl. Heep-Altiner et al. 2014, Wertorientierte Steuerung in der Schadenversicherung, S. 149 f.

Der EVA ist mit 19,2 ebenfalls bei 60 % Anteil an der Assetklasse A am größten. Der Eigenkapitalbedarf ist hier allerdings nicht minimal.

2.5 Optionen

Aktienkurse können sehr volatil sein. Um sich gegen drastische Schwankungen des Aktienkurses oder anderer Finanztitel am Kapitalmarkt abzusichern, stehen Finanzderivate zur Verfügung. Das bekannteste Finanzderivat ist hierbei die klassische Option (beispielsweise auf den Kauf einer Aktie), die im weiteren Verlauf dieses Abschnittes näher erläutert werden soll.

Der Begriff Derivat stammt vom lateinischen Wort „derivare" (= ableiten) ab. Derivate sind folglich Produkte, die einen direkten Bezug zu anderen Basisprodukten aufweisen und sich daraus ableiten lassen. Die Derivate, deren Basisprodukte aus dem finanziellen Sektor stammen, werden als Finanzderivate bezeichnet.[95]

Bei den Finanzderivaten unterscheidet man zwischen den unbedingten und bedingten Termingeschäften. Bei einem *unbedingten* Termingeschäft handelt es sich um einen Kaufvertrag zwischen zwei Parteien mit der Verpflichtung,

- zu einem zukünftigen Termin (Fälligkeitszeitpunkt)
- eine definierte Menge (Kontaktgröße) eines Objektes (Underlyings)[96]
- zu einem bei Vertragsabschluss festgelegten Preis (Terminpreis)

zu kaufen (Käufer) bzw. zu verkaufen (Verkäufer).

---

[95] Vgl. Möbius 2011, Risikomanagement in Versicherungsunternehmen, S. 20.
[96] Underlying (Basisinstrument, Basiswert) kann z. B. eine Aktie, ein Aktienindex, eine Devise, ein Zinssatz sein.

Bei einem *bedingten* Termingeschäft handelt es sich dagegen um einen Kaufvertrag zwischen zwei Parteien, bei dem nur eine Partei, nämlich der Verkäufer (Stillhalter), sich verpflichtet,

- zu einem zukünftigen Termin (Fälligkeitszeitpunkt)
- eine definierte Menge (Kontaktgröße) eines Objektes (Underlyings)
- zu einem bei Vertragsabschluss festgelegten Preis (Terminpreis)

zu verkaufen. Die andere Partei des Kaufvertrages, nämlich der Käufer des bedingten Termingeschäfts, hat dagegen das Recht bzw. die Option, das Geschäft zu den vereinbarten Konditionen durchzuführen oder es verfallen zu lassen.

Optionen zählen zu den bedingten Termingeschäften. Bei den Optionen unterscheidet man zwischen zwei Vertragsparteien, der Käufer- und Verkäuferposition. Der **Käufer** einer Option erwirbt das verbriefte Recht,

- zu einem zukünftigen Termin (Fälligkeitszeitpunkt)
- eine definierte Menge (Kontaktgröße) eines Objektes (Underlyings)
- zu einem bei Vertragsabschluss festgelegten Preis (Terminpreis)

zu kaufen oder zu verkaufen.[97] In diesem Fall wird diese Option als Long Call oder als Long Put bezeichnet. Der **Verkäufer** einer Option verpflichtet sich hingegen,

- zu einem zukünftigen Termin (Fälligkeitszeitpunkt)
- eine definierte Menge (Kontaktgröße) eines Objektes (Underlyings)

---

[97] Vgl. Hausmann 2002, Derivate, Arbitrage und Portfolio-Selection, S. 86.

- zu einem bei Vertragsabschluss festgelegten Preis (Terminpreis)

zu kaufen oder zu verkaufen. In diesem Fall spricht man von Short Call oder Short Put. Damit das Geschäft "fair" bleibt, erhält der Verkäufer einer Option eine zusätzliche Prämie ohne Gegenleistung vom Käufer. Der Käufer einer Option (Long Call bzw. Long Put) profitiert von steigenden bzw. fallenden Kursen (Preisen) des Gutes. Der Verkäufer (Stillhalter) einer Option (Short Call bzw. Short Put) profitiert von gleich bleibenden oder fallenden bzw. steigenden Kursen (Preisen), da er ggf. die Prämie ohne Gegenleistung erhalten hat.

Des Weiteren wird zwischen **amerikanischen** Optionen und **europäischen** Optionen unterschieden. Die europäischen Optionen können nur am Ende der Laufzeit ausgeübt werden, bei amerikanischen Optionen hingegen ist die Ausübung der Option während der gesamten Laufzeit möglich. Diese Bezeichnungen haben keine geographischen Bedeutungen, d. h. weltweit werden sowohl europäische als auch amerikanische Optionen gehandelt.[98] Die Optionen werden zum einen an der Börse und zum anderen auch außerbörslich an OTC-Märkten (Over The Counter Market) gehandelt.

Der Wert einer Option setzt sich während der Laufzeit aus seinem inneren Wert (dieser wird auch als **Payoff** bezeichnet) und seinem Zeitwert zusammen. Der innere Wert einer Call Option ist die Differenz aus dem aktuellen Preis des Basiswertes und seinem Ausübungspreis (Strike), sofern die Option ausgeübt wird. Ansonsten ist der innere Wert dieser Option gleich null. Der innere Wert für den Käufer einer Call Option ergibt sich als

$$C = \max(S - K, 0)$$

mit K als Ausübungspreis und S als dem aktuellen Preis des Basiswertes. Das bedeutet, dass der Käufer einer Call Option nur dann

---

[98] Vgl. Reitz 2011, Mathematik in der modernen Finanzwelt, S.13.

seine Option ausübt, wenn der aktuelle Preis des Basiswertes größer als der Ausübungspreis ist.

Die folgende Abbildung illustriert den Gewinn- und Verlustverlauf des inneren Wertes einer Kauf Call Option (Long Call). Mit steigendem Basispreis wächst der Gewinn. Dieser ist theoretisch sogar unbegrenzt, da es für den Preis des Underlyings keine natürliche Obergrenze gibt. Der mögliche Verlust einer Long Call Option beschränkt sich dagegen auf die Höhe der bezahlten Optionsprämie.[99]

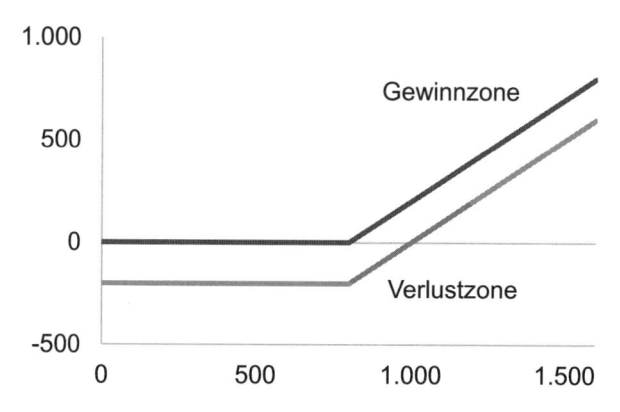

Abbildung 42: Pay Off und Wert eines Long Calls.

Der Verkäufer einer Call Option (Short Call) verpflichtet sich im Gegensatz zum Käufer einer Call Option, das Underlying zu liefern. Die Auszahlung bei dieser Position verhält sich genau umgekehrt zur Long Call Option. Der Gewinn- und Verlustverlauf des inneren Wertes ist folglich ein Spiegelbild der Long Call Option. Die Gewinnmöglichkeit bei dieser Position ist auf die Höhe des Optionspreises (erhaltene Prämie) beschränkt und die Verlustmöglichkeit theoretisch unbeschränkt.

---

[99] Vgl. Möbius 2011, Risikomanagement in Versicherungsunternehmen, S. 23.

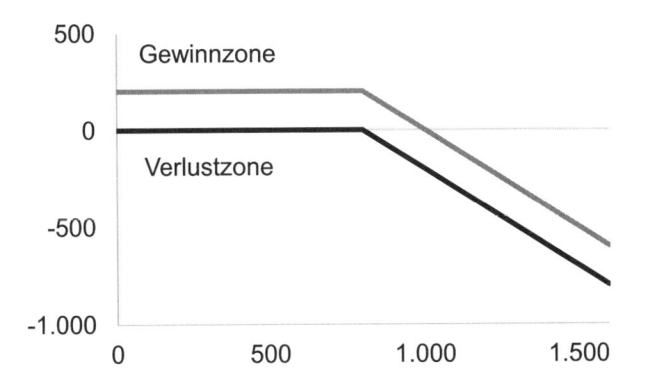

Abbildung 43: Pay Off und Wert eines Short Calls.

Der innere Wert beim Käufer einer Put Option (Long Put) verhält sich genau umgekehrt zur Call Option. Der innere Wert hat den positiven Wert nur dann, wenn der Ausübungspreis größer als der aktuelle Preis des Basiswertes ist[100], d. h.

P = max (K – S, 0).

Die Gewinnmöglichkeit ist bei dieser Position beschränkt, da der Preis des Underlyings mindestens größer als Null ist. Die folgende Abbildung zeigt den Verlauf der Werte:

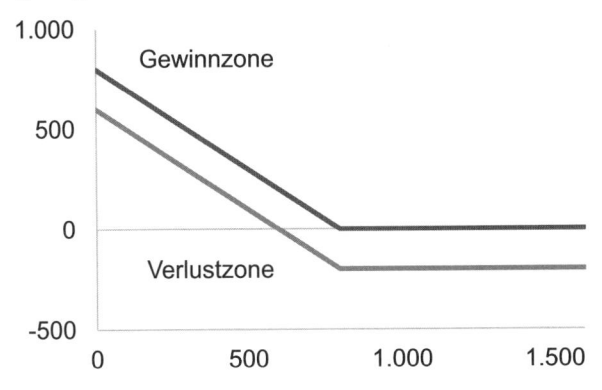

Abbildung 44: Pay Off und Wert eines Long Puts.

---

[100] Vgl. Hausmann 2002, Derivate, Arbitrage und Portfolio-Selection, S. 88.

Bei einem Verkäufer einer Put Option (Short Put) spiegelt sich die Auszahlungsfunktion der Long Put wider. Die Verlustmöglichkeit bei dieser Option ist nach unten beschränkt; die Gewinnmöglichkeit ist nach oben beschränkt auf den Wert des Preises (bei Nichtausübung der Option).

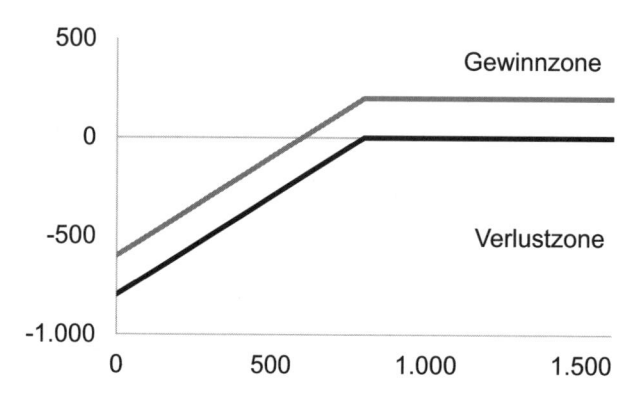

Abbildung 45: Pay Off und Wert eines Short Puts.

Bei der Auszahlung der europäischen Optionen an der Börse stehen für jede Call Put Option für jede Fälligkeit mindestens fünf Ausübungspreise für den Handel zur Verfügung.[101]

Davon sind zwei Ausübungspreise "im Geld" (in the money), ein Ausübungspreis "am Geld" (at the money) und zwei Ausübungspreise "aus dem Geld" (out the money). Wenn die Option als "im Geld" bezeichnet wird, ist der innere Wert dieser Option größer als Null. Wenn der innere Wert einer Option gleich Null ist, wird diese Option als "am Geld" bezeichnet. Eine Option mit innerem Wert kleiner als Null wird als "aus dem Geld" bezeichnet. In der nachfolgenden Tabelle sind die unterschiedlichen Fälle dargestellt:

---

[101] Vgl. Möbius 2011, Risikomanagement in Versicherungsunternehmen, S. 24.

Optionsart	aus dem Geld	am Geld	im Geld
Call	S < K	S = K	S > K
Put	S > K	S = K	S < K

Abbildung 46: Innere Werte von Call und Put Optionen.

Die Motivation für den Handel mit klassischen Optionen ist vielfältig. Bei deutschen Versicherungsunternehmen werden die Einsatzmöglichkeiten allerdings sehr stark von rechtlichen Vorschriften mitbestimmt. Gemäß § 7 Abs. 2 Satz 2 VAG sind bedingte Termingeschäfte für folgende Zwecke gestattet:

- Zur Absicherung gegen Kurs- und Zinsänderungsrisiken bei vorhandenen Vermögenswerten. Solches Geschäft wird als Absicherungsgeschäft bezeichnet.
- Zum späteren Erwerb von Wertpapieren. Dieses Geschäft ist auch als Erwerbsvorbereitungsgeschäft bekannt.
- Der Erzielung von zusätzlichen Erträgen aus vorhandenen Wertpapieren. Diese werden meistens als Ertragsvermehrungsgeschäft bezeichnet.[102]

Derivative Geschäfte sind hingegen nicht zulässig, wenn sie nur

- zum Aufbau reiner Handelspositionen (Arbitragegeschäfte) sowie
- zum Leerverkauf (Leergeschäfte ausüben) benutzt werden.[103]

Somit werden die derivativen Finanzinstrumente lediglich als Hilfsinstrument im Kapitalmanagement eingesetzt.

Das Konzept einer Option soll nachfolgend anhand eines einfachen Berechnungsbeispiels erläutert werden.

---

[102] Vgl. Nguyen 2008, Versicherungswirtschaftslehre, S. 178.
[103] Vgl. Bundesaufsicht für das Versicherungswesen, Der Präsident, R3/2000 S. 3.

2.5.1 Berechnungsbeispiel

In diesem Beispiel wird von einem zum Ausübungszeitpunkt gleichverteilten Underlying ausgegangen, wobei veranschaulicht werden soll, dass eine Option i. d. R. sehr viel volatiler ist als das zugrunde liegende Wertpapier (WP).

Das Wertpapier in diesem Beispiel ist gleichverteilt im Intervall [A, B] = [700, 1.300] und man erhält somit folgende Verteilungsparameter:

$$E[X] = (A + B) / 2$$
$$= (1.300 + 700) / 2$$
$$= \mathbf{1.000}.$$
$$STD[X] = (B - A) / 12^{0,5}$$
$$= (1.300 - 700) / 12^{0,5}$$
$$= \mathbf{173}.$$

Die Dichtefunktion für dieses Beispiel ist in der nachfolgenden Abbildung illustriert:

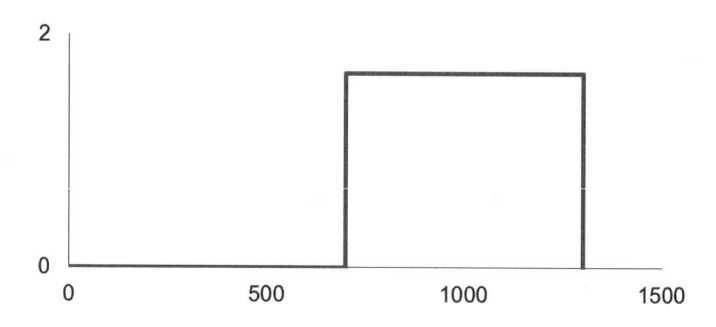

Abbildung 47: Dichtefunktion für ein gleichverteiltes Wertpapier.

Der Erwartungswert der Gleichverteilung ist also der Mittelwert des Ober- und Unterwerts. Daher besteht bei der Gleichverteilung eine

50 %-ige Wahrscheinlichkeit dafür, dass der Erwartungswert überschritten bzw. unterschritten wird. Bei einem Ausübungspreis von K = 1.000 sind die inneren Werte von Kaufoption und Verkaufsoption wie folgt definiert:

C = MAX (S − 1.000, 0),

P = MAX (1.000 − S, 0).

Die Werte von beiden Optionen liegen zwischen 0 und 300. Somit liegt der bedingte Erwartungswert der Optionen bei einer Ausübung in beiden Fällen bei 150. Da bei den gleichverteilten Optionswerten in der Hälfte der Fälle die Option nicht ausgeübt wird, berechnet sich der gesamte Erwartungswert der Optionen in beiden Fällen wie folgt:

E[X] = 50 % · 0 + 50 % · 150
= **75**.

Die Varianz kann in beiden Fällen wie folgt berechnet werden:

VAR[X] = $E[X^2] - E[X]^2$
= 50 % · 0^2 + 50 % · (0^2 + 0 · 300 + 300^2) / 3 − 75^2
= **9.375**.

STD[X] = 96,82.

Bei der Kombination Y der Call und Put Optionen ergeben sich folgende Kennzahlen:

E[Y] = 50 % · 150 + 50 % · 150
= **150**.

VAR[Y] = 50 % · 300^2/3 + 50 % · 300^2/3 − 150^2
= **7.500**.

STD[Y] = 86,60.

Die Standardabweichung der Kombination ist geringer als die einzelnen Standardabweichungen von Call und Put, da die beiden Papiere negativ miteinander korreliert sind.

In der nachfolgenden Tabelle sind alle wichtigen Parameter für die Kauf- und Verkaufsoption sowie die Kombination aus beiden bei einem Ausübungspreis K = 1.000 zusammengefasst.

Papier	EW	STD	VK
Kaufoption	75,0	96,8	129,1%
Verkaufsoption	75,0	96,8	129,1%
Kombination	150,0	86,6	57,7%
Wertpapier	1.000,0	173,2	17,3%

Abbildung 48: Gesamtvergleich – K = 1.000.

In diesem Beispiel wird deutlich, dass die Optionen viel volatiler sind als das zugrunde liegende Wertpapier. Diese Volatilität wirkt sich auf den Preis der Optionen aus.

Verändert man den Ausübungspreis auf K = 800, dann ergibt sich folgende modifizierte Situation:

Papier	EW	STD	VK
Kaufoption	208,3	161,4	77,5%
Verkaufsoption	8,3	22,0	264,6%
Kombination	216,7	151,8	70,1%
Wertpapier	1.000,0	173,2	17,3%

Abbildung 49: Gesamtvergleich – K = 800.

Man sieht, dass die Verkaufsoption in diesem Fall nahezu wertlos ist; die Kaufoption hingegen hat einen relativ hohen Wert. Die Volatilität der Kombination der beiden Wertpapiere ist höher als im Beispiel davor. Beim Ausübungspreis in Höhe von 1.200 vertauschen sich die Werte.

Dieses Beispiel zeigt also die hohe Volatilität der Option im Vergleich zur Aktie, wobei zur Vereinfachung mit einer Gleichverteilungsannahme gearbeitet wurde.

Im folgenden Exkurs wird unter der (realistischeren) Annahme, dass der Aktienkurs einer geometrischen Brownschen Bewegung folgt, die Black-Scholes-Formel zur Bewertung einer Kaufoption auf diese Aktie hergeleitet.

2.5.2 Exkurs zur Black-Scholes-Formel

In diesem Abschnitt wird für eine europäische Call Option C mit Strike K zum Fälligkeitstermin T die Black-Scholes-Formel zum Zeitpunkt t_0 unter bestimmten Voraussetzungen hergeleitet und ein Beispiel dazu gerechnet.

Herleitung der Black-Scholes-Formel

Zur Herleitung der Black-Scholes-Formel wird angenommen, dass der Kursverlauf einer Aktie für jeden Zeitpunkt $t > t_0$ zunächst einmal durch eine geometrische Brownsche Bewegung

$$dS_t = S_t \cdot (\mu \cdot dt + \sigma \cdot dW^P_t)$$

bzgl. des realen Wahrscheinlichkeitsmaßes P und der stetigen realen Rendite μ beschrieben wird.

Diese Sichtweise berücksichtigt die höhere Rendite einer Aktie, nicht aber das Risiko, so dass man für eine Wertermittlung bei einer Option auf diese Aktie geeignete Adjustierungen vornehmen muss, in diesem Fall, indem man anstelle der ursprünglichen geometrischen Brownschen Bewegung den stochastischen Prozess

$$dS_t = S_t \cdot (r \cdot dt + \sigma \cdot dW^Q_t)$$

bzgl. des äquivalenten Wahrscheinlichkeitsmaßes Q betrachtet. Das Maß Q heißt auch risikoneutrales (Martingal) Maß und gibt die Sichtweise einer risikoneutralen Welt wieder, in der alle Anlagen nur den stetigen risikofreien Zins erwirtschaften. In dieser Welt haben folglich hohe Wertausprägungen einer Aktie ein geringeres Gewicht als in der realen Welt. Des Weiteren wird nun noch vorausgesetzt, dass[104]

- bei der Aktie keine Dividendenausschüttungen erfolgen,
- Leerverkäufe erlaubt sind,
- Handeln immer möglich ist und Preise sich stetig verändern,
- Wertpapiere beliebig teilbar sind,
- es keine Transaktionskosten gibt und steuerliche Aspekte keine Rolle spielen und
- es einen risikolosen stetigen Zinssatz r gibt, der konstant und für alle Laufzeiten gleich ist.

Bezeichnet man nun mit $T^* := T - t_0$ somit mit $D(r, T) := \text{EXP}(-r \cdot T^*)$ den stetigen risikofreien Diskont, so gilt für den Wert der Call Option

$$C = D(r, T) \cdot E_Q [(S_T - K)^+],$$

wobei E_Q den Erwartungswert bzgl. des risikoneutralen Maßes Q bezeichnet und $(S_T - K)^+$ als $\text{Max}(S_T - K; 0)$ definiert ist. S_T ist in der risikoneutralen Welt lognormalverteilt mit den Parametern

$$\alpha = \text{LN}(S) + (r - \tfrac{1}{2} \cdot \sigma^2) \cdot T^* \text{ und}$$

$$\beta^2 = \sigma^2 \cdot T^*,$$

wobei S der Ausgangskurs der Aktie zum Zeitpunkt t_0 ist. Bezeichnet man mit f die Dichtefunktion dieser Verteilung, dann gilt

---

[104] Vgl. Hausmann 2002, Derivate, Arbitrage und Portfolio-Selection, S. 198.

$$C = D(r, T) \cdot \int (s - K)^+ \cdot f(s) \cdot ds$$
$$= D(r, T) \cdot \int_{[K, \infty]} (s - K) \cdot f(s) \cdot ds$$
$$=: D(r, T) \cdot (I_1 - K \cdot I_2),$$

mit $I_1 = \int_{[K, \infty]} s \cdot f(s) \cdot ds$ und $I_2 = \int_{[K, \infty]} f(s) \cdot ds$, wobei f(s) die Dichtefunktion der Lognormalverteilung mit den zugrunde liegenden Parametern α und β^2 bezeichnet, d. h.

$$f(s) = (2\pi)^{-0,5} \cdot (\beta \cdot s)^{-1} \cdot EXP(-(LN(s) - \alpha)^2 / (2 \cdot \beta^2)).$$

Das Integral I_2 kann relativ leicht ermittelt werden, da es durch die Substitution von $x = (LN(s) - \alpha) / \beta$ mit $ds = \beta \cdot s \cdot dx$ in eine Standardnormalverteilung transformiert wird und somit

$$I_2 = \Phi(-(LN(K) - \alpha) / \beta)$$
$$= \Phi((-LN(K) + LN(S) + (r - \tfrac{1}{2} \cdot \sigma^2) \cdot T^*) / (\sigma \cdot T^{*0,5}))$$
$$= \Phi((LN(S/K) + (r - \tfrac{1}{2} \cdot \sigma^2) \cdot T^*) / (\sigma \cdot T^{*0,5}))$$
$$=: \Phi(d_2)$$

gilt. Für das Integral I_1 wird die gleiche Substitution angewendet und man erhält:

$$I_1 = \int_{[K^*, \infty]} EXP(x \cdot \beta + \alpha) \cdot \varphi(x) \cdot dx,$$

mit $K^* = (LN(K) - \alpha) / \beta$ und $\varphi(x)$ die Dichtefunktion der Standardnormalverteilung. Daraus ergibt sich dann:

$$I_1 = \int_{[K^*, \infty]} (2\pi)^{-1} \cdot EXP(x \cdot \beta + \alpha) \cdot EXP(-\tfrac{1}{2} \cdot x^2) \cdot dx$$
$$= \int_{[K^*, \infty]} (2\pi)^{-1} \cdot EXP(-\tfrac{1}{2} \cdot (x^2 - 2 \cdot x \cdot \beta + \beta^2 - \beta^2 - 2 \cdot \alpha))$$
$$= EXP(\alpha + \tfrac{1}{2} \cdot \beta^2) \cdot \int_{[K^*, \infty]} (2\pi)^{-1} \cdot EXP(-\tfrac{1}{2} \cdot (x - \beta)^2)$$
$$= S \cdot D(r, T)^{-1} \cdot \Phi(d_1),$$

mit $d_1 = (LN(S/K) + (r + \tfrac{1}{2} \cdot \sigma^2) \cdot T^*) / (\sigma \cdot T^{*0,5})$. Zusammengefasst ergibt sich also

$$C = S \cdot \Phi(d_1) - K \cdot D(r, T) \cdot \Phi(d_2).$$

Die Verkaufsoption kann analog bewertet werden, indem man die entsprechenden Integrale auswertet.

Beispiel zur Black-Scholes-Formel

Bei einem aktuellen Aktienkurs von **1.000 €** wird ein Optionsvertrag zum Ausübungspreis von **1.020 €** und einer Laufzeit von **6 Monaten** geschlossen. Die Volatilität der Aktienrenditen liegt bei **20 %** p. a., der (stetige) risikolose Zinssatz bei **2,50 %** p. a. (dies entspricht einer diskreten Verzinsung von 2,53 % p. a.).

Wie zuvor hergeleitet, ergibt sich der Wert der europäischen Call Option zum Zeitpunkt $t_0 = 0$ auf diese Aktie jetzt nach der Black-Scholes-Formel als

$$C = S \cdot \Phi(d_1) - K \cdot EXP(-r \cdot T) \cdot \Phi(d_2),$$

mit $T = 0{,}5$ und $r \cdot T = 0{,}0125$ sowie den weiteren Parametern

$$d_1 = (LN(S/K) + (r + \tfrac{1}{2} \cdot \sigma^2) \cdot T) / (\sigma \cdot T^{0{,}5}) = 0{,}0191$$

$$d_2 = (LN(S/K) + (r - \tfrac{1}{2} \cdot \sigma^2) \cdot T) / (\sigma \cdot T^{0{,}5}) = -0{,}1223.$$

Setzt man alle Werte aus der Aufgabenstellung ein, dann ergibt sich folgender Wert:

$$C = 1.000 \cdot \Phi(0{,}0191) - 1.020 \cdot EXP(-0{,}0125) \cdot \Phi(-0{,}1223)$$
$$= \mathbf{52{,}99}.$$

Vernachlässigt man den Zeitwert des Geldes, muss der Aktienkurs um 72,99 € steigen, damit der Erwerber dieser europäischen Kaufoption in die Gewinnzone gelangt. Für den Wert der Put Option gilt

$$P = K \cdot EXP(-r \cdot T) \cdot \Phi(-d_2) - S \cdot \Phi(-d_1)$$
$$= 1.020 \cdot EXP(-0{,}0125) \cdot \Phi(0{,}1223) - 1.000 \cdot \Phi(-0{,}0191)$$
$$= \mathbf{60{,}32}.$$

Der Erwerber einer europäischen Verkaufsoption muss für sein Recht eine Prämie in Höhe von 60,32 € zahlen.

2.5.3 Exkurs zur Monte-Carlo-Simulation

Nicht immer kann man den Wert eines Finanzinstrumentes explizit durch eine geschlossene Formel wie mit Hilfe der zuvor erläuterten Black-Scholes-Formel ermitteln. Alternativ kann man auch die Wertentwicklung des zugrunde liegenden Underlyings simulieren und das Finanzinstrument darauf anwenden.

Hier muss man aber geeignete Adjustierungen für das Risiko vornehmen, beispielsweise indem man mit risikoneutralen Szenarien anstelle von „Real-World" Szenarien arbeitet. Dies ist z. B. die Vorgehensweise bei der Bewertung von finanziellen Optionen und Garantien (FOGs) in der Lebensversicherung.

In diesem Abschnitt wird daher mit Hilfe einer Monte-Carlo-Simulation unter der Annahme einer geometrischen Brownschen Bewegung ein Aktienkurs für ein bestimmtes Zeitintervall simuliert. (Eine Monte-Carlo-Simulation eines stochastischen Prozesses ist ein Verfahren zur Erzeugung von zufälligen Ergebnissen, wobei stochastische Prozesse die Entwicklung einer Zufallsgröße über die Zeit beschreiben.) Bei diesem Prozess ist die Rendite einer Aktie in einem kleinen Zeitintervall normalverteilt und der Aktienkurs in einem zukünftigen Zeitpunkt lognormalverteilt. Eine geometrische Brownsche Bewegung mit Drift μ und Volatilität σ^2 kann ausgehend von $S_0 = S$ und einem hinreichend kleinen Intervall Δt approximativ mittels

$$S_{t+\Delta t} = S_t \cdot EXP((\mu - \tfrac{1}{2} \cdot \sigma^2) \cdot \Delta t + \varepsilon_t \cdot \sigma \cdot \Delta t^{0,5})$$

generiert werden, wobei ε_t ein zufällig gezogener Wert aus der Standardnormalverteilung ist. (Der Term $-\tfrac{1}{2} \cdot \sigma^2$ „kürzt" sich nach

Anwendung der Exponentialfunktion beim Erwartungswert der Lognormalverteilung weg.)

Nachdem das Modell für den Aktienkursverlauf definiert ist, wird der Prozess mithilfe der Monte-Carlo-Simulation simuliert unter der Annahme, dass wie im Rechenbeispiel zuvor der Aktienkurs zum heutigen Zeitpunkt bei **1.000** liegt, eine stetige Rendite von **15 %** p. a. erwartet wird und die Volatilität **20 %** p. a. beträgt. In dieser Simulation wird die Laufzeit der Aktie auf **26** Wochen festgesetzt, d. h. es gilt Δt = 0,0192 Jahre bzw. der Aktienkurs wird alle 7 Tage neu bestimmt.

In der nachfolgenden Tabelle ist der theoretische Verlauf der simulierten Aktienkurse dargestellt, insbesondere die Erwartungswerte sowie die Grenzen des Konfidenzintervalls vom 2,5 % bis zum 97,5 % Quantil. Dies korrespondiert zu einem 95 % Konfidenzintervall, das aber bei einer Lognormalverteilung nicht symmetrisch ist.

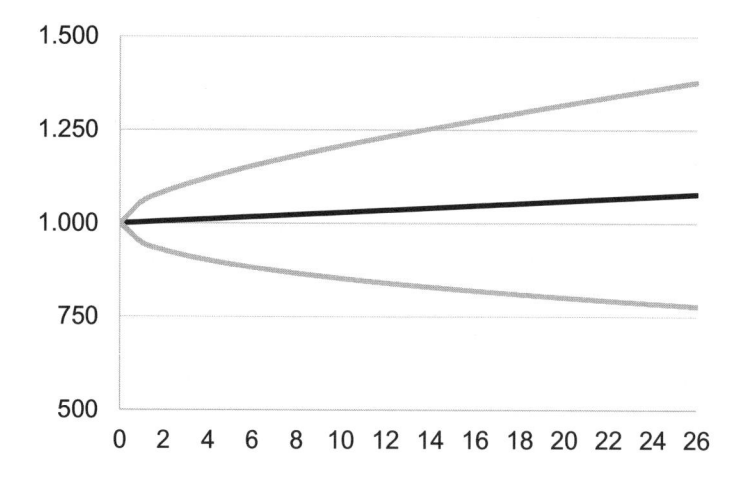

Abbildung 50: Kursverlauf − EW und 95 % Konfidenzintervall.

Nach 26 Wochen beträgt der theoretische Erwartungswert 1.078 bei einer Standardabweichung von 153; das zuvor definierte Konfidenzintervall reicht von 778 bis 1.378.

In der nachfolgenden Tabelle ist das Ergebnis von 10.000 Simulationen illustriert. Man kann in dieser Abbildung nur die Bandbreite der Simulationen erkennen, nicht aber einzelne Details.

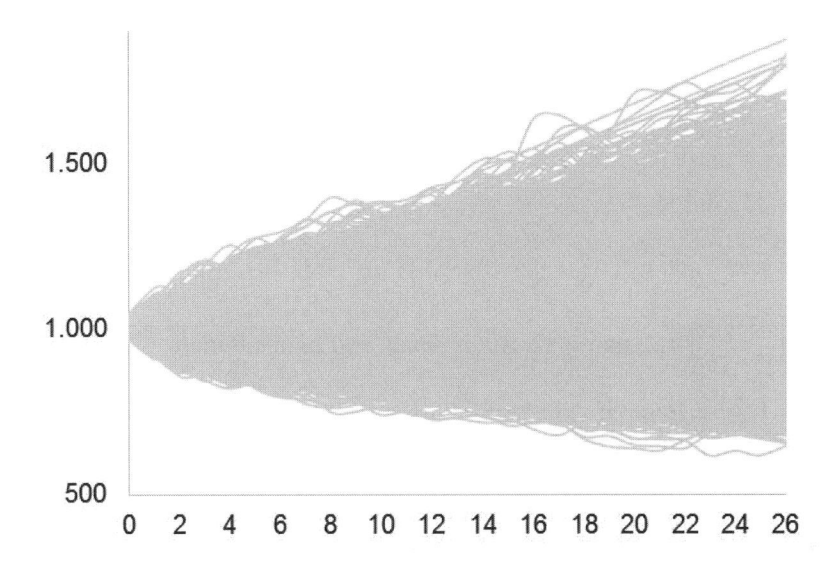

Abbildung 51: Kursverlauf – 10.000 Simulationen.

Die Endwerte der Aktie liegen in dieser Simulation zwischen 550 und 1.850, d. h. der Aktienkurs ist sehr volatil. Der mittlere Endwert der simulierten Aktienkursverläufe beträgt 1.076.

In der nächsten Abbildung sind 50 Monte-Carlo-Simulationen dargestellt. In dieser Abbildung kann man ganz gut erkennen, dass die meisten Simulationen in einem „mittleren" Bereich landen und deutlich weniger Simulationen in den Randbereichen. Der Mittelwert wird bei so wenigen Simulationen in der Regel schon ganz gut getroffen, die „volle" Bandbreite aber aufgrund der zu geringen Anzahl noch nicht.

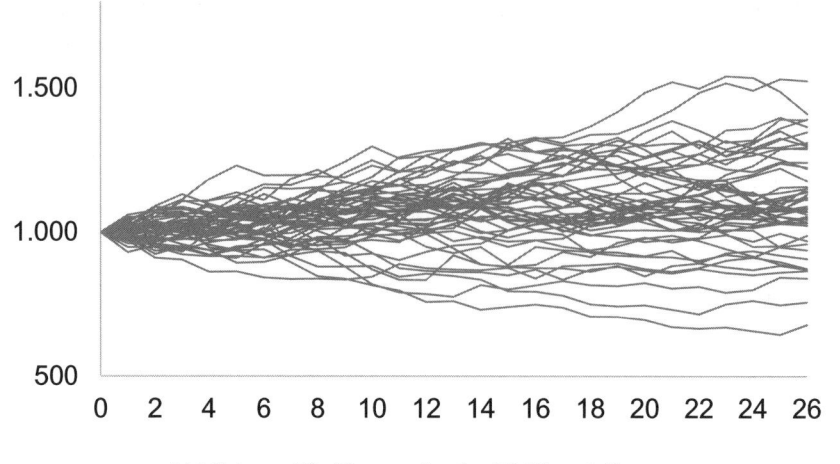

Abbildung 52: Kursverlauf – 50 Simulationen.

Auch hier schwankt der Aktienkurs sehr. Die Endwerte liegen zwischen 600 und 1.500, wobei der Durchschnittswert bei 1.130 liegt.

In der nächsten Abbildung sind fünf Simulationen dargestellt. Hier erkennt man deutlich, dass einzelne Simulationen durchaus volatile Auf- und Abwärtsbewegungen aufweisen.

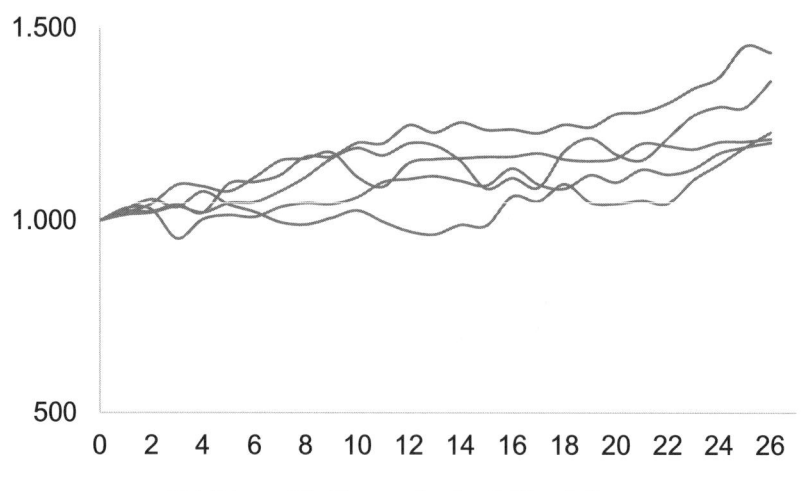

Abbildung 53: Kursverlauf – 5 Simulationen.

Auch in diesem Fall unterscheiden sich die Aktienkursverläufe stark voneinander. Der durchschnittliche Endwert dieser Simulation liegt bei 1.058.

Für die Bestimmung der Verteilungsparameter würde man in diesem Fall keine Simulationen benötigen, da man bei einer geometrischen Brownschen Bewegung noch explizit rechnen kann. Dennoch gibt es auch stochastische Prozesse, die nicht mehr explizit ausgerechnet werden können, beispielsweise durch Anwendung komplexer Funktionen auf einen einfachen Prozess.

Aus diesem Grund wird in diesem Beispiel für die weitere Vorgehensweise die Simulation mit 10.000 Durchgängen betrachtet, bei der der durchschnittliche Wert der Aktie bei 1.076 liegt. Man kann jetzt den stetigen internen Zins als

$$i \quad = \quad LN\,(1.076\,/\,1.000)\,/\,0{,}5 = 14{,}65\,\%$$

schätzen, was schon recht nah am „wahren" internen Zins von 15 % liegt, der ja dem Modell vorab zugrunde gelegt wurde.

Bei einer **risikoneutralen Kalibrierung** würde durch geeignete Methoden die Ziehung der Szenarien so abgeändert, dass als interner Zins der risikofreie Zins herauskäme (beispielsweise indem man mit einer geometrischen Brownschen Bewegung mit Drift r arbeitet). Die Bewertung komplexer Finanzinstrumente erfolgt dann, indem man diese Instrumente auf die simulierten Kurse anwendet und als Wert den risikofrei diskontierten Erwartungswert aus dieser modifizierten Zufallsziehung ansetzt.

3 Liabilities

Nachdem die wichtigsten Assets eines Versicherungsunternehmens analysiert worden sind, werden in diesem Abschnitt die Verpflichtungen (Liabilities) genauer betrachtet. In diesem Zusammenhang werden zunächst einmal die wichtigsten Aspekte und Grundbegriffe erläutert bzw. eingeführt.

3.1 Vorbemerkungen & Grundbegriffe

Allgemein unterscheidet man bei den Verpflichtungen auf der Passivseite einer Bilanz (beispielsweise in HGB) zwischen **Verbindlichkeiten** (Schulden), die der Höhe nach feststehen, und **Rückstellungen**, die in ihrer Höhe unbekannt sind. Verbindlichkeiten und Rückstellungen führen in Abhängigkeit vom Eintritt und von der Höhe zu einem Abfluss von Ressourcen.

3.1.1 Altbestand vs. Neugeschäft

Da die Verpflichtungen eines Versicherungsunternehmens die künftigen Versicherungsleistungen umfassen, sind sie von besonderem Stellenwert. Generell umfassen dabei die Verpflichtungen eines Versicherungsunternehmens den **Altbestand** und das **Neugeschäft**.

Die Verpflichtungen aus dem Altbestand haben sich bereits realisiert, auch wenn sie noch nicht vollständig bekannt sind. Verpflichtungen aus dem Neugeschäft haben sich zwar noch nicht realisiert, müssen aber aufgrund des Vorfinanzierungseffektes durch die Prämien rechtzeitig mit einbezogen werden.

Unterschiedliche Verpflichtungen erfordern unterschiedliche Analyseverfahren, in diesem Fall insbesondere

- Reserveanalysen für den Altbestand und
- Tarifanalysen für das Neugeschäft.

Die Liabilities des Altbestands sind gegenwärtige Verpflichtungen des Unternehmens, die aus Schadenereignissen der Vergangenheit resultieren, wobei deren Erfüllung erwartungsgemäß mit einem zukünftigen Mittelabfluss verbunden ist.[105] Dieser zukünftige Mittelabfluss muss in einer **Reserveanalyse** bewertet werden.

Da für Unternehmen unterschiedliche bilanzielle Bewertungsansätze maßgeblich sind – so z. B. HGB, United States Generally Accepted Accounting Principles (US-GAAP) oder IFRS –, können im Ergebnis die ermittelten Reserven voneinander abweichen.

Ferner müssen die aus künftigem Neugeschäft resultierenden Verpflichtungen eingeschätzt werden. Diese stellen Verpflichtungen gegenüber dem Unternehmen dar, die noch nicht eingetreten sind, sondern erst zukünftig eintreten werden. Durch **Tarifanalysen** wird ermittelt, welche Prämien (im Sinne von Preisen) den zukünftigen Verpflichtungen zugrunde gelegt werden müssen.

Auf der Basis von Reserveanalysen und Tarifanalysen können dann Profitabilitätsanalysen durchgeführt werden, um die gesamte Unternehmensprofitabilität einzuschätzen.

Reserve- und **Tarifanalysen** gehören zum klassischen Aufgabenspektrum eines Aktuariates, wobei als dritte klassische Aufgabe häufig das „**Financial Monitoring**" genannt wird. Während sich die ersten beiden Aufgabengebiete ausschließlich auf die versicherungstechnischen Verpflichtungen beziehen, geht der dritte – nicht immer sauber abgegrenzte – Aspekt schon teilweise in Richtung Asset Liability Management (ALM). Die Bezeichnung ALM steht da-

---

[105] Vgl. Wagner 2011, Gabler Versicherungslexikon, S. 598.

bei grundsätzlich für alle Steuerungsverfahren eines Versicherungsunternehmens (VU), bei denen Assets und Liabilities so gut wie möglich aufeinander abgestimmt werden, beispielsweise die Bestimmung des Kapitalbedarfs für das gesamte Unternehmen nach Solvency II.[106]

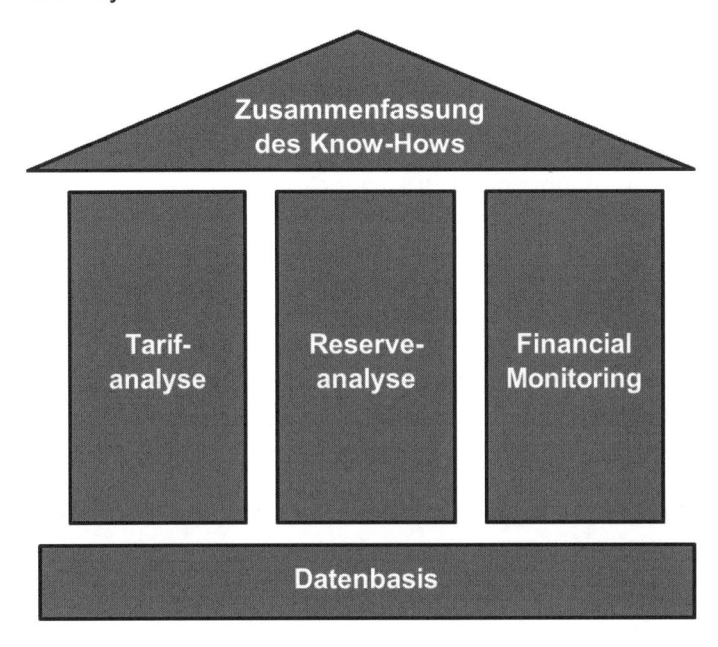

Abbildung 54: Klassisches aktuarielles Aufgabenspektrum.

Reserveanalysen, Tarifanalysen sowie Financial Monitoring basieren auf einer guten und integrierten Datenbasis. Ohne dieses Fundament „bricht das aktuarielle Gebäude zusammen".

Nachfolgend werden die für alle weiteren Überlegungen benötigten versicherungstechnischen Grundbegriffe eingeführt und anschließend die Grundzüge von Reservebewertung und Tarifanalyse erläutert – jeweils mittels eines durchgängigen Beispiels für die IVW Privat AG.

---

[106] Vgl. Zwiesler 2005, Asset-Liability-Management, S. 118.

3.1.2 Versicherungstechnische Grundbegriffe

Bei der Beurteilung der Verpflichtungen aus der Vergangenheit (und auch für die Zukunft) sind die nachfolgenden **zeitlichen Dimensionen** relevant:

- Zeichnungsjahr / Underwritingjahr,
- Anfalljahr,
- Meldejahr / Registrierjahr sowie
- Buchungsjahr / Bilanzjahr.

Das **Zeichnungs-** bzw. **Underwritingjahr** entspricht dem Jahr der Zeichnung des Versicherungsvertrages und stellt somit die Basis für eine korrekte Ursachenanalyse dar.

Das **Anfalljahr** bezeichnet das Jahr des Schadenfalls. Es weicht bei Einjahresverträgen nicht stark vom Zeichnungsjahr ab. Das Anfalljahr korrespondiert zur Prämienabgrenzung in der Bilanz.

Das **Melde-** bzw. **Registrierjahr** bildet das Jahr der Schadenmeldung ab. Bei Versicherungssparten mit verzögertem Meldeverhalten (z. B. Haftpflicht) stellt dieses keine gute Basis für die Ursachenzuordnung dar.

Das **Buchungs-** bzw. **Bilanzjahr** entspricht dem Jahr, auf das sich die einzelnen Buchungen (Schadenzahlungen, Reservesetzungen) beziehen. Ein Schaden hat i. d. R. Auswirkungen auf mehrere Bilanzjahre.

Beispielhaft sind die zeitlichen Dimensionen in der nachfolgenden Grafik veranschaulicht:

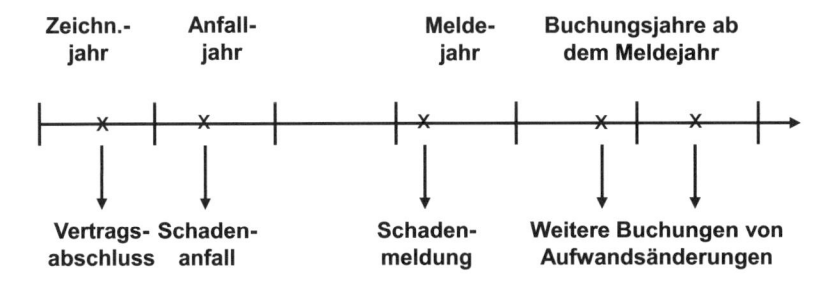

```
Zeichn.-    Anfall-              Melde-      Buchungsjahre ab
jahr        jahr                 jahr        dem Meldejahr
  |          |                    |            |       |
  x          x                    x            x       x
  ↓          ↓                    ↓            ↓       ↓
Vertrags- Schaden-             Schaden-    Weitere Buchungen von
abschluss anfall               meldung     Aufwandsänderungen
```

Im Hinblick auf den **Schadenaufwand** und seine bilanziellen Auswirkungen sind die nachfolgenden Begriffe relevant:

- Schadenzahlungen,
- Schadenreserven,
- Schadenaufwand,
- Abwicklung sowie
- IBNR.

Bei den **Schadenzahlungen** unterscheidet man zwischen **Einzelzahlungen** und **kumulierten** Zahlungen.

Die Einzelzahlungen entsprechen hierbei den Zahlungen innerhalb einer Buchungsperiode bzw. eines Bilanzjahres. Die kumulierten Zahlungen hingegen ergeben sich aus der Summe aller Einzelzahlungen bis zum Ende der aktuellen Buchungsperiode bzw. des aktuellen Bilanzjahres.

Bei den **Schadenreserven** unterscheidet man zwischen **Einzelschadenreserven** und **Pauschalreserven**.

Die Einzelschadenreserven entsprechen den individuell gesetzten Reserven je Einzelschaden gemäß Sach- und Rechtslage. Die Pauschalreserven sind pauschal gesetzte Reserven, die auf der Basis von Schätzverfahren für die noch unbekannte Gesamtabwicklung ermittelt werden. Die Gesamtreserven ergeben sich folglich aus der Summe der Einzelschadenreserven und der Pauschalreserven.

Beim **Schadenaufwand** unterscheidet man zwischen dem **erreichten** und dem **abgewickelten** Aufwand.

Der erreichte Aufwand entspricht hierbei der Summe aus allen kumulierten Schadenzahlungen zuzüglich der Einzelschadenreserven. Der abgewickelte Aufwand ergibt sich aus der Summe des erreichten Aufwands und der Pauschalreserven.

Bei der **Abwicklung** unterscheidet man zwischen der Abwicklung des **Einzelschadenaufwands** und der Abwicklung des **Gesamtaufwands**.

Die IBNR[107] ergibt sich aus der Differenz zwischen abgewickeltem und erreichtem Aufwand. Sie umfasst dabei sowohl die Rückstellungen für unbekannte Spätschäden als auch die (zu schätzende) Abwicklung bereits bekannter Schäden. Man hat daher folgende Beziehungen:

$$\text{IBNR} = \text{abgewickelter Aufwand} - \text{erreichter Aufwand}$$

$$= \text{Pure IBNR} + \text{IBNER}.$$

Die **Pure IBNR** oder auch „reine" IBNR ist für solche Schäden zu setzen, die bereits angefallen, aber noch nicht gemeldet worden sind. Die Pure IBNR kann nicht negativ werden und entspricht (konzeptionell, aber nicht unbedingt der Höhe nach) der Spätschadenpauschale im HGB.

Die **IBNER**[108] umfasst Schäden, die bereits gemeldet, aber deren endgültige Höhe und somit die korrekte Reserve noch nicht bekannt sind. Dieser Wert kann unter Umständen negativ sein.

---

[107] „Incurred but not reported".
[108] „Incurred but not enough reported".

Die IBNR kann bei zu hohen Einzelschadenreserven und damit einhergehender hoher negativer IBNER (z. B. in der Feuersparte) insgesamt ebenfalls negativ sein.

Zur Erläuterung dieser Begriffe wird als Beispiel die Unfallsparte der IVW Privat AG betrachtet[109], die sich in diesem Fall dadurch auszeichnen soll, dass alle Schäden erst nach einer bestimmten Zeit als Regresse aus der gesetzlichen Unfallversicherung gemeldet werden, siehe dazu auch die nachfolgende Tabelle mit den Zahlungen und Einzelschadenreserven dieser Sparte für ein einzelnes Anfalljahr:

Buchungs-jahr	Zahlungen		Einzelsch.-reserven	erreichter Aufwand	GuV Effekt
	einzeln	kumuliert			
1		0	0	0	0
2		0	0	0	0
3		0	1.258	1.258	1.258
4		0	1.230	1.230	-28
5	373	373	820	1.192	-37
6	373	745	460	1.205	13
7	373	1.118	0	1.118	-87

Abbildung 55: Bilanzeffekte – ohne Berücksichtigung von IBNR.

In den ersten beiden Buchungsjahren ergeben sich für dieses spezielle Beispiel ohne IBNR-Setzung zunächst noch keine bilanziellen Aufwände, da die Schäden noch nicht gemeldet sind und somit auch keine Einzelreserven gebildet werden.

Mit den ersten Schadenmeldungen im dritten Jahr werden erstmals Eingangsreserven gebildet, die als Aufwand in die Gewinn- und Verlustrechnung (GuV) dieses Jahres eingehen. Diese Reserven werden aufgrund zusätzlicher Informationen im Folgejahr nach unten korrigiert. Auch dies ist entsprechend als Effekt in der GuV zu berücksichtigen.

---

[109] Bei einem Prämienwachstum von durchschnittlich 5 % p. a. wird im nächsten Bilanzjahr eine Brutto Prämie von 1.864 erwartet, bei ca. 60 % Schadenquote im Schnitt also ein Endaufwand von 1.118.

Ab dem fünften Jahr erfolgen in diesem Beispiel erstmals liquide Abflüsse durch Schadenzahlungen, die gleichzeitig zu einer entsprechenden Reserveabsenkung führen.

Insgesamt soll das Beispielsegment nach dem siebten Buchungsjahr vollständig abgewickelt sein, wobei die letztlich zu hoch angesetzte Reserve als bilanzieller Ertrag aufgelöst wird.

Ohne Berücksichtigung von IBNR entstehen erst im dritten Buchungsjahr Aufwände für das Beispielsegment, so dass das Schadenausmaß ggf. zu spät bemerkt wird. Nachfolgend ist die „Korrektur" durch entsprechende IBNR-Setzung (auf der Basis von geeigneten Schätzwerten) illustriert:

Buchungs-jahr	erreichter Aufwand	IBNR Schätzung	abgew. Aufwand	GuV Effekt
1	0	1.000	1.000	1.000
2	0	1.000	1.000	0
3	1.258	-100	1.158	158
4	1.230	-50	1.180	22
5	1.192	-25	1.167	-12
6	1.205	-10	1.195	28
7	1.118	0	1.118	-77

Abbildung 56: Bilanzeffekte – mit Berücksichtigung von IBNR.

Obwohl im ersten Buchungsjahr noch kein Schaden eingetreten ist, ergibt sich bei Berücksichtigung einer IBNR bereits zu diesem Zeitpunkt ein Erstaufwand, der in den Folgejahren entsprechend korrigiert wird.

Die IBNR- Setzung am Anfang wird im zweiten Jahr nicht modifiziert, da bei diesem Beispiel erst sehr spät Informationen zu den Schäden vorliegen und somit eine Zeit lang mit pauschalen Vorabschätzungen gearbeitet werden muss, beispielsweise auf Basis einer erwarteten Startschadenquote.

Trotz IBNR-Setzung ist der bilanzielle Verlauf des Segments immer noch nicht „ideal". Da das Segment mit einem Aufwand von 1.118 schließt, wäre es optimal, wenn bereits im ersten Jahr der endgültige Aufwand von 1.118 reserviert worden wäre.

In der nachfolgenden Abbildung werden der Ansatz mit und ohne IBNR-Setzung sowie die „Ideallinie" miteinander verglichen:

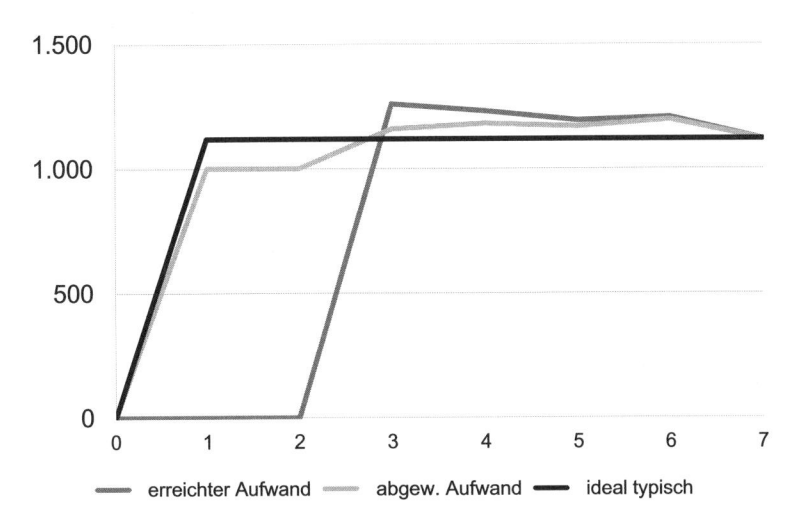

Abbildung 57: Bilanzeffekte – kombiniert.

Wie exakt die Ideallinie letztendlich getroffen wird, hängt unter anderem von der Qualität der Reserveschätzung ab. Hierzu gibt es unterschiedliche Verfahren, die im nächsten Abschnitt näher erläutert werden.

3.2 Reservebewertung

Die Abbildung bestehender und zukünftiger Verbindlichkeiten ist die zentrale Aufgabe jeder Rechnungslegung. In diesem Zusammenhang spielt in einem Schadenversicherungsunternehmen aufgrund der Unsicherheit hinsichtlich Höhe und Zeitpunkt der Verpflichtungen die Bewertung von Schadenreserven eine entscheidende Rolle. Durch die Möglichkeit des Auseinanderfallens des Zeitpunktes eines Schadeneintritts und der vollständigen Abwicklung dieses Schadens sind Rückstellungen für noch nicht abgewickelte Versicherungsfälle zu bilden.

3.2.1 Reserven im Kontext von Bilanzierungsnormen

Für die Bewertung solcher Reserven gibt es verschiedene Ansätze, welche nicht unabhängig vom Bilanzierungsumfeld betrachtet werden können. Eine Beschränkung allein auf die nationalen Vorschriften gemäß HGB kann aufgrund zunehmender internationaler Einflüsse auf das deutsche Bilanzrecht demnach nicht erfolgen.[110]

HGB-Bilanz / Vorsichtsprinzip

Nach nationalen Normen erfolgt eine Reserveschätzung gemäß des im **HGB** aufgenommenen und in § 252 Abs. 1 Nr. 4 HGB kodifizierten **Vorsichtsprinzips**, welchem der Wert eines „vorsichtigen Kaufmanns" zugrunde liegt.

So sind Reserven nominell in Höhe des Erfüllungsbetrages anzusetzen, der nach vernünftiger kaufmännischer Bewertung erforderlich ist, um jederzeit eine ausreichende Einzelschadenreserve zur Verfügung zu haben. Da ein vorsichtiger Kaufmann grundsätzlich noch höhere Schadenszenarien impliziert, als er zunächst geschätzt hat, fließt in den anzusetzenden Erfüllungsbetrag zudem eine Risikomarge ein. Diese setzt sich aus der generell vorsichtig kalkulierten Einzelschadenreserve und der Schwankungsrückstellung zusammen. Am Ende des Bilanzjahres führt dies i. d. R. zu einer positiven Abwicklung durch die Auflösung von zu hoch angesetzten (stillen) Reserven.

---

[110] Vgl. Binger 2009, Der Ansatz von Rückstellungen nach HGB und IFRS im Vergleich, S. 1.

Hinsichtlich der Reserven führt dieser Bewertungsansatz aufgrund des Vorsichtsprinzips inklusive Schwankungsrückstellungen entsprechend zu einem insgesamt hohen Wert.

Aus der Differenz der tendenziell niedrig ausgewiesenen Assets und der durch die Vorsichtskomponente höher bewerteten Liabilities resultiert ein grundsätzlich eher geringer Wert des HGB-Eigenkapitals.

IFRS-Bilanz / Best Estimate Bewertung

Nach **IFRS** haben Versicherungsunternehmen momentan noch das Wahlrecht, für die Abbildung der Liabilities auf die Vorschriften der **US-GAAP** zurückzugreifen. Die Bilanzierung von Schadenreserven erfolgt hiernach auf Grundlage von mathematischen Schätzverfahren zur Bestimmung eines möglichst realistischen Erwartungswertes (EW). Dieser so genannte **Best Estimate** (BE) ist somit die beste Schätzung auf Basis einer zuvor gewählten Verfahrensweise und kann je nach zugrunde liegender Modellierung verschiedene Werte annehmen. Er besteht zwar – wie nach HGB – aus der nominellen Schätzreserve, beinhaltet hingegen aber keine Risikomarge mehr.[111] Insofern spielt das HGB-Vorsichtsprinzip nach US-GAAP nur eine untergeordnete Rolle und wird bereits als erfüllt angesehen, wenn Schadenreserven nicht abgezinst werden.[112]

Aufgrund einer realistischeren Schätzung des Best Estimate und fehlender Sicherheitsmargen sind die Reserven bei der derzeitigen Rechnungslegung nach IFRS im Vergleich zur HGB-Bewertung i. d. R. geringer.

Während nach nationalen Vorschriften die Schwankungsrückstellungen auf der Passivseite gesondert zum Eigenkapital aufgeführt werden, sind sie nach IFRS als Innenverpflichtung nicht anerkannt und fließen in Form von Gewinnrücklagen direkt in das Eigenkapital. So ergibt sich grundsätzlich ein höherer Ist-Wert des Eigenkapitals.

---

[111] Vgl. Rockel/Helten/Ott/Sauer 2012, Versicherungsbilanzen, S. 163.
[112] Vgl. Rockel/Helten/Ott/Sauer 2012, Versicherungsbilanzen, S. 208.

Solvenzbilanz / Fair Value Bewertung

Beim **zukünftigen IFRS** – insbesondere aber in der **Solvenzbilanz** nach Solvency II – wird die Reserve auf Basis des **Fair Values** (FV) als diskontierte Schätzreserve inklusive einer Risiko- bzw. Marktmarge bewertet, wobei als Zinssatz im Regelfall der aktuell gültige risikolose Marktzins heranzuziehen ist. Der Risikoaufschlag erfolgt, um mögliche ungünstige Entwicklungen abzufedern und bewertet somit die Unsicherheit, die bezüglich Höhe und Zeitpunkt zukünftiger Schadenzahlungen besteht.

Der Fair Value soll einem ökonomischen Markt- bzw. Transaktionswert (**Mark-to-Market**) entsprechen, wobei aber aufgrund fehlender tiefer und liquider Märkte für Reserven im Rahmen eines so genannten **Mark-to-Model**-Ansatzes mit einem geeigneten Kapitalkostenmodell ein fiktiver Transaktionswert ermittelt wird. Der Fair Value entspricht in diesem Fall dem Betrag, den ein Versicherungsunternehmen fordern würde, um die Versicherungsverpflichtungen zu übernehmen.[113]

Es ist nicht unbedingt klar, ob die Fair Value Reserven höher oder niedriger ausfallen als die Best Estimate Reserven. Während die Diskontierung zu einer Absenkung gegenüber dem Best Estimate führt, bewirkt die Risikomarge den umgekehrten Effekt. Der Gesamteffekt hängt vor allem von den Zinsen und Durationen ab.

---

[113] Vgl. Heep-Altiner et al. 2011, Internes Holdingmodell nach Solvency II, S. 47.

Fair Value Reserven im Vergleich zu Best Estimate Reserven

Bereits im ersten Abschnitt wurden für das Beispiel der IVW Privat AG die Umbewertungen von HGB (mit nach dem Vorsichtsprinzip bewerteten Reserven) nach IFRS (mit Best Reserven) und einer vollökonomischen Bilanz (mit Fair Value Reserven) durchgeführt, wobei im Hinblick auf die Reservebewertungen auf spätere Abschnitte verwiesen werden musste.

An dieser Stelle wird die zuvor vorgenommene Fair Value Umbewertung anhand eines vereinfachten Modellansatzes illustriert, der sich aufgrund seiner einfachen Parametrisierung sehr gut für den Test von Parametersensivitäten eignet. Die exakte Fair Value Umbewertung erfolgt dann im nachfolgenden Abschnitt.

Die Fair Value Reserven setzen sich aus zwei Komponenten zusammen – den diskontierten Best Estimate Reserven und der Risikomarge. Somit benötigt man zunächst einmal eine Schätzung der Reserve Cash Flows.

Für die vereinfache Modellierung wird angenommen, dass die Reserve Cash Flows mit einem geometrischen Faktor $q < 1$ abfallen, d. h. man hat die auf 100 % normierten Cash Flows

$$(1-q), (1-q) \cdot q, (1-q) \cdot q^2, (1-q) \cdot q^3 \dots .$$

Geht man davon aus, dass alle Schadenzahlungen zur Mitte einer Periode erfolgen, erhält man als Duration

$$\begin{aligned} D &= (1-q) \cdot \sum (n+1) \cdot q^n - 0{,}5 \\ &= 1/(1-q) - 0{,}5. \end{aligned}$$

Unter dieser Annahme erhält man jetzt für jede vorgegebe Duration $D > 0{,}5$ den geometrischen Faktor

$$q = (2 \cdot D - 1)/(2 \cdot D + 1),$$

der genau diese Duration produziert. Auf dieser Basis können jetzt für jeden geometrischen Faktor q und jeden Zins r relativ einfach Barwertfaktoren wie folgt berechnet werden:

$$BW(q, r) = (1 - q) \cdot \sum q^n / (1 + r)^{(n + \frac{1}{2})}$$
$$= (1 - q) / (1 + r)^{\frac{1}{2}} \cdot \sum (q / (1 + r))^n$$
$$= (1 - q) \cdot (1 + r)^{\frac{1}{2}} / (1 + r - q).$$

Unter einer Normalverteilungsannahme kann nun bei vorgegebenem Variationskoeffizienten CV, Kapitalkostensatz CoC* und Sicherheitsniveau α ein Kapitalkostenfaktor

$$KF = t_\alpha \cdot CV \cdot CoC^*$$

mit t_α die Schranke der Normalverteilung zum Niveau α festgelegt werden, so dass sich nach Multiplikation mit der Restreserve der geforderte Kapitalkostenbetrag zur Absicherung dieser Restreserve ergibt. Diese Vorgehensweise entspricht konzeptionell der Vorgehensweise beim Standard & Poors Modell. Alternativ dazu wird bei Solvency II die diskontierte Best Estimate Reserve zugrunde gelegt. Beide Systeme lassen sich aber durch eine geeignete Kalibrierung approximativ ineinander überführen.

Die undiskontierten Restreserven entwickeln sich ebenfalls geometrisch abfallend mit 1, q, q^2, ..., so dass für den Kapitalkostenbarwert

$$CoC(q, r) = KF / (1 + r) \cdot \sum (q / (1 + r))^n$$
$$= KF / (1 + r - q)$$

gilt. Aus der Addition beider Werte ergibt sich dann ein Fair Value Faktor

$$FV(q, r) = BW(q, r) + CoC(q, r).$$

Mit Hilfe dieses vereinfachten Ansatzes soll die Fair Value Umbewertung der IVW Privat AG approximativ durchgeführt werden. Die

Reserven der IVW Privat AG haben eine Duration von ca. **1,0** Jahren, so dass sich approximativ ein geometrischer Faktor

$$q = (2 \cdot D - 1) / (2 \cdot D + 1)$$
$$= (2 \cdot 1 - 1) / (2 \cdot 1 + 1)$$
$$= \mathbf{33{,}33\ \%}.$$

ergibt. Daraus resultiert bei einem risikofreien Zins von **2,5 %** ein Barwertfaktor in Höhe von

$$BW(q, r) = (1 - q) \cdot (1 + r)^{1/2} / (1 + r - q)$$
$$= (1 - 33{,}3\ \%) \cdot (1 + 2{,}5\ \%)^{1/2} / (1 + 2{,}5\ \% - 33{,}3\ \%)$$
$$= \mathbf{97{,}59\ \%}.$$

Der Barwertfaktor BW(q, r) wird mit den Brutto Best Estimate Reserven der IFRS-Bilanz multipliziert, so dass man (in der gerundeten Darstellung) die diskontierte Best Estimate Reserve

$$DBE = BE\ Reserve \cdot BW(q, r)$$
$$= 9.444 \cdot 97{,}59\ \%$$
$$= \mathbf{9.216}.$$

erhält. Die Berechnung des Kapitalkostenfaktors erfolgt nun mit der Normalverteilungsschranke zum Sicherheitsniveau von **99,5 %** bei einem mit Solvency II kompatiblen Kapitalkostensatz von **6,0 %**. Auf Basis der Parameter aus dem Standardmodell der IVW Privat AG wird unter Berücksichtigung, dass mit den undiskontierten Reserven gearbeitet wird, ein Variationskoeffizient von **8,13 %** angesetzt. Daraus ergibt sich dann ein Kapitalkostenfaktor

$$KF = t_{\alpha} \cdot CV \cdot CoC^{*}$$
$$= 2{,}5758 \cdot 8{,}13\ \% \cdot 6\ \%$$
$$= \mathbf{1{,}26\ \%}.$$

Kombiniert mit dem Faktor für die Restreserve ergibt sich jetzt ein Kapitalkostenbarwert

$$\begin{aligned}\text{CoC}(q, r) &= \text{KF} / (1 + r - q) \\ &= 1{,}26 / (1 + 2{,}5\ \% - 33{,}3\ \%) \\ &= \mathbf{1{,}81\ \%.}\end{aligned}$$

Aus der Kombination der zuvor gerechneten Werte ergibt sich nun die Risikomarge (in der gerundeten Darstellung) als

$$\begin{aligned}\text{RM} &= \text{BE Reserven} \cdot \text{CoC}(q, r) \\ &= 9.444 \cdot 1{,}81\ \% \\ &= \mathbf{171.}\end{aligned}$$

Der Fair Value ergibt sich nun als Summe aus den diskontierten Best Estimate Reserven und der Risikomarge als

$$\begin{aligned}\text{FV} &= \text{DBE} + \text{RM} \\ &= 9.216 + 171 \\ &= \mathbf{9.387.}\end{aligned}$$

Dies ist exakt der Wert, der auch im ersten Abschnitt bei der Umbewertung der IFRS-Bilanz zur ökonomischen Bilanz ausgewiesen wurde. Eine genaue Berechnung dieses Wertes (ohne Approximationsansatz) erfolgt in einem nachfolgenden Abschnitt. In diesem Beispiel ist die Fair Value Reserve also etwas niedriger als die Best Estimate Reserve.

Fair Value Reserven sind aber nicht immer niedriger als die Best Estimate Reserven, da es im Prinzip zwei Effekte gibt: Eine Absenkung durch die Diskontierung und eine Erhöhung durch die Risikomarge.

Mit Hilfe des zuvor skizzierten einfachen Approximationsverfahrens (das aber zumindest bei der IVW Privat AG ziemlich gut passt), können jetzt Parametervariationen getestet werden.

In der nachfolgenden Tabelle werden daher bei einem Variationskoeffizienten von 10 % (was einer eher niedrigen Volatilität entspricht) verschiedene Durationen und Zinsen getestet:

Zins	Var. Koeff.	Duration			
		1	2	3	4
1%	10%	101%	102%	102%	103%
2%	10%	100%	100%	99%	99%
3%	10%	99%	98%	97%	96%
4%	10%	98%	96%	94%	92%

Abbildung 58: Fair Value in % des Best Estimate, VK = 10%.

Bei sehr niedrigen Zinsen beobachtet man hier einen „inversen Durationseffekt". Der Aufschlag in den Kapitalkosten aufgrund der langen Kapitalbindung kann nicht durch den Abschlagseffekt bei den Best Estimate Reserven kompensiert werden.

Die nachfolgende Tabelle zeigt die Auswirkungen bei einem Variationskoeffizienten von 50 % (was einer recht hohen Volatilität entspricht).

Zins	Var. Koeff.	Duration			
		1	2	3	4
2%	50%	109%	115%	120%	125%
4%	50%	107%	110%	113%	116%
6%	50%	105%	106%	107%	108%
8%	50%	103%	103%	102%	102%

Abbildung 59: Fair Value in % des Best Estimate, VK = 50%.

In diesem Bespiel zeigt sich der „inverse Durationseffekt" aufgrund der hohen Volatilität auch bei höheren Zinsniveaus. In keinem der gerechneten Szenarien ist der Fair Value kleiner als der Best Estimate.

3.2.2 Mathematische Schätzverfahren

Bei der Reservebewertung existieren verschiedene mathematische Schätzverfahren zur möglichst genauen Bestimmung von Schadenreserven. Dabei kann man zwischen **deterministischen** und **stochastischen Verfahren** unterscheiden.

Bei **deterministischen Verfahren** wird i. d. R. nur ein Parameter, nämlich der erwartete Reserveaufwand geschätzt.

Bei **stochastischen Verfahren** (wie z. B. dem Bootstrap-Verfahren) können aus den Ergebnissen von Reservesimulationen die Verteilungen geschätzt werden. Neben Erwartungswert und Standardabweichung der Reserven erhält man so auch Aussagen zu Quantilen.

Die wichtigsten deterministischen Verfahren

Die Anwendung deterministischer Verfahren ist normalerweise einfacher und transparenter.[114] Zu den bekanntesten deterministischen Verfahren zählen z. B.:

- die Erwartungswertmethode   (EW Methode),
- das Chain Ladder Verfahren sowie (CHL Verfahren),
- das Bornhuetter Ferguson Verfahren (BF Verfahren).

Im Folgenden werden stochastische Verfahren nicht weiter betrachtet, wohingegen die drei oben genannten deterministischen Verfahren näher beleuchtet und zusammenfassend anhand eines Beispiels verdeutlicht werden. Zwei dieser Verfahren (EW Methode und BF Verfahren) beruhen dabei auf der Existenz einer Vorabeinschätzung. Bei der Reserveanalyse erfolgt diese Vorabeinschätzung i. d. R. anhand der Vorgabe einer erwarteten Schadenquote.[115]

---

[114] Vgl. Zwiesler 2005, Asset-Liability-Management, S. 124.
[115] Vgl. Heep-Altiner/Klemmstein 2001, Versicherungsmathematische Anwendungen in der Praxis, S. 31.

Bei der **Erwartungswertmethode** ist der erwartete Endaufwand durch diese Vorabeinschätzung (Erwartung) festgelegt, beispielsweise durch eine Zielschadenquote. In diesem Zusammenhang ist das Manipulationsrisiko nicht auszuschließen. So kann z. B. die Auswahl der Zielschadenquote ergebnis- und interessengesteuert erfolgen. Signifikant für die Erwartungswertmethode ist die sehr einfache Anwendung, die allerdings nur für völlig neue Segmente ohne jede Vergangenheitserfahrung sinnvoll ist.[116]

Das **Chain Ladder Verfahren** ist ein rein proportionales Verfahren analog zum klassischen Dreisatz gemäß der Devise: So wie in der Vergangenheit, so auch in der Zukunft.

Bei diesem Ansatz wird also der erwartete zukünftige Schadenaufwand unter ausschließlicher Verwendung des bisher erreichten Aufwands geschätzt.[117] Für das Chain Ladder Verfahren ist keine Vorabeinschätzung nötig, da ausschließlich die beobachteten Werte als Grundlage der weiteren Berechnung dienen.

Im Gegensatz zur Erwartungswertmethode wird somit basierend auf dem ersten tatsächlich realisierten Teil eine Prognose für den darauf folgenden Teil abgegeben. Dass in diesem Verfahren die beobachteten Werte Erkenntnisse über zukünftige Ergebnisse projizieren, kann sich jedoch unmittelbar auf die Qualität der Bewertung auswirken. Häufig erweist sich dieses Verfahren als zu „flexibel", da ein gleichförmiger Verlauf angenommen wird. Insbesondere für Longtail-Sparten mit starker Volatilität ist die Anwendung schwierig, da sich Schätzergebnisse erst nach dem Ablauf einer größeren Zeitspanne stabilisieren.[118]

Vorteile bietet das Chain Ladder Verfahren durch den Verzicht auf eine Vorabeinschätzung. Nachteilig wirkt sich jedoch aus, dass das Verfahren sensibel auf Werte aus der Vergangenheit reagiert. Ins-

---

[116] Vgl. Heep-Altiner/Klemmstein 2001, Versicherungsmathematische Anwendungen in der Praxis, S. 31.
[117] Vgl. Radtke 2004, Handbuch zur Schadenreservierung, S. 55 f.
[118] Vgl. Heep-Altiner/Klemmstein 2001, Versicherungsmathematische Anwendungen in der Praxis, S. 33.

gesamt erweist sich das Chain Ladder Verfahren vor allem für größere Segmente als sinnvoll.

Beim **Bornhuetter Ferguson Verfahren** werden die erwarteten zukünftigen Gesamtschadenaufwendungen einerseits auf Grundlage der beobachteten Werte und andererseits unter Verwendung der im Vorfeld getroffenen Vorabeinschätzung ermittelt. Praktisch bilden die beobachteten Werte wieder die Grundlage, wohingegen der weitere Verlauf der Schadenaufwendungen auf Basis der Vorabeinschätzung angenommen wird. Dadurch entsprechen die zukünftigen Schadenaufwendungen nach diesem Verfahren exakt den zukünftigen Schadenaufwendungen der Vorabeinschätzung. Als Vorabeinschätzungen können die Schätzungen des Chain Ladder Verfahrens übernommen werden.[119] Anzuwenden ist das Bornhuetter Ferguson Verfahren vor allem bei *„kleineren Beständen mit einer geringeren statistischen Verlässlichkeit, beispielsweise bei Schadenprognosen auf Großkundenebene".*[120]

Berechnungsbeispiel

Bevor die drei Verfahren für die Reservebewertung der IVW Privat AG angewendet werden, soll anhand eines sehr einfachen Beispiels die Funktionsweise der drei Verfahren skizziert werden.

Für dieses Beispiel wird angenommen, dass für eine Wegstrecke eine Vorabschätzung dahingehend existiert, dass man sowohl für die erste als auch die zweite Hälfte der Strecke eine Fahrzeit von 2,0 Stunden benötigt, insgesamt also **4,0 Stunden**. Jeweils nach der Hälfte der Strecke soll auf Basis der bis dann beobachteten Zeit die gesamte Fahrzeit geschätzt werden.

In der nachfolgenden Abbildung ist der Fall dargestellt, dass man für die **erste Hälfte** der Strecke nur eine Fahrzeit von **1,5 Stunden** benötigt hat:

---

[119] Vgl. Heep-Altiner/Klemmstein 2001, Versicherungsmathematische Anwendungen in der Praxis, S. 32.
[120] Heep-Altiner/Klemmstein 2001, Versicherungsmathematische Anwendungen in der Praxis, S. 32.

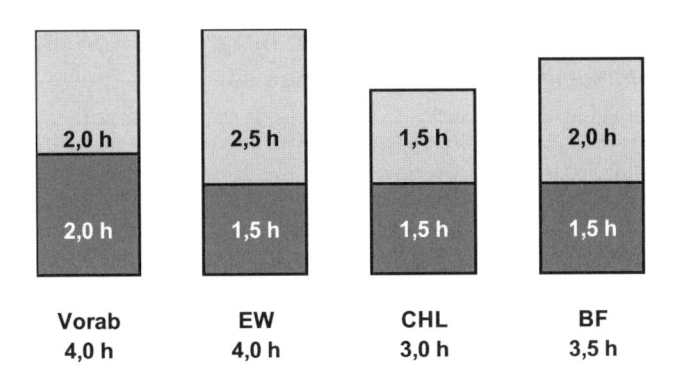

2,0 h	2,5 h	1,5 h	2,0 h
2,0 h	1,5 h	1,5 h	1,5 h
Vorab 4,0 h	EW 4,0 h	CHL 3,0 h	BF 3,5 h

Abbildung 60: Vergleich der Verfahren – Erste Hälfte in 1,5 Std.

Aus der Darstellung ist zu erkennen, dass die verschiedenen Verfahren durchaus sehr unterschiedliche Ergebnisse liefern.

Bei einer erneuten Fahrt benötigt man für die erste Hälfte dieses Mal **2,5 Stunden**, woraus sich dann die in der nachfolgenden Abbildung illustrierten Schätzwerte ergeben:

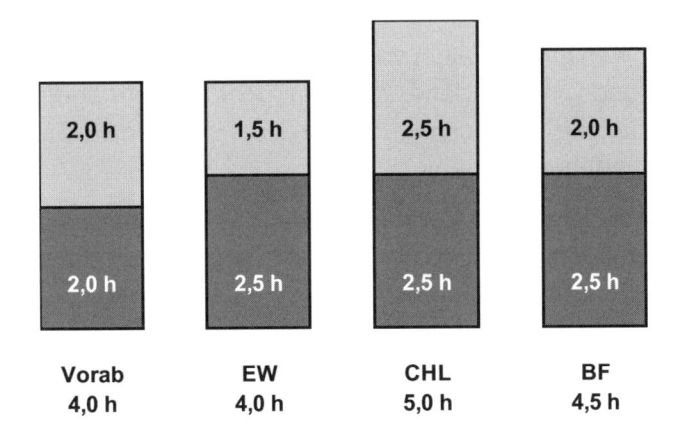

2,0 h	1,5 h	2,5 h	2,0 h
2,0 h	2,5 h	2,5 h	2,5 h
Vorab 4,0 h	EW 4,0 h	CHL 5,0 h	BF 4,5 h

Abbildung 61: Vergleich der Verfahren – Erste Hälfte in 2,5 Std.

Das Erwartungswertverfahren ist in beiden Fällen sehr starr, während das Chain Ladder Verfahren extrem flexibel reagiert; das Bornhuetter Ferguson Verfahren ist in dieser Hinsicht ein Kompromiss.

Welche Bewertung aber am besten ist, hängt dabei von den näheren Rahmenbedingungen oder Einflüssen ab:

- Wenn der Fahrer immer nach der ersten Hälfte der Strecke sein Fahrverhalten „justiert" (er fährt schneller, wenn er zu langsam war und gemütlicher, wenn er gut in der Zeit ist), kann die Erwartungswertmethode durchaus korrekt sein.
- Wenn an dem Tag schlechte Wetterverhältnisse über den gesamten Streckverlauf vorliegen, ist das Chain Ladder Verfahren sinnvoll.
- Wenn auf dem ersten Teil der Strecke Baustellen waren, dies aber für den zweiten Teil nicht der Fall ist, ist eher das Bornhuetter Ferguson Verfahren zweckmäßig.

Bei der Auswahl der besten Schätzung spielen durchaus noch weitere Umstände eine entscheidende Rolle.

- Wenn das Verhalten nicht proportional ist (z. B. bei der Schätzung der Anzahl von wenigen Großschäden pro Jahr) oder nur sehr wenig Information vorliegt (z. B. am Anfang bei der Versicherung von Schadenexzedenten oder bei Vermögensschadenhaftpflicht), dann eignet sich das proportionale Chain Ladder Verfahren nicht.
- Wenn keine guten Vorabschätzungen vorliegen (z. B. bei neuen Segmenten), dann eignen sich Erwartungswertmethode oder Bornhuetter Ferguson Verfahren nur bedingt.

Im nachfolgenden Abschnitt werden diese verschiedenen Bewertungsverfahren am Beispiel der Best Estimate Bruttoreserven der IVW Privat AG diskutiert.

3.2.3 Beispiel – Chain Ladder Verfahren

Nachdem im vorherigen Abschnitt die Besonderheiten der jeweiligen Bilanzierungsnormen dargestellt und die wichtigsten deterministischen Verfahren erläutert wurden, sollen im Folgenden die einzelnen Schritte einer Reserveanalyse anhand des durchgängigen Beispiels der IVW Privat AG illustriert werden. Dabei wird zunächst eine Reservebewertung mit dem Chain Ladder Verfahren und mit dem Bornhuetter Ferguson Verfahren durchgeführt. Anschließend wird der (im vorherigen Abschnitt bereits approximativ ermittelte) Fair Value der zuvor berechneten Reserven exakt hergeleitet.

Die Reservebewertung erfolgt in der Praxis meist auf Grundlage von Schaden- bzw. so genannten Abwicklungsdreiecken. Hier werden die abzuwickelnden Schadenzahlungen und -aufwendungen eines Anfalljahres zusammen mit den Abwicklungsdaten weiterer Anfalljahre tabellarisch aufgelistet. In der nachfolgenden Abbildung ist ein Schadendreieck der IVW Privat AG abgebildet. Die hier nach Anfall- und Abwicklungsperiode in einem Schadendreieck dargestellten Schadenzahlungen bilden das Ausgangsszenario und liegen allen weiteren Berechnungen in diesem Kapitel zugrunde:

Anfall-	Abwicklungsperiode					Aktuell
jahr	1	2	3	4	5	
1	500	1.500	400	100	25	**25**
2	2.000	1.500	1.000	245		**245**
3	3.000	2.000	1.225			**1.225**
4	4.500	2.500				**2.500**
5	5.000					**5.000**

Abbildung 62: Schadenzahlungen – einzeln.

Wie der Tabelle zu entnehmen ist, wurden für Schäden aus dem ersten Anfalljahr in der ersten Abwicklungsperiode Leistungen in Höhe von 500 und 1.500 in der zweiten Periode erbracht. Relativ gesehen ist der Wert für die zweite Periode des ersten Anfalljahres höher als der für die restlichen Anfalljahre. Ein Grund hierfür könnte beispielsweise ein Großschadenereignis sein.

Durch die Addition der jeweiligen Einzel-Schadenzahlungen ergeben sich folgende kumulierte Schadenstände pro Anfalljahr in den entsprechenden Abwicklungsperioden:

Anfall-jahr	Abwicklungsperiode					Aktuell
	1	2	3	4	5	
1	500	2.000	2.400	2.500	2.525	**2.525**
2	2.000	3.500	4.500	4.745		**4.745**
3	3.000	5.000	6.225			**6.225**
4	4.500	7.000				**7.000**
5	5.000					**5.000**

Abbildung 63: Schadenzahlungen – kumuliert.

Kumulierte Schadenzahlungen sinken i. d. R. nicht. Eine Ausnahme stellen hier spezielle Segmente in der Sparte Transport dar, in der nach ca. drei Jahren tendenziell größere Regresse anfallen, die insgesamt zur Absenkung der Schadenzahlungen führen können.

Für die eingetretenen Schäden wurden von der IVW Privat AG folgende Reserven gebildet:

Anfall-jahr	Abwicklungsperiode					Aktuell
	1	2	3	4	5	
1	1.500	500	150	60	10	**10**
2	3.000	1.500	400	120		**120**
3	4.500	2.000	525			**525**
4	6.000	2.600				**2.600**
5	7.500					**7.500**

Abbildung 64: Einzelreserven.

Aus der Summe der kumulierten Schadenzahlungen und den gebildeten Reserven ergibt sich insgesamt der erreichte Aufwand für die jeweilige Abwicklungsperiode und das entsprechende Anfalljahr:

Anfall-jahr	Abwicklungsperiode					Aktuell
	1	2	3	4	5	
1	2.000	2.500	2.550	2.560	2.535	**2.535**
2	5.000	5.000	4.900	4.865		**4.865**
3	7.500	7.000	6.750			**6.750**
4	10.500	9.600				**9.600**
5	12.500					**12.500**

Abbildung 65: Erreichter Aufwand.

Nachdem die Ausgangssituation für die in diesem Abschnitt vorgenommenen Berechnungen dargestellt wurde, wird nun die Schätzung zukünftiger Schadenverläufe mittels des Chain Ladder Verfahrens erläutert.

Die Regulierungsdauer eines Schadens kann sich dabei über mehrere Abwicklungsjahre erstrecken. Insbesondere in den Longtail-Sparten, zu denen vor allem das Haftpflicht- und Unfall- Geschäft zählen, sind Regulierungsperioden von mehreren Jahrzehnten keine Seltenheit. Daraus erwächst die besondere Bedeutung einer adäquaten Spätschadenschätzung.

Wie zuvor erläutert, schätzt das Chain Ladder Verfahren zukünftige Entwicklungen proportional zu vergangenen Entwicklungen. Im Zusammenhang mit den eingeführten Schadendreiecken kann das Chain Ladder Verfahren sowohl

- ungewichtet als auch
- gewichtet

durchgeführt werden. Da das ungewichtete Verfahren das vermeintlich einfachere und intuitivere ist, wird dieses zuerst erläutert.

Chain Ladder Verfahren – ungewichtet

Bei dem ungewichteten Chain Ladder Verfahren wird davon ausgegangen, dass sich der zukünftige Schadenverlauf im Mittel so verhält, wie er sich im Mittel in der Vergangenheit verhalten hat. Das Chain Ladder Verfahren ist eines der meist verbreitetsten Verfahren zur Spätschadenreservierung, das die Grundlage für zahlreiche weitere Verfahren der Spätschadenmodellierung bildet.

Um eine Prognose für die einzelnen Abwicklungsperioden erstellen zu können, müssen zunächst die Faktoren bestimmt werden, um die sich die Zahlungen bzw. der Aufwand der einzelnen Anfalljahre von Periode zu Periode verändern. Die folgende Tabelle zeigt die Veränderungen der Zahlungen:

Anfall-jahr	Abwicklungsperiode				
	1	2	3	4	5
1	4,000	1,200	1,042	1,010	
2	1,750	1,286	1,054		
3	1,667	1,245			
4	1,556				
5					
Mittelw.	2,243	1,244	1,048	1,010	
kumul.	2,953	1,316	1,059	1,010	

Abbildung 66: Abw.-Faktoren – CHL ungew. zahlungsbasiert.

Der Abwicklungsfaktor für die erste Periode des ersten Anfalljahres ergibt sich hierbei als

4,000 = 2.000 / 500.

Der „intuitivste" Ansatz zur Bestimmung des Abwicklungsfaktors für ein neues Anfalljahr besteht darin, den Faktor als Mittelwert der einzelnen Faktoren der vergangenen Anfalljahre zu ermitteln. Bei dieser Vorgehensweise wird keine Rücksicht auf das Volumen genommen, so dass alle Werte gleichermaßen in die Berechnung des Faktors einfließen. Es handelt sich somit um ein **ungewichtetes**

Verfahren. Der Faktor für die erste Abwicklungsperiode aus obiger Tabelle ergibt sich folglich aus dem arithmetischen Mittel aller Veränderungen der ersten Periode als

2,243 = (4,000 + 1,750 + 1,667 + 1,556) / 4.

Durch die Multiplikation aller Faktoren der folgenden Abwicklungsperioden ergibt sich der kumulierte Faktor, so dass für die erste Abwicklungsperiode

2,953 = 2,243 · 1,244 · 1,048 · 1,010

gilt. Wird der Wert der Zahlung einer bestimmten Abwicklungsperiode mit dem kumulierten Faktor multipliziert, ergibt dies den geschätzten Endstand der Zahlungen.

Bei Betrachtung der Faktoren ist auffällig, dass der Faktor der ersten Periode verglichen mit denen der Folgeperiode deutlich höher ausfällt. Dies ist darauf zurückzuführen, dass die Schadenzahlungen im ersten Anfalljahr in der zweiten Abwicklungsperiode dreimal so hoch sind, wie die der ersten Abwicklungsperiode.

Im obigen Beispiel wurden die Faktoren zahlungsbasiert bestimmt. Bei einer aufwandbasierten Berechnung ergeben sich die nachfolgenden Werte:

Anfall-	Abwicklungsperiode				
jahr	1	2	3	4	5
1	1,250	1,020	1,004	0,990	
2	1,000	0,980	0,993		
3	0,933	0,964			
4	0,914				
5					
Mittelw.	1,024	0,988	0,998	0,990	
kumul.	1,001	0,977	0,989	0,990	

Abbildung 67: Abw.-Faktoren – CHL ungew. aufwandsbasiert.

Die aufwandsbasierten Faktoren errechnen sich auf gleiche Weise wie im zahlungsbasierten Chain Ladder Verfahren, weshalb an dieser Stelle auf eine erneute Erläuterung verzichtet wird.

Wie auch im zahlungsbasierten Verfahren ist der Faktor der ersten Abwicklungsperiode mit 1,024 deutlich höher als die folgenden. Erwartet werden Faktoren, die nahe bei 100 % liegen. Ein Faktor von genau 100 % würde bedeuten, dass die gebildeten Reserven exakt die zukünftigen Zahlungen abdecken.

Auf Grund der großen Unterschiede zwischen den Faktoren der einzelnen Abwicklungsperioden erscheint das ungewichtete Chain Ladder Verfahren nicht das optimale Verfahren zu sein. Der bereits beschriebene „Ausreißer" des ersten Anfalljahres verfälscht die Faktoren, was ebenfalls zu einer Verfälschung der prognostizierten Schadenverläufe führt. Folglich sollte ein Verfahren gefunden werden, welches die „Verfälschung durch den Ausreißer" ausgleichen kann.

Besonders anfällig für erhöhte Faktoren sind Anfalljahre mit geringem Volumen, wie in unserem Beispiel das erste Anfalljahr. Ein Lösungsansatz für dieses Problem ist daher, die Faktoren **gewichtet** zu bestimmen, so dass das Volumen mit in die Kalkulation einfließt.

Chain Ladder Verfahren – gewichtet

Bei dem gewichteten Chain Ladder Verfahren ergeben sich die geschätzten Abwicklungsfaktoren für eine Periode als Quotient der summierten Werte (Spaltensummenverfahren):

Anfall-jahr	Abwicklungsperiode					Aktuell
	1	2	3	4	5	
1	500	2.000	2.400	2.500	2.525	2.525
2	2.000	3.500	4.500	4.745		4.745
3	3.000	5.000	6.225			6.225
4	4.500	7.000				7.000
5	5.000					5.000
Faktor	1,750	1,250	1,050	1,010		25.495
kumul.	2,320	1,326	1,061	1,010		

Abbildung 68: Abw.-Faktoren – CHL gew. zahlungsbasiert.

Der Faktor für die Schätzung der kumulierten Schadenzahlungen der zweiten Abwicklungsperiode berechnet sich aus den grau hinterlegten Feldern als

$$1.750 = \frac{(2.000 + 3.500 + 5.000 + 7.000)}{(500 + 2.000 + 3.000 + 4.500)}.$$

Kumulierte Faktoren werden identisch zum ungewichteten Verfahren durch Multiplikation eines Faktors mit denen der Folgeperioden berechnet.

Der Veränderungsfaktor des ersten Anfalljahres von der ersten zur zweiten Abwicklungsperiode von 4,000 wurde durch die vorgenommene Gewichtung „**geglättet**". Im Gegensatz zum ungewichteten Chain Ladder Verfahren liegt der Faktor für die erste Abwicklungsperiode jetzt bei 1,750 statt bei 2,243. Der Ausreißer hat somit auf Grund seines geringen Volumens weniger Einfluss, so dass die ermittelten Faktoren den erwarteten Schadenverlauf besser widerspiegeln.

Da das gewichtete Verfahren insgesamt plausibler ist, wird im Folgenden nur noch mit den gewichteten Faktoren gerechnet. Durch sukzessive Multiplikation mit den geschätzten Abwicklungsfaktoren kann das Dreieck jetzt wie folgt vervollständigt werden:

Anfall-jahr	Abwicklungsperiode				
	1	2	3	4	5
1	500	2.000	2.400	2.500	2.525
2	2.000	3.500	4.500	4.745	4.792
3	3.000	5.000	6.225	6.536	6.602
4	4.500	7.000	8.750	9.188	9.279
5	5.000	8.750	10.938	11.484	11.599
Faktor	1,750	1,250	1,050	1,010	
kumul.	2,320	1,326	1,061	1,010	

Abbildung 69: Abw. der Zahlungen – CHL gew. ohne Auslauf.

Für das fünfte Anfalljahr ergibt sich eine erwartete kumulierte Zahlung zum Ende der zweiten Abwicklungsperiode von

$$8.750 \quad = \quad 5.000 \cdot 1{,}750.$$

Die Abwicklungsendstände nach den fünf Abwicklungsperioden werden auch als **Ultimates** oder **Ultimate Losses** (UL) bezeichnet. Diese können direkt aus der vervollständigten Tabelle abgelesen werden und ergeben sich aus dem Produkt der erreichten kumulierten Zahlungen und dem kumulierten Faktor.

Werden die gleichen Berechnungen mit dem Schadendreieck der erreichten Aufwände durchgeführt, ergibt sich folgende Tabelle:

Anfall-	Abwicklungsperiode				
jahr	1	2	3	4	5
1	2.000	2.500	2.550	2.560	2.535
2	5.000	5.000	4.900	4.865	4.817
3	7.500	7.000	6.750	6.727	6.662
4	10.500	9.600	9.401	9.370	9.278
5	12.500	12.050	11.801	11.761	11.646
Faktor	0,964	0,979	0,997	0,990	
kumul.	0,932	0,966	0,987	0,990	

Abbildung 70: Abw. der Aufwände – CHL gew. ohne Auslauf (1).

Es ist zu erkennen, dass die Endschadenschätzungen auf Basis der Aufwände etwas höher ausfallen als diejenigen, die auf Basis der Zahlungen geschätzt wurden. Dies könnte darauf hindeuten, dass die Abwicklung einzelner Schäden sich über mehr als die hier beobachteten fünf Jahre erstreckt, was zu einer längeren Abwicklungsdauer führen würde. Für diese Schäden sind weiterhin Reserven gebildet, die in dem Aufwand berücksichtigt werden. Bei den Zahlungen hingegen endet die Beobachtung nach fünf Jahren, so dass Zahlungen, die nach der fünften Abwicklungsperiode anfallen, nicht einbezogen werden.

Zahlungen nach der beobachteten Abwicklungsdauer können durch die Anwendung eines **Auslaufs** berücksichtigt werden. Im vorliegenden Beispiel wurde der Auslauf wie folgt geschätzt:

Aufw.-bas. UL = 11.646 + 9.278 + 6.662 + 4.817 + 2.535

= **34.939.**

Zahl.-bas. UL = 11.599 + 9.279 + 6.602 + 4.792 + 2.525

= **34.798.**

Auslauffaktor = 34.939 / 34.798

= **1,004.**

Die geschätzten Endaufwände auf Basis der Zahlungen ergeben sich nun durch Multiplikation der geschätzten kumulierten Zahlungen der letzten Abwicklungsperiode mit dem so ermittelten Auslauffaktor, siehe hierzu die nachfolgende Tabelle:

Anfall-jahr	Abwicklungsperiode					Auslauf
	1	2	3	4	5	6
1	500	2.000	2.400	2.500	2.525	*2.535*
2	2.000	3.500	4.500	4.745	*4.792*	*4.812*
3	3.000	5.000	6.225	*6.536*	*6.602*	*6.628*
4	4.500	7.000	*8.750*	*9.188*	*9.279*	*9.317*
5	5.000	*8.750*	*10.938*	*11.484*	*11.599*	*11.646*
Faktor	*1,750*	*1,250*	*1,050*	*1,010*	*1,004*	*34.939*
kumul.	2,329	1,331	1,065	1,014	1,004	

Abbildung 71: Abw. der Zahlungen – CHL gew. mit Auslauf (1).

Da der Auslauffaktor in Höhe von 1,004 sehr gering ausfällt, lässt sich dieser in der Folgeperiode abwickeln. Bei höheren Auslauffaktoren sollte der Auslauf allerdings über einen längeren Zeitraum verteilt werden.

Für alle nachfolgenden Berechnungen wird das zahlungsbasiert gewichtete Chain Ladder Verfahren mit dem errechneten Auslauf zugrunde gelegt. Dies hat im Gegensatz zum aufwandbasierten Verfahren den Vorteil, dass sofort die Cash Flow Struktur zu erkennen ist. Beim aufwandsbasierten Chain Ladder Verfahren ist lediglich die Fortentwicklung des Aufwands ersichtlich.

In den nachfolgenden Abbildungen ist der Abwicklungsverlauf der Zahlungen für die einzelnen Anfalljahre dargestellt. Im fünften Anfalljahr ist nur eine Zahlung bekannt. Die noch ausstehenden Zahlungen werden mit Hilfe der ermittelten Faktoren berechnet. Aus diesem Grund entspricht der Verlauf des fünften Anfalljahres genau dem des Durchschnitts, weshalb dieses außer Acht gelassen werden kann.

Die Abwicklungskurven der einzelnen Anfalljahre verlaufen mit Ausnahme des ersten Anfalljahres relativ identisch. Der im ersten Anfalljahr beobachtete „Knick" könnte, wie bereits vermutet, aus einem Großschadenereignis resultieren:

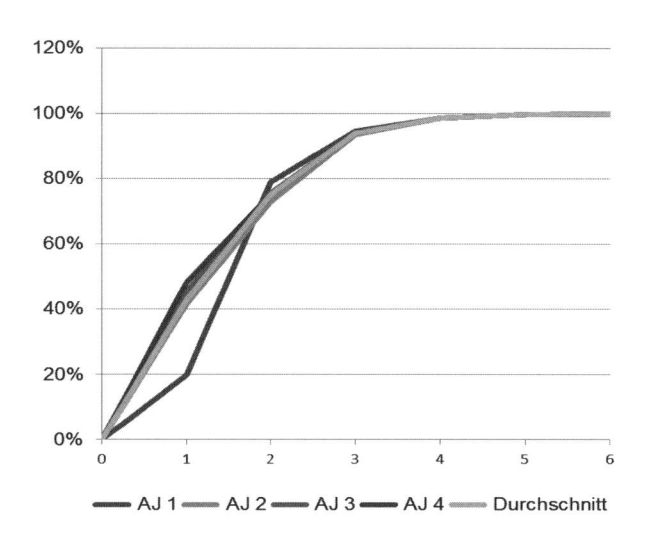

Abbildung 72: Abw. der Zahlungen – CHL gew. mit Auslauf (2).

Die Abwicklungskurven für die Aufwände – mit Ausnahme des ersten Anfalljahres – beginnen über der 100 %-Kurve und senken sich im weiteren Verlauf auf diese herab. Dies ist ein Indiz dafür, dass die Einzelschadenreserven äußerst vorsichtig angesetzt wurden. Abwicklungsgewinne bekannter Schäden können Aufwände von möglich auftretenden Spätschäden kompensieren.[121]

---

[121] Wie eine Zerlegung der IBNR in pure IBNR und IBNER vorgenommen wird, wird im weiteren Verlauf dieses Abschnitts erläutert.

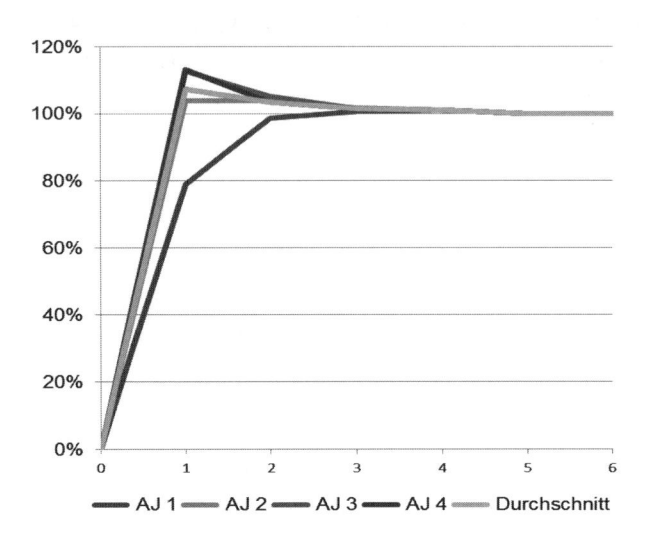

Abbildung 73: Abw. der Aufwände – CHL gew. mit Auslauf (2).

Auf Basis des zahlungsbasierten Chain Ladder Verfahrens mit Auslauffaktor soll nachfolgend das Bornhuetter Ferguson Verfahren erklärend dargestellt und durchgeführt werden.

3.2.4 Beispiel – Bornhuetter Ferguson Verfahren

Die Anwendung des Bornhuetter Ferguson Verfahrens setzt zunächst einen erwarteten Endaufwand als Vorabeinschätzung voraus[122], z. B. als

UL_{EW} = verdiente Prämie · erwartete Schadenquote.

Für die Erwartungswertmethode werden die verdienten Prämien und eine Startschadenquote als weitere Informationen benötigt. Hierbei kann die Startschadenquote beispielsweise als Durchschnittsschadenquote aus der Chain Ladder Analyse gesetzt werden.

---

[122] Vgl. Heep-Altiner/Klemmstein 2001, Versicherungsmathematische Anwendungen in der Praxis, S. 32.

Das Bornhuetter Ferguson Verfahren gewichtet zwischen der Erwartungswertmethode und dem Chain Ladder Verfahren wie folgt:[123]

$$UL_{BF} = c \cdot UL_{CHL} + (1 - c) \cdot UL_{EW}.$$

Hierbei wird der **Credibilitywert c** als Anteil der erreichten Zahlungen (oder Aufwände) gesetzt. Die Schätzung für die Zukunft setzt sich aus den erreichten Werten in der Vergangenheit und den anteiligen erwarteten Werten für die Zukunft auf Basis einer Startschadenquote zusammen. Diese ergibt sich regelmäßig aus einer Schätzung.

Im vorliegenden Beispiel wird die Initialschadenquote aus dem zahlungsbasierten Chain Ladder Verfahren mit Auslauf verwendet, wodurch sich bei einem Gesamtprämienvolumen von 58.250 über alle Anfalljahre folgender Wert ergibt:

$$SQ = 34.939 / 58.250$$
$$= \mathbf{60{,}0\ \%}.$$

In einem nächsten Schritt wird dann der geschätzte Endschaden nach der Erwartungswertmethode berechnet. Bis auf Rundungsdifferenzen ergibt sich hier:

$$UL_{EW} = 8.000 \cdot 60{,}0\ \%$$
$$= \mathbf{4.798}.$$

Der Endaufwand nach dem Bornhuetter Ferguson Verfahren ergibt sich somit durch die Addition der kumulierten Schadenzahlungen der Periode und dem anteiligen Ultimate nach der Erwartungswertmethode:

$$UL_{BF} = 4.745 + (1 - 98{,}6\ \%) \cdot 4.798$$
$$= \mathbf{4.812}.$$

---

[123] Vgl. Heep-Altiner/Klemmstein 2001, Versicherungsmathematische Anwendungen in der Praxis, S. 32.

Werden diese Berechnungen für alle Anfalljahre durchgeführt, ergeben sich folgende geschätzten Endaufwände für das Erwartungswertverfahren und das Bornhuetter Ferguson Verfahren:

Anfall-jahr	Prämie	SQ CHL	Zahlungen	in % abgew.	Endaufwand EW	BF
1	3.000	84,5%	2.525	99,6%	1.799	2.532
2	8.000	60,1%	4.745	98,6%	4.798	4.812
3	13.500	49,1%	6.225	93,9%	8.097	6.718
4	16.000	58,2%	7.000	75,1%	9.597	9.387
5	17.750	65,6%	5.000	42,9%	10.647	11.076
Summe	58.250	60,0%			34.939	34.524

Abbildung 74: Abw. der Zahlungen – BF Verfahren.

Werden die geschätzten Endaufwände betrachtet, so lassen sich zwischen dem Erwartungswertverfahren und dem Bornhuetter Ferguson Verfahren einige Unterschiede erkennen.

Im vorliegenden Beispiel sind die Unterschiede für das erste Anfalljahr am deutlichsten: Die Schadenquote aus dem Chain Ladder Verfahren beträgt 84,5 %, von denen 99,6 % bereits erreicht sind. Die Erwartungswertmethode liefert an dieser Stelle einen erwarteten Endaufwand von 1.799, der bereits von den geleisteten Zahlungen deutlich überschritten wurde.

Die Endaufwände sind in diesem Beispiel in Summe recht nah beieinander, was darauf zurückzuführen ist, dass die Initialschadenquote aus dem Chain Ladder Verfahren entnommen wurde.

An dieser Stelle wird ein entscheidender Kritikpunkt an diesem Verfahren deutlich. Beim Bornhuetter Ferguson Verfahren ist die maßgebliche Stellschraube zur Reserveberechnung die Initialschadenquote. Sollten hier keine stabilen langfristigen Erfahrungswerte vorliegen, führt dies unmittelbar zu einer Unter- bzw. Überreservierung. Folglich kann man mit Hilfe des Bornhuetter Ferguson Verfahrens die Bilanz in eine gewünschte Richtung steuern.

Im vorliegenden Beispiel lässt sich die Schadenquote als stabil erachten, da keine signifikanten Trends in den Schadenzahlungen zu erkennen sind.

Die nachfolgende Abbildung zeigt die mit den verschiedenen Verfahren bestimmten Ultimates:[124]

Anfall-jahr	CHL aufw.-bas.	CHL zahl.-bas. o. Ausl.m. Ausl.	BF	EW
1	2.535	2.525	2.535	2.532	1.799
2	4.817	4.792	4.812	4.812	4.798
3	6.662	6.602	6.628	6.718	8.097
4	9.278	9.279	9.317	9.387	9.597
5	11.646	11.599	11.646	11.076	10.647
Summe	34.939	34.798	34.939	34.524	34.939

Abbildung 75: Vergleich der geschätzten Endschadenaufwände.

Die anzusetzende IBNR und die Gesamtreserve für das aufwands- und zahlungsbasierte Chain Ladder Verfahren je Anfalljahr sind in der folgenden Tabelle zusammengestellt:

Anfall-jahr	CHL aufw.-bas. IBNR	Gesamt	CHL zahl.-bas. m. A. IBNR	Gesamt
1	0	10	0	10
2	-48	72	-53	67
3	-88	437	-122	403
4	-322	2.278	-283	2.317
5	-854	6.646	-854	6.646
Summe	-1.311	9.444	-1.311	9.444

Abbildung 76: Vergleich der IBNR und Reserven (1).

---

[124] Da das ungewichtete Chain Ladder Verfahren zu stark auf Ausreißer reagiert und somit die Abwicklungsfaktoren verfälscht, wurde auf eine Darstellung in der Abbildung verzichtet.

Die anzusetzende IBNR und Gesamtreserve nach dem Bornhuetter Ferguson Verfahren und nach der Erwartungswertmethode sind in der nachfolgenden Tabelle dargestellt:

Anfall-jahr	BF		EW	
	IBNR	Gesamt	IBNR	Gesamt
1	-3	7	-736	-726
2	-53	67	-67	53
3	-32	493	1.347	1.872
4	-213	2.387	-3	2.597
5	-1.424	6.076	-1.853	5.647
Summe	-1.726	9.029	-1.311	9.444

Abbildung 77: Vergleich der IBNR und Reserven (2).

Die IBNR für das dritte Anfalljahr des zahlungsbasierten Chain Ladder Verfahrens berechnet sich aus der Differenz des abgewickelten Aufwands und des erreichten Aufwands im dritten Anfalljahr wie folgt:

$$-122 \quad = \quad 6.628 - 6.750.$$

Die Gesamtreserve ist die Differenz aus erreichter Reserve und der zuvor berechneten IBNR. Im dritten Anfalljahr berechnet sich diese wie folgt:

$$403 \quad = \quad 525 - 122.$$

Die Berechnungen der IBNR für das Bornhuetter Ferguson Verfahren und die Erwartungswertmethode erfolgen analog.

Bei den obigen Tabellen fällt auf, dass besonders die Summen nah aneinander liegen oder gar gleich sind. Die Vorabschätzung für die Erwartungswertmethode ist das Ergebnis des Chain Ladder Verfahrens, so dass sich in der Summe gleiche Werte ergeben. Die Ergebnisse unterscheiden sich lediglich in den einzelnen Anfalljahren. Gleiches gilt für das Bornhuetter Ferguson Verfahren.

Nachdem mit dem Chain Ladder Verfahren und dem Bornhuetter Ferguson Verfahren zwei mathematische Schätzverfahren zur Spätschadenreservierung erläutert worden sind, soll nun eine ökonomische Umbewertung erfolgen: Es wird der Fair Value der zuvor mit dem gewichteten Chain Ladder Verfahren berechneten Reserve bestimmt.

Selbstverständlich lässt sich die Bestimmung des Fair Values auch für die anderen gezeigten Verfahren durchführen. Der Vorteil der Verwendung des zahlungsbasierten Chain Ladder Verfahrens liegt jedoch in der direkten Erkennbarkeit der Cash Flow Struktur, die eine zentrale Rolle für die nachfolgenden Berechnungen einnimmt.

3.2.5 Beispiel – Fair Value Reserven

Bei dem **Fair Value** handelt es sich, wie schon zuvor erläutert, um ein marktorientiertes Wertkonzept zur Bewertung von Assets und Liabilities. Da nahezu kein liquider Markt für Schadenreserven existiert, muss mit Hilfe des ökonomischen Instrumentariums ein fiktiver Markt- bzw. Transaktionswert berechnet werden. Bei dem so modellierten Marktpreis handelt es sich um einen hypothetischen Preis unter idealisierten Bedingungen.

Anders als bei Prämieneinnahmen handelt es sich bei Schadenreserven um einen „passivischen Cash Flow". Der Käufer einer Reserve erhält einen fixen Betrag zum Kaufzeitpunkt und muss dafür variable Zahlungen in der Zukunft vornehmen. Für den Käufer besteht also das Risiko, dass die zukünftigen Zahlungen den vereinbarten Kaufpreis übersteigen. Hierfür wird der Käufer einen Risikoaufschlag verlangen. Der Verkäufer wird darauf verweisen, dass die Zahlungen erst in der Zukunft erfolgen und somit der Zeitwert des Geldes zu berücksichtigen ist.[125]

---

[125] Vgl. Heep-Altiner/Hoos/Krahforst 2014, Fair Value Bewertung von zedierten Reserven, S. 1.

Der Fair Value einer Reserve setzt sich folglich als fiktiver Transaktionswert wie folgt zusammen:

Fair Value = diskontierter Cash Flow

+ Risiko-/Marktmarge.

Um die zukünftigen Verzinsungen zu berücksichtigen, wird der **Cash Flow** bei einer Fair Value Betrachtung auf den Zeitwert diskontiert. Die Diskontierung erfolgt dabei mit einem risikofreien Zins.

Der Cash Flow ist allerdings keine statische Größe, sondern kann sich im Zeitablauf ändern. Aus diesem Grund muss in der Kalkulation durch einen Aufschlag die Risiko-/Marktmarge abgebildet werden. Folgende Faktoren nehmen Einfluss auf die Veränderung der Cash Flow Struktur bzw. des diskontierten Cash Flows:

- Cash Flow Mismatch[126],
- Zinserhöhungen sowie
- höhere Zahlungen als antizipiert.

Es muss konzeptionell geklärt werden, wie die Risiko-/Marktmarge innerhalb eines solchen fiktiven Transaktionsmodells korrekt kalkuliert werden kann.

Bei einem Reservetransfer lässt sich die Risikomarge als diejenigen **Kapitalkosten** interpretieren, die ein (institutioneller) Käufer für die Absicherung der Überrisiken durch die Bereitstellung von Eigenkapital fordern würde. Hierfür benötigt man also zunächst einmal ein geeignetes Modell für die Eigenkapitalallokation.

Ein mögliches Modell ist hier das Standard & Poors (S&P) Eigenkapitalallokationsmodell, welches implizit (wenn auch mit anderen

---

[126] Die Duration der Zahlungen ist kleiner als erwartet. Dies könnte unter Umständen Liquiditätsengpässe zur Folge haben.

Faktoren) bereits bei der vereinfachten Fair Value Bewertung im Abschnitt zuvor angewendet wurde.

Die Ermittlung des **geforderten Eigenkapitals EK(i)** zu Beginn einer Periode i erfolgt hier durch folgende Formel:

$$EK(i) = Hebesatz \cdot Reservefaktor \cdot Restreserve (i).$$

Hierbei stellt die Restreserve (i) die Reserve dar, die zu Beginn der Periode i noch gestellt werden muss. Der **Hebesatz** ist dabei ein unternehmensindividueller Faktor, welcher das angestrebte Sicherheitsniveau des Unternehmens widerspiegelt.

Die im vereinfachten Modell angesetzte Normalverteilungsschranke zum Niveau 99,5 % korrespondiert zu einem BBB-Rating nach Standard & Poors, welches einem Hebesatz (d. h. einer Kapitalisierung) von 100 % bis 124 % entspricht und eine „gute" finanzielle Sicherheit bedeuten soll. Bei einer Kapitalisierung von 150 % bis 174 % hingegen erhalten Unternehmen ein AA-Rating, das auf eine „ausgezeichnete" finanzielle Sicherheit hinweisen soll.

Der **Reservefaktor** ist abhängig von der Risikostruktur des betrachteten Segments, wobei S&P folgende Reservefaktoren vorgibt:[127]

Sparte	AAA	AA	A	BBB
Kranken	8%	7%	6%	5%
Unfall	33%	29%	26%	20%
KFZ	18%	16%	15%	11%
Transport	26%	23%	21%	16%
Sach	11%	10%	9%	7%
Haftpflicht	24%	22%	20%	15%
Kredit	41%	36%	33%	25%
Andere	41%	36%	33%	25%

Abbildung 78: S&P Reservefaktoren.

---

[127] Vgl. Standard & Poors, „Insurance Capital Model",
http://www.standardandpoors.com/ratings/insurance-capital-model/en/eu.

Wendet man die BBB-Faktoren (als korrespondierend zum Solvency II Niveau) auf die undiskontierten Nettoreserven der IVW Privat AG an, dann ergibt sich hier ein Durchschnittsfaktor von **12,7 %**.

Der in der Standardformel der IVW Privat AG geschätzte Reservefaktor für die „Solvency II Technical Provisions" (der nachfolgend auch verwendet werden soll) beträgt **21,4 %** bezogen auf die diskontierten Best Estimate Reserven bzw. **20,9 %** [128] bezogen auf die undiskontierten Reserven. Die Reserveduration ist mit ca. 1,0 relativ klein, so dass sich keine großen Diskontierungseffekte ergeben.

Auf den ersten Blick scheint es, dass die Solvency II Eigenkapitalallokation deutlich schärfer ist als die S&P Eigenkapitalallokation. Allerdings unterscheiden sich die Berechnungen in einigen fundamentalen Punkten:

- Bei der Solvency Berechnung erfolgt zusätzlich ein Aufschlag von ca. **25,7 %** für das operationelle Risiko. Rechnet man diesen Aufschlag aus dem Durchschnittsfaktor heraus, dann reduziert sich dieser von 20,9 % auf **16,6 %**.

- Bei der Solvency II Systematik gibt es im Unterschied zum S&P Modell eine deutliche Synergie zwischen Prämien und Reserverisiko (z. B. ca. **26,7 %** beim Modul Nicht-Leben). Eliminiert man diese Synergie, dann reduziert sich der durchschnittliche Reservefaktor weiter auf ca. **12,2 %**.

Rechnet man also die Solvency II Systematik auf die S&P Systematik um, so unterscheiden sich für die IVW Privat AG beide Systeme bei einem BBB-Rating nicht fundamental.

Zur Ermittlung der Kapitalkosten muss nun ein **Zusatzzins (z – r)** festgelegt werden. Dieser ist abhängig von der Unternehmensform des Käufers und keinesfalls konstant. Es bestehen signifikante Un-

---

[128] Unter einer Normalverteilungsannahme mit einem Sicherheitsniveau von 99,5 % korrespondiert dieser Wert zu einem Variationskoeffizient von 8,13 %. Im vereinfachten FV Modell ergab sich ein Variationskoeffizient von 8,11 %, was ein Indiz dafür ist, wie gut dieses Modell die Realität abbildet.

terschiede zwischen den Kapitalkostenansätzen eines Erstversicherungsunternehmens in Form einer Aktiengesellschaft, eines Rückversicherungsunternehmens, eines VVaG oder eines Käufers der Reserve am Kapitalmarkt in Form einer Reserveverbriefung. Ist der Erwerber der Reserve beispielsweise eine Aktiengesellschaft, wird der unternehmenseigene Kapitalkostenansatz verwendet. Bei einem VVaG ist i. d. R. von einem geringeren Kapitalkostenansatz auszugehen, da keine Dividendenausschüttung an Aktionäre erfolgt.

Mit den genannten Parametern lassen sich nun die jeweiligen Zusatzdividenden für alle zukünftigen Perioden errechnen. Die Zusatzdividende dient zur Deckung des unternehmerischen Risikos und ist ein Preis für das Risiko in einer Periode.[129]

$$\text{Zusatzdividende} = \text{Zusatzzins} \cdot \text{allokiertes Eigenkapital}$$

$$= (z - r) \cdot EK(i).$$

Die Kapitalkosten ergeben sich durch **Diskontierung der Zusatzdividenden** auf den Ausgangszeitpunkt. Als Diskontzins wird dabei der risikofreie Zins verwendet. Die nachfolgende Abbildung fasst die einzelnen Schritte zusammen:

Periode	t = 1	t = 2	...	t = n-1	t = n
Restreserve	R(2)	R(3)		R(n)	
Eigenkapitalbedarf	EK(2)	EK(3)	...	EK(n)	
Zusatzdividende	ZD(1)	ZD(2)	...	ZD(n-1)	ZD(n)
Kapitalkosten			...		

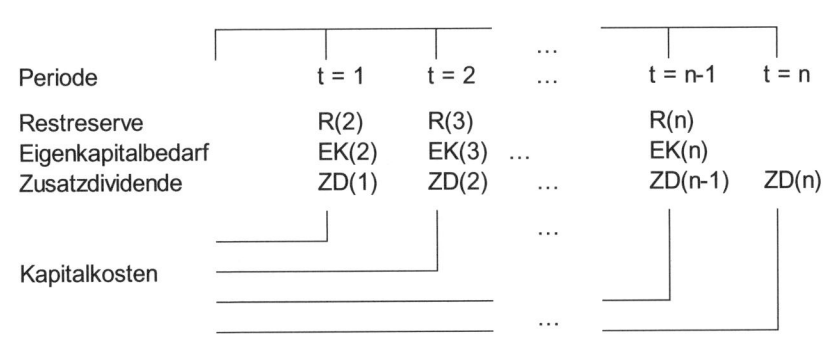

Abbildung 79: Zusatzdividendenberechnung[130].

---

[129] Abzugrenzen hiervon ist die außerplanmäßige Ausschüttung an die Aktionäre.
[130] Heep-Altiner et. al. 2013, Wertorientierte Steuerung in der Schadenversicherung, S. 110.

Im folgenden Berechnungsbeispiel soll der Fair Value anhand eines risikofreien Zinses von 2,5 % berechnet werden. Hierzu werden zunächst die Ergebnisse des Chain Ladder Verfahrens aus der zahlungsbasierten Abwicklungsanalyse aufgegriffen.

Dabei ergibt sich aus der zahlungsbasierten Chain Ladder Abwicklung folgende Cash Flow Struktur:

| Anfall- | Bilanzjahr | | | | | Gesamt |
jahr	6	7	8	9	10	
1	10					10
2	47	19				67
3	311	65	27			403
4	1.750	438	92	38		2.317
5	3.750	2.188	547	115	47	6.646
Summe	5.869	2.710	666	152	47	9.444

Abbildung 80: Cash Flow-Struktur – CHL gewichtet.

In den abgewickelten Schadendreiecken beschreibt jede Diagonale ein einzelnes Bilanzjahr, wobei sich die Zahlungen in einem Bilanzjahr als Differenz zweier aufeinander folgender Diagonalen ergeben, beispielsweise

311 =   6.536 – 6.225

438 =   9.188 – 8.750.

Bei den Zahlungen innerhalb eines Bilanzjahres kann angenommen werden, dass diese jeweils zur Mitte der Periode anfallen, da sich die Zahlungen i. d. R. gleichmäßig über das Jahr verteilen. Die Zahlungen des achten Bilanzjahres erfolgen somit im Schnitt ca. 2,5 Jahre nach Ende des fünften Bilanzjahres, so dass sich bei einem risikofreien Zins von 2,5 % folgender diskontierter Wert ergibt:

626 = $666 / (1 + 2{,}50\%)^{2{,}5}$.

Um die Unsicherheit in den Restreserven zu bedecken, müssen nun Eigenmittel je Periode bereitgestellt werden. Das geforderte Eigenkapital lässt sich als Produkt von Hebesatz, Reservefaktor und (entsprechend der Systematik für die Solvency II Technical Provisions) diskontierter Restreserve berechnen.

Die geforderte Zusatzdividende wird ebenfalls analog zu Solvency II mit **6 %** auf das allokierte Eigenkapital angesetzt. Diese Zusatzdividende wird mit Beginn der Folgeperiode fällig und folglich mit dem Diskontfaktor zu Periodenbeginn diskontiert. Der Reservefaktor für die IVW Privat AG beträgt auf Basis der später noch erläuterten Berechnungen zum Standardmodell der IVW Privat AG **21,4 %**.

Die Kapitalkosten (nominell und diskontiert) im siebten Bilanzjahr (ausgezahlt zu Beginn des achten Bilanzjahres) errechnen sich dann wie folgt:

$$45 = 6{,}0\,\% \cdot 21{,}4\,\% \cdot 3.504,$$

$$43 = 45 / (1 + 2{,}50\,\%)^2.$$

Die gesamten Berechnungen zur Ermittlung des Fair Value der Reserve sind in der nachfolgenden Tabelle zusammengefasst:

Bilanz-jahr	Zahl.	diskont. 2,5%	disk. Rest Reserve	EK-Bed. 21,4%	Kap.Kost. 6,0%	diskont. zum JE
6	5.869	5.797	9.216	1.974	118	116
7	2.710	2.611	3.504	751	45	43
8	666	626	848	182	11	10
9	152	140	196	42	3	2
10	47	42	46	10	1	1
Summe	9.444	9.216			178	171

Abbildung 81: **Fair Value Bewertung von Reserven.**

Insgesamt ergibt sich der Fair Value abschließend aus der Summe der diskontierten Zahlungen und den Kapitalkosten als

$$9.387 = 9.216 + 171.$$

Dieser Wert ist in der für die Solvency II Technical Provisions geforderten Systematik gerechnet worden und entspricht in diesem Beispiel 99,4 % der Gesamtzahlungen in Höhe von 9.444. In dieser Höhe und Zusammensetzung war er bereits im Abschnitt mit dem vereinfachten Modell ermittelt worden.

Nachdem eine Reserveanalyse nach dem Chain Ladder Verfahren durchgeführt und die Ergebnisse aus dem Schätzverfahren für eine Fair Value Berechnung verwendet wurden, soll abschließend eine pauschale IBNR-Umlage als weitere Anwendung diskutiert werden, die sich aus der Reserveanalyse ergibt.

3.2.6 Beispiel – IBNR-Umlage

Jedes Versicherungsunternehmen ist bestrebt, seine zukünftigen Zahlungsverpflichtungen aus jedem Versicherungsvertrag möglichst genau zu schätzen, um so neben einem risikoadäquaten Pricing, auch eine möglichst korrekte Reservesetzung vornehmen zu können.[131]

Nachdem im Abschnitt zuvor die Ermittlung der IBNR für ein Gesamtsegment erläutert wurde, soll in diesem Abschnitt dargestellt werden, wie man diese Gesamt IBNR geeignet zerlegen und auf kleinere Teilsegmente umlegen kann, die sich aufgrund zu geringen Volumens für eine komplexe Reserveanalyse nicht eignen.

Dazu betrachtet man zunächst einmal die bereits im Abschnitt zu den versicherungstechnischen Grundbegriffen eingeführte Zerlegung

$$\text{IBNR} = \text{Pure IBNR} + \text{IBNER},$$

---

[131] Problematisch an dieser Stelle ist jedoch der klassische Zielkonflikt zwischen Stabilität und Detailtiefe, welcher in Kapitel 4.3.2 noch genauer erläutert wird.

wobei die Pure IBNR den Aufwand für noch unbekannte Spätschäden und die IBNER die noch unbekannte Abwicklung für bereits gemeldete Schäden schätzt.

Für ein konkretes Anfalljahr bezieht sich die IBNER somit eher auf die bereits bekannten **Einzelreserven**, während sich die Pure IBNR eher auf das gesamte **Risikoexposure** bezieht. Letzteres kann (sofern keine besseren Bezugsgrößen vorhanden sind) durch die Prämien approximiert werden.

Die Idee besteht nun darin, je Anfalljahr diese IBNR Zerlegung zusammen mit entsprechenden Umlagefaktoren bezogen auf die zuvor erläuterten Bezugsgrößen zu ermitteln. Mit diesen Umlagefaktoren kann man dann einen pauschalen IBNR für ein Teilsegment ermitteln, der sich über alle Teilsegmente zum gesamten IBNR - Bedarf addiert.

Für diese Zerlegung reicht es aus, eine der beiden Komponenten zu ermitteln, beispielsweise durch den Zusammenhang

Pure IBNR = noch erw. Schäden · abgew. SD.

Die noch zu erwartete Schadenanzahl kann mittels einer Abwicklungsanalyse eines Schadenanzahldreiecks geschätzt werden, was im nachfolgenden Berechnungsbeispiel für die IVW Privat AG dargestellt ist:

Anfall-jahr	Abwicklungsperiode					Aktuell
	1	2	3	4	5	
1	500	750	850	900	909	**909**
2	1.250	1.500	1.650	1.675		**1.675**
3	2.000	2.500	2.725			**2.725**
4	2.250	2.750				**2.750**
5	3.250					**3.250**
Faktor	1,250	1,100	1,030	1,010		11.309
kumul.	1,430	1,144	1,040	1,010		

Abbildung 82: Abw. der Schadenanzahl – Ausgangsdreieck.

Nach Anwendung des Chain Ladder Verfahrens vervollständigt sich das Ausgangsdreieck wie folgt:

Anfall-jahr	Abwicklungsperiode					noch erwartet
	1	2	3	4	5	
1	500	750	850	900	909	0
2	1.250	1.500	1.650	1.675	1.692	17
3	2.000	2.500	2.725	2.807	2.835	110
4	2.250	2.750	3.025	3.116	3.147	397
5	3.250	4.063	4.469	4.603	4.649	1.399
Faktor	1,250	1,100	1,030	1,010	1,000	1.922
kumul.	1,430	1,144	1,040	1,010	1,000	

Abbildung 83: Abw. der Schadenanzahl – noch erw. Schäden.

Die noch zu erwartenden Schadenzahlen werden wie folgt berechnet:

2.835 = 2.725 · 1,030 · 1,010,

110 = 2.835 − 2.725.

Der **abgewickelte Schadendurchschnitt** ergibt sich aus der Division des abgewickelten Schadenaufwands durch die Anzahl der abgewickelten Schäden. Die Ergebnisse sind in der nachfolgenden Tabelle aufgeführt:

Anfall-jahr	Schaden-anzahl	Aufwand abgew.	SD in €	erw. Anzahl	IBNR	Pure IBNR	IBNER
1	909	2.535	2.789	0	0	0	0
2	1.692	4.812	2.844	17	-53	48	-101
3	2.835	6.628	2.338	110	-122	257	-378
4	3.147	9.317	2.961	397	-283	1.175	-1.458
5	4.649	11.646	2.505	1.399	-854	3.504	-4.358
Summe	13.231	34.939	2.641	1.922	-1.311	4.984	-6.295

Abbildung 84: IBNR-Zerlegung.

Bei Betrachtung des dritten Anfalljahres werden aus der Abwicklungsanalyse weitere 110 Schäden erwartet. Der abgewickelte Schadenaufwand kann aus dem zuvor durchgeführten Chain Ladder Verfahren entnommen werden, so dass daraus folgender abgewickelter Schadendurchschnitt resultiert:

2.338 € = 6.628 T€ / 2.835 · 1.000.

Nach der zuvor dargestellten Formel ergibt sich die IBNR für das dritte Anfalljahr aus der Differenz des abgewickelten Aufwands (Chain Ladder Verfahren) und des gemessenen erreichten Aufwands wie folgt:

-122 = 6.628 – 6.750.

Die pure IBNR (in T€) für das dritte Anfalljahr ergibt sich gemäß der Formel aus der Multiplikation der erwarteten Schadenanzahl mit dem Schadendurchschnitt:

257 T€ = 2.338 € · 110 / 1.000.

Für die Berechnung der IBNER gilt jetzt für das dritte Anfalljahr der Zusammenhang

IBNER = IBNR – pure IBNR
 = -122 – 257
 = **-378**.

Nachdem die IBNR nun vollständig in ihre Bestandteile zerlegt wurde, können geeignete Umlageparameter für eine pauschale (aber dennoch sachgerechte) IBNR-Umlage ermittelt werden.

Für das dritte Anfalljahr wurde eine verdiente Prämie in Höhe von 13.500 gemessen, so dass sich hierfür ein IBNR-Satz in Prozent der verdienten Prämie wie folgt ergibt:

1,90 % = 257 / 13.500.

Die prozentuale durchschnittliche Abwicklung der Einzelschadenreserve ergibt sich aus der Division der IBNER durch die gesetzten Einzelschadenreserven:

-72,1 %   =   -378 / 525.

Durch die Berechnung je Anfalljahr, ergeben sich insgesamt folgende Pauschalisierungssätze:

Anfall-jahr	Pure IBNR	Verd. Prämie	IBNR Satz	IBNER	Reserve	Mittl. Abw.
1	0	3.000	0,0%	0	10	2,3%
2	48	8.000	0,6%	-101	120	-84,0%
3	257	13.500	1,9%	-378	525	-72,1%
4	1.175	16.000	7,3%	-1.458	2.600	-56,1%
5	3.504	17.750	19,7%	-4.358	7.500	-58,1%
Summe	4.984	58.250		-6.295	10.755	

Abbildung 85: IBNR-Zerlegung – Umlagefaktoren.

Nachdem aus Stabilitätsgründen zunächst auf Grundlage eines ausreichend großen Obersegmentes die Pauschalisierungssätze für die IBNR-Umlage berechnet wurden, können diese auf ein kleineres Untersegment angewendet werden. Die Ergebnisse für ein solches Beispielsegment können der nachfolgenden Tabelle entnommen werden:

Anfall-jahr	Verd. Prämie	IBNR Satz	Pure IBNR	Reserven	Mittl. Abwickl.	IBNER	IBNR
1		0,0%			2,3%		
2	500	0,6%	3	5	-84,0%	-4	-1
3	625	1,9%	12	25	-72,1%	-18	-6
4	650	7,3%	48	50	-56,1%	-28	20
5	750	19,7%	148	250	-58,1%	-145	3
Summe	2.525		211	330	-3	-196	15

Abbildung 86: IBNR-Umlage auf ein Teilsegment (1).

Entsprechend ergibt sich für das dritte Anfalljahr ausgehend von verdienten Prämien des Untersegments in Höhe von 625 und des zuvor ermittelten IBNR-Satzes von 1,9 % folgende pure IBNR:

12 = 625 · 1,9 %.

Die IBNER ergibt sich ausgehend von der gesetzten Reserve in Höhe von 25 und der mittleren Abwicklung von -72,1 % folgendermaßen:

-18 = 25 · (- 72,1 %).

Die IBNR für das dritte Anfalljahr errechnet sich dann abschließend aus der Summe von pure IBNR und IBNER als

- 6 = 12 + (-18).

Durch die nun durchgeführte pauschalisierte IBNR-Umlage kann durch Addition des erreichten Aufwands und der umgelegten IBNR der abgewickelte Aufwand für das Untersegment wie folgt bestimmt werden:

269 = 275 + (-6).

Auf dieser Basis wird für das Untersegment für das dritte Anfalljahr die nachfolgende abgewickelte Schadenquote geschätzt:

43 % = 269 / 625.

Wird diese Rechnung für jedes Anfalljahr durchgeführt, ergibt sich folgende Tabelle:

Anfall-jahr	Verd. Prämie	Zahl.	Reserven	Aufw. erreicht	Aufw. abgew.	SQ
1						
2	500	225	5	230	229	45,8%
3	625	250	25	275	269	43,0%
4	650	500	50	550	570	87,6%
5	750	325	250	575	578	77,0%
Summe	2.525	1.300	330	1.630	1.645	65,2%

Abbildung 87: IBNR-Umlage auf ein Teilsegment (2).

Die so ermittelten abgewickelten Schadenquoten liefern einen ersten Schritt für eine vereinfachte Profitabilitätsanalyse, welche im folgenden Abschnitt näher erläutert werden soll.

3.3 Tarifanalyse

Die Verpflichtungen eines Versicherungsunternehmens aus dem Altbestand werden durch Reserveanalysen bewertet, um die dauerhafte Erfüllbarkeit sicherstellen zu können. Mit Hilfe von Tarifanalysen für das Neugeschäft eines Schadenversicherungsunternehmens soll zusätzlich sichergestellt werden, dass anfallende Kosten, Schadenaufwendungen und Kapitalkosten für zukünftig anfallendes Neugeschäft finanziert werden können.

Zur finanziellen Steuerung eines Schadenversicherungsunternehmens ist es daher von entscheidender Bedeutung, regelmäßig Tarifanalysen durchzuführen. Mit Hilfe dieser kann die Profitabilität einer Sparte oder eines Segments überprüft werden; Tarife müssen ggf. entsprechend modifiziert werden.

In diesem Abschnitt werden verschiedene Möglichkeiten einer Tarifanalyse diskutiert,

- einerseits eine (relativ einfach umzusetzende und Data Warehouse-fähige[132]) pauschale Profitabilitätsanalyse sowie

- andererseits eine komplexere aktuarielle Tarif- / Profitabilitätsanalyse mit vielen einzelnen Prozess- und Analyseschritten.

Eine **pauschale Profitabilitätsanalyse** kann aufgrund der Datawarehouse-Fähigkeit einer großen Anzahl von Mitarbeitern im Unternehmen zur Verfügung gestellt werden. Diese erweiterte Anwendbarkeit wird durch einen Genauigkeitsverlust erkauft.

---

[132] Bereitstellung aller für die Unternehmenssteuerung benötigten Daten in einem „Datenkaufhaus", aus dem sich dann jeder entsprechend seiner Anforderungen „bedienen" kann.

Für detailliertere Erkenntnisse muss allerdings eine **aktuarielle Tarif-/ Profitabilitätsanalyse** durchgeführt werden. Solche Modelle können i. d. R. nur von einem eingeschränkten Personenkreis angewendet werden.

Darüber hinaus gibt es noch komplexere Steuerungssystematiken im Rahmen eines Asset Liability Managements bzw. einer wertorientierten Steuerung mittels DFA-Modelle[133]; dies geht allerdings weit über die klassische Tarifierung hinaus und wird im abschließenden Kapitel in Grundzügen behandelt.

3.3.1 Pauschale Profitabilitätsanalyse

Eine pauschale Profitabilitätsanalyse ist eine vereinfachte Analyse, die pauschal durchgeführt werden kann und somit auch Data Warehouse-fähig ist. Dieses vereinfachte Verfahren bedingt zwar Genauigkeitsverluste, ermöglicht jedoch auf Basis von vergleichsweise wenigen Informationen eine sehr schnelle erste Einschätzung, ob ein Segment für das Unternehmen profitabel ist.

Durch Pauschalisierung werden (detaillierte) Analyseergebnisse von Obersegmenten auf kleinere Segmente ggf. bis auf die kleinsten Einheiten (einzelner Vertrag / einzelner Schaden) heruntergebrochen. Eine pauschale Profitabilitätsanalyse unterteilt sich dabei in die vier folgenden Schritte:

1. Durchführung einer pauschalisierten Kosten- und IBNR-Umlage,

2. Ermittlung von pauschalisierten abgewickelten Schadenkosten,

3. Ermittlung von Ziel- / Exit-Schadenkosten sowie

4. Ermittlung eines Zielerfüllungsgrades.

Die einzelnen vier Schritte werden nachfolgend genauer erläutert.

---

[133] Dynamische Finanzanalyse.

Pauschalisierte Kosten- und IBNR-Umlage

Eine pauschalisierte IBNR-Umlage wurde bereits im ausführlichen Berechnungsbeispiel des vorherigen Abschnitts erläutert. Dadurch kann auch für kleinere Teilsegmente eine abgewickelte Schadenquote geschätzt werden.

Sofern man nun noch eine angemessene Kostenumlage vornimmt, erhält man eine Schätzung für die kombinierte Schadenkostenquote (Combined Ratio bzw. CR) – als ersten Schritt für eine Profitabilitätsbeurteilung.

Bis auf wenige Ausnahmen, z. B. bei Beratungshäusern und IT-Abteilungen, die in Projektstrukturen arbeiten, werden die Kosten in Unternehmen i. d. R. nur kostenstellenorientiert verbucht – d. h. nach der Kostenverursachung und nicht nach dem Kostenzweck.

Für eine angemessene Kostenumlage sind Kostenstellensysteme aber nicht besonders aussagekräftig. Deutlich zielführender sind Kostensysteme, die auf die Prozesse und somit auf den Zweck der verursachten Kosten abstellen (Prozesskostensysteme).

Aus diesem Grund wird nachfolgend eine pauschalisierte Kostenumlage skizziert, mit der möglichst gut ein Prozesskostensystem nachgebildet werden soll.

Die Kosten werden dabei zunächst in Bestands- und Schadenregulierungskosten unterteilt. Für beide Kostenarten werden dann „fixe" und „variable" Umlagesätze ermittelt, siehe dazu die nachfolgende Tabelle:

	Fixe Umlage	Variable Umlage
Bestandskosten	Je Vertrag	Proportional zur Prämie
Schadenregulierungskosten	Je Schaden	Proportional zum Aufwand

Fixe Umlagen werden als Eurobetrag festgelegt, die variable Umlage in Prozentsätzen. Zwischen den einzelnen Positionen gelten folgende Beziehungen:

Bestandskosten = Fixe Bestandskosten + Variable Bestandskosten,

SchaRe. Kosten = Fixe SchaRe. Kosten + Variable SchaRe. Kosten.

Weiterhin gilt gemäß der obigen Tabelle:

Fixe Bestandskosten = Fixkostensatz   Anz. Verträge,

Variable Bestandskosten = Var. Kostensatz   Prämie

sowie

Fixe SchaRe. Kosten = Fixkostensatz   Anz. Schäden,

Variable SchaRe. Kosten = Var. Kostensatz   Endaufwand.

In der Regel können Fixkostensätze über eine Spezifikation von Prozessabläufen leichter bestimmt werden als die variablen Kostensätze. Bei den Bestandskosten kann beispielsweise analysiert werden, wie lange ein Vertrag im EDV-System in einem Jahr im Schnitt bearbeitet wird. Eine Möglichkeit zur Bestimmung des

Fixkostensatzes ist dann der Verrechnungspreis einer CPU-Sekunde[134].

Bei der Schadenregulierung kann ein Fixkostensatz beispielsweise mittels der durchschnittlichen Bearbeitungszeit eines Sachbearbeiters (bewertet mit einem Mitarbeiterkostensatz) ermittelt werden.

Variable Kosten des Bestandes sind z. B. Kommissionen. Kosten für die Erstellung von Gutachten oder Schadenbesichtigungen sind unter anderem variable Kosten in der Schadenregulierung. Sind die variablen Kostensätze innerhalb des Unternehmens bekannt, ergeben sich umgekehrt daraus Fixkostensätze. Welche Systematik der Bestimmung nun einfacher ist, hängt von der Verfügbarkeit vorhandener Daten des Unternehmens ab.

Durch eine pauschale Aufteilung in Anlehnung an ein Prozesskostensystem kann eine bessere Beurteilung der Segmente erfolgen.

Durch die Fixkostenkomponenten können auf der Bestandsseite Segmente mit vielen Kleinverträgen von solchen mit einigen wenigen Großverträgen unterschieden werden. Auf der Schadenseite können Segmente mit vielen Frequenzschäden von solchen mit einigen wenigen Großschäden separiert werden.

Eine derartige Kostenumlage wird nachfolgend für das Berechnungsbeispiel des vorherigen Abschnitts durchgeführt.

Bekannte Größen sind in diesem Fall die gesamten Bestands- und Schadenkosten sowie die Anzahl der Verträge und Schäden bzw. die Prämien und die abgewickelten Aufwände. Unbekannt sind die Fixkostensätze und die variablen Kostensätze.

---

[134] CPU = Central Processing Unit.

Die Fixkostensätze werden dann nach den oben beschriebenen Ansätzen ermittelt, woraus sich die variablen Kostensätze ergeben:

Anfall-jahr	Schaden-anzahl	Fix 50	Aufw. abgew.	Variab. 5%	Gesamt
1	909	45	2.535	127	172
2	1.692	85	4.812	241	325
3	2.835	142	6.628	331	473
4	3.147	157	9.317	466	623
5	4.649	232	11.646	582	815
Summe	13.231	662	34.939	1.747	2.409

Abbildung 88: Schadenregulierungskosten in T€.

Bekannte Größen zur Ermittlung der fixen und variablen Schadenregulierungskosten im vierten Anfalljahr sind die abgewickelte Anzahl der Schäden in Höhe von 3.147, die gesamten Schadenregulierungskosten in Höhe von 623 sowie der abgewickelte Aufwand in Höhe von 9.317. Die fixen Kosten wurden mit 50 € pro Schaden geschätzt; auf dieser Basis ergab sich dann ein variabler Kostensatz von 5 %.

Die fixen Schadenregulierungskosten betragen

157 = (3.147 · 50) / 1.000.

Die variablen Schadenregulierungskosten betragen

466 = 5% · 9.317.

Insgesamt ergeben sich für dieses Segment Schadenregulierungskosten in Höhe von

623 = 157 + 466.

Zur Ermittlung der pauschalen Gesamtkosten werden zudem die Bestandskosten benötigt, die in der folgenden Tabelle berechnet wurden:

Anfall-jahr	# Vertr. in Tsd.	Fix 12,5	Verd. Prämie	Variab. 17,5%	Gesamt
1	37,5	469	3.000	525	994
2	87,5	1.094	8.000	1.400	2.494
3	137,5	1.719	13.500	2.363	4.081
4	150,0	1.875	16.000	2.800	4.675
5	162,5	2.031	17.750	3.106	5.138
Summe	575,0	7.188	58.250	10.194	17.381

Abbildung 89: Bestandskosten in T€.

Bekannte Größen zur Ermittlung der fixen und variablen Bestandskosten im vierten Anfalljahr sind die Anzahl der Verträge von 150 Tsd., die Gesamtbestandskosten von 4.675 sowie die verdienten Prämien in Höhe von 16.000.

Die fixen Kosten wurden mit 12,50 € pro Vertrag geschätzt. Auf dieser Basis wurde ein variabler Kostensatz in Höhe von 17,5 % geschätzt. Die Fixkosten ergeben sich nun aus

$$1.875 \;=\; 150 \cdot 12{,}5.$$

Für die variablen Kosten erhält man als

$$2.800 \;=\; 17{,}5\% \cdot 16.000.$$

Insgesamt ergeben sich folgende Gesamtkosten

$$4.675 \;=\; 1.875 + 2.800.$$

In der nachfolgenden Abbildung sind alle Berechnungsschritte und damit die Kostenumlage als Ganzes dargestellt:

Anfall-jahr	Verd. Prämie	Schaden-Kosten	Best.-Kosten	Gesamt Kosten	in % der Prämie
1	3.000	172	994	1.166	38,9%
2	8.000	325	2.494	2.819	35,2%
3	13.500	473	4.081	4.554	33,7%
4	16.000	623	4.675	5.298	33,1%
5	17.750	815	5.138	5.952	33,5%
Summe	58.250	2.409	17.381	19.790	34,0%

Abbildung 90: Pauschalisierte Gesamtkosten in T€.

Im vierten Anfalljahr ergeben sich beispielsweise Gesamtkosten in Höhe von

5.298 = 623 + 4.675.

Dieses Kostensystem lässt sich additiv auf die kleinsten Einheiten (Vertrag / Schaden) herunterbrechen (= Data Warehouse-Fähigkeit).

Pauschalisierte abgewickelte Schadenkosten

Die pauschalisierten abgewickelten Schadenkosten errechnen sich nun wie folgt:

Pauschalisierte abgewickelte Schadenkosten

= erreichter Schadenaufwand

+ pauschalisierte IBNR-Umlage

+ pauschalisierte Kostenumlage.

Aus dem Berechnungsbeispiel des vorangegangenen Kapitels sind der erreichte Schadenaufwand und die pauschalisierte IBNR-Umlage bekannt. Die Summe aus beiden ergibt den abgewickelten

Schadenaufwand. Zu diesem werden schließlich die im vorherigen Abschnitt berechneten pauschalisierten Gesamtkosten hinzuaddiert.

Ermittlung der Ziel- / Exit-Schadenkosten

Im Rahmen einer wertorientierten Steuerung bestimmen die meisten Unternehmen für jedes Obersegment eine **Ziel-CR**, bei der unter Berücksichtigung der Cash Flow- und Risikostruktur des Segmentes die gewünschte Zielverzinsung erreicht wird. Dadurch wird dann eine 100 % Marke definiert. Man kann jetzt im Sinne einer reinen „Ja / Nein"-Entscheidung für jedes Segment bestimmen, ob die „Hürde übersprungen" wurde oder nicht.

Sofern allerdings zusätzlich noch durch Vorgabe einer **Exit-CR** (bei der langfristig aus dem Segment ausgestiegen werden sollte) eine 0 % Marke festgelegt wird, lässt sich ein Maßstab für den Grad der Zielerfüllung definieren.

Ein zweckmäßiger Wert für eine Exit-CR wäre beispielsweise diejenige Schaden-Kostenquote, bei welcher der Deckungsbeitrag aus der Versicherung gleich null ist. Dies bedeutet, dass nur der risikofreie Zins erwirtschaftet wird und langfristig ein (relativer) Eigenkapitalverlust vorliegt, da andere Investoren bei vergleichbaren Risiken höhere Renditen erzielen.

Für eine pauschale Profitabilitätsanalyse kann dann ein Ziel- / Exit-Korridor, dessen Grenzen durch die Ziel- und die Exit-Schadenkosten festgelegt werden, wie folgt bestimmt werden:

Ziel-Schadenkosten = Ziel-CR · Prämie,

Exit-Schadenkosten = Exit-CR · Prämie.

Diese Darstellung ermöglicht die Additivität der Ziel- und Exit-Schadenkosten über unterschiedliche Segmente hinweg – ebenfalls ein Kriterium für eine Data Warehouse-Fähigkeit.

Ermittlung des Zielerfüllungsgrades

Mit Hilfe des im vorangegangenen Schritt bestimmten Ziel- / Exit-Korridors kann nun der Zielerfüllungsgrad eines Segmentes wie folgt bestimmt werden:

$$\text{Zielerfüllung in \%} = \frac{\text{Exit-SK} - \text{pauschal. SK}}{\text{Exit-SK} - \text{Ziel-SK}}.$$

Übersteigen die pauschalisierten Schadenkosten die Exit-Schadenkosten, ist der Zielerfüllungsgrad negativ und es sollte mittel- bis langfristig ein Ausstieg aus dem Segment erfolgen, wenn sich diese Situation nicht verändert.

Liegen die pauschalisierten Schadenkosten zwischen den Ziel- und den Exit-Schadenkosten, dann liegt der Zielerfüllungsgrad zwischen 0 % und 100 % und es sollten ggf. Maßnahmen zur Verbesserung des Segmentes ergriffen werden.

Liegen die pauschalisierten Schadenkosten unter den Zielkosten, ist das Segment sehr rentabel. Eine solche Betrachtung ermöglicht es also, relativ einfach unterschiedliche Segmente quantitativ zu vergleichen und somit die Maßnahmen zu priorisieren. Aufgrund der Additivität über verschiedene Segmente hinweg können (tolerierbare) Quersubventionen geprüft werden.

Zur Ermittlung der Zielerfüllungsgrade für das Berechnungsbeispiel sind in der nachfolgenden Tabelle zunächst einmal die gesamten pauschalisierten Schadenkosten aufgelistet:

Anfall-jahr	Verd. Prämie	Aufw. abgew.	Gesamt Kosten	Schaden Kosten
1	3.000	2.535	1.166	3.701
2	8.000	4.812	2.819	7.631
3	13.500	6.628	4.554	11.183
4	16.000	9.317	5.298	14.615
5	17.750	11.646	5.952	17.598
Summe	58.250	34.939	19.790	54.728
		60,0%	34,0%	94,0%

Abbildung 91: Pauschalisierte Schadenkosten in T€.

Die abgewickelten Schadenaufwände wurden bereits in einem früheren Abschnitt ermittelt. Aus der zuvor durchgeführten Analyse der Bestands- und Schadenregulierungskosten errechnen sich die Gesamtkosten in der vierten Spalte. Durch Addition dieser genannten Werte ergeben sich die pauschalisierten Schadenkosten wie folgt:

14.615 = 9.317 + 5.298.

Bei einer Ziel-SQ von **95 %** und einer Exit-SQ von **105 %** ergeben sich für diese pauschalisierten Schadenkosten die nachfolgend aufgelisteten Zielerfüllungsgrade:

Anfall-jahr	Verd. Prämie	pausch. SK	Ziel-SK 95%	Exit-SK 105%	Ziel Erfüll.
1	3.000	3.701	2.850	3.150	-183,7%
2	8.000	7.631	7.600	8.400	96,1%
3	13.500	11.183	12.825	14.175	221,6%
4	16.000	14.615	15.200	16.800	136,6%
5	17.750	17.598	16.863	18.638	58,5%
Summe	58.250	54.728	55.338	61.163	110,5%
		94,0%			

Abbildung 92: Zielerfüllungsgrade.

Die Ziel- und Exit-Schadenkosten werden durch Multiplikation der verdienten Prämie mit der Ziel- / Exit-CR wie folgt ermittelt:

15.200 = 16.000 · 95 %,

16.800 = 16.000 · 105 %.

Der Zielerfüllungsgrad für das vierte Anfalljahr ergibt sich dann folgendermaßen:

136,6 % = (16.800 − 14.615) / (16.800 − 15.200).

Im ersten Anfalljahr wurde das Ziel deutlich verfehlt. In allen anderen Jahren lief das Geschäft in diesem Segment besser. Über alle Jahre betrachtet ist festzustellen, dass das betrachtete Segment gut läuft und mehr Gewinne als gefordert erwirtschaftet wurden. Es besteht also kein dringender Handlungsbedarf.

Eine pauschale Profitabilitätsanalyse kann aufgrund ihrer einfachen Vorgehensweise sowie ihrer Data Warehouse-Fähigkeit von einer Vielzahl von Personen im Versicherungsunternehmen zur Entscheidungsfindung verwendet werden.

Ein Segment kann dabei aus unterschiedlichen Perspektiven von den verschiedenen verantwortlichen Personen des Unternehmens gesteuert werden. Ein Spartenverantwortlicher analysiert die Segmente aus anderen Steuerungsgesichtspunkten als beispielsweise der Vertriebsleiter eines bestimmten Vertriebsweges. Die einfache Handhabung der pauschalen Profitabilitätsanalyse geht allerdings zu Lasten der Genauigkeit ihrer Aussage; auf eine detailliertere Tarifanalyse kann daher in keinem Fall verzichtet werden.

3.3.2 Detaillierte Tarifkalkulation

Mit einer pauschalen Profitabilitätsanalyse kann schnell und einfach beurteilt werden, ob ein Segment prinzipiell funktioniert oder nicht. Wird Handlungsbedarf erkannt, muss zusätzlich identifiziert werden, an welchen Stellen genau eine Anpassung durchgeführt werden sollte, da die Daten einer pauschalen Profitabilitätsanalyse diesbezüglich nicht ausreichen. Man muss also detailliertere und ggf. komplexere Analyseverfahren durchführen.

Klassifikation

Umfang und Qualität von anwendbaren aktuariellen Analysemethoden hängen natürlich von Umfang und Qualität der statistischen Datenbasis ab, insofern kann man prinzipiell abhängig davon eine Einteilung vornehmen in

- eine **klassische Tarifkalkulation** für Bereiche mit guter statistischer Basis und relativ homogenen Risiken (wie etwa Kraftfahrt, Hausrat oder einfaches Gewerbegeschäft),

- eine **aktuariell unterstützte Kalkulation** für Bereiche mit eingeschränkter statistischer Basis (wie etwa Gewerbe- oder Industriegeschäft) sowie

- eine **individuelle Kalkulation** für Bereiche mit geringer oder gar keiner statistischen Basis (wie etwa Großindustrie, einzelne Kunden oder neue Geschäftsbereiche).

Die wichtigsten Aspekte im Hinblick auf diese drei „Kategorien" werden nachfolgend genauer erläutert.

Klassische Tarifkalkulation

Für eine „klassische" Tarifkalkulation benötigt man eine gute statistische Basis, insbesondere relativ homogene Risiken, so dass im Prinzip das Gesetz der großen Zahlen gilt. Aufgrund der daraus resultierenden (relativ) hohen Genauigkeit kann gezielt auf Entwicklungen innerhalb von Versicherungsbeständen reagiert werden.

Bei der klassischen Tarifkalkulation können viele und komplexe Verfahren und Prozessschritte angewendet werden (wie etwa Abwicklungsanalysen, Großschadenbehandlungen, Kostenmodellierungen, statistische Ausgleichsverfahren, Behandlung von Organikbrüchen und vieles mehr).

Die verschiedenen Methoden und Vorgehensweisen in einem solchen Fall werden an späterer Stelle noch detaillierter erläutert.

Aktuariell unterstützte Kalkulation

Bereiche mit eingeschränkter statistischer Basis eignen sich nicht mehr für jedes Verfahren, das Gesetz der großen Zahl gilt hier nicht unbedingt. In diesem Fall ist das Methodenspektrum ggf. eingeschränkter, dennoch gibt es immer noch eine Vielzahl von Verfahren (wie Credibility-Ansätze, Segmentanalysen oder Monte-Carlo-Simulationen), durch die eine Kalkulation zumindest aktuariell unterstützt werden kann. Allerdings spielen in derartigen Segmenten auch (teilweise eher qualitative) Underwriting Entscheidungen vermehrt eine Rolle.

So kann man beispielsweise mit einer **modifizierten Profitabilitätsanalyse**, die detaillierter als eine pauschale Analyse die Zielerfüllung prüft, eine Beurteilung von Underwritingsegmenten vornehmen.

Eine andere Möglichkeit zur Segmentbeurteilung sind **Credibility-Ansätze**. Dabei wird eine Mischung zwischen einem individuell kalkulierten Wert und einem kollektiven Referenzwert (z. B. der Wert eines Verbandstarifs) vorgenommen.

Diese Vorgehensweise eignet sich bei zu geringen Bestandsmengen, unglaubwürdigen Informationen oder neuen Risiken ohne ausreichende Erfahrung. Mit Hilfe des Referenzwertes ist die Kalkulation eines „korrigierten" Tarifsatzes möglich. Die Problematik der

Glaubwürdigkeit der Analyse mit einer eingeschränkten statistischen Basis wird somit abgemildert.

Bei sehr individuellen Versicherungslösungen können **Monte-Carlo-Simulationen** angewendet werden. Bei einer solchen Simulation werden Schäden mittels geeigneter Verteilungsannahmen für Basisschadenaufwand, Großschadenaufwand und Gesamtschadenaufwand simuliert, so dass man auf die simulierten Schäden komplexe Versicherungslösungen anwenden kann.

Individuelle Kalkulation

Bei Bereichen mit geringer oder nicht vorhandener statistischer Basis bleibt nur noch eine individuelle Kalkulation. Hier schränkt sich die Methodenauswahl weiter ein. Ein Tarif im eigentlichen Sinne kommt meistens nicht mehr zur Anwendung, ggf. funktionieren hier – neben Credibility-Ansätzen oder Monte-Carlo-Simulationen – nur noch (qualitative) Expertenregeln.

Bei **Expertenregeln** steht das Know-how von Experten bzw. Underwritern im Vordergrund, quantitativ fest messbare Werte spielen eine deutlich geringere Rolle – bestenfalls im Sinne von Benchmarkwerten. Man beobachtet also eine Abnahme von mathematischen Verfahren und eine Zunahme von Expertenregeln, insbesondere

- Regeln zur Versicherbarkeit,
- Regeln für die Anwendung von Benchmarks sowie
- Regeln für Zu- und Abschlagssätze.

Für jede Stufe dieser Regeln sollte eine Hierarchieebene definiert sein, welche Regeln dieser Stufe man anwenden darf.

Nachfolgend werden die wichtigsten Aspekte für die **klassische Tarifkalkulation** skizziert, bei der bedingt durch eine i. d. R. gute Datenbasis das Methodenspektrum am größten ist.

Basisformel für die klassische Tarifkalkulation

Bei der klassischen Tarifkalkulation ergibt sich die Prämie aus der nachfolgenden Basisformel als

$$\text{Prämie} = \text{Tarifsatz} \cdot \text{Exposure} \cdot \text{nicht lin. Einflussgrößen.}$$

Dabei gilt

$$\text{Tarifsatz} = \frac{\text{Abgew. Gesamtaufwand} + \text{Gesamtkosten}}{\text{Gesamtexposure} \cdot \text{Ziel-CR}}.$$

Unter **Exposure** versteht man dabei das Maß für die Risikomenge, die insgesamt pro Zeiteinheit getragen werden muss (z. B. Jahreseinheiten in der Kfz-Versicherung). Dabei unterscheidet man in:

- **Lineares Exposure**: Das Risiko wächst proportional mit dem Exposure (z. B. Jahreseinheiten in der Kfz-Versicherung oder Versicherungssummen in der Hausratversicherung).

- **Nicht lineares Exposure**: Das Risiko wächst nicht proportional mit dem Exposure (z. B. Deckungssumme bei der Haftpflichtversicherung). So führt beispielsweise eine Verdoppelung einer Deckungssumme in Haftpflicht nicht automatisch zu einer Verdoppelung des Schadenbedarfs.

Die **Ziel-CR** entspricht der kombinierten Schaden-Kostenquote, bei der bei gegebenem Zins und gegebenem Cash Flow die folgende Gleichung ausgeglichen ist:

Barwert der Kosten
+ Barwert der abgewickelten Schäden
+ Barwert der Kapitalkosten

= Barwert der Prämie.

Durch dieses **Äquivalenzprinzip** (d. h. Barwert der Einnahmen = Barwert der Ausgaben) wird bei gegebenen Kapitalkostenforderungen die Ziel-CR festgelegt.

Die Komponente der Kapitalkosten als „Ausgleich" für die Überschadentragung spielt dabei eine entscheidende Rolle. Das Versicherungsunternehmen bestimmt hier eine individuelle Zielsetzung (beispielsweise 9,75 % Überrendite über dem risikofreien Zins), welche eingehalten werden soll und die sich unmittelbar auf die Höhe der Ziel-CR auswirkt.

Das Unternehmen kann dann auf dieser Basis nicht nur die Ziel-CR, sondern auch die Exit-CR (beispielsweise mit 0 % Überrendite über dem risikofreien Zins) ermitteln, also die kombinierte Schadenkosten-Quote, ab der keine Zielerfüllung mehr erreicht wird und bei der langfristig das Segment verlassen werden sollte.

Die Ziel-CR hängt nicht nur von den individuellen Zielvorgaben des Versicherungsunternehmens ab, sondern auch von weiteren Parametern wie etwa dem aktuellen risikofreien Zins.

Prozessschritte bei der klassischen Tarifkalkulation:

Für die Ermittlung eines klassischen Tarifsatzes sind mindestens die vier nachfolgend aufgelisteten Prozessschritte notwendig:

- Großschadenbereinigung und Abwicklung,
- Kostenmodell,
- Ausgleich, Trend, Deckungssummenformel sowie
- Endaufbereitung zum Tarif.

Diese einzelnen Schritte werden in den nachfolgenden Abschnitten näher erläutert.

Großschadenbereinigung und Abwicklung

Vor Durchführung der Analyse muss zunächst mithilfe einer Abwicklungsanalyse der Endschadenaufwand geschätzt werden. Dabei ist eine angemessene Großschadenbehandlung wichtig, um diesen relativ zufälligen Aufwand nicht einer einzelnen Tarifzelle zuzuordnen.

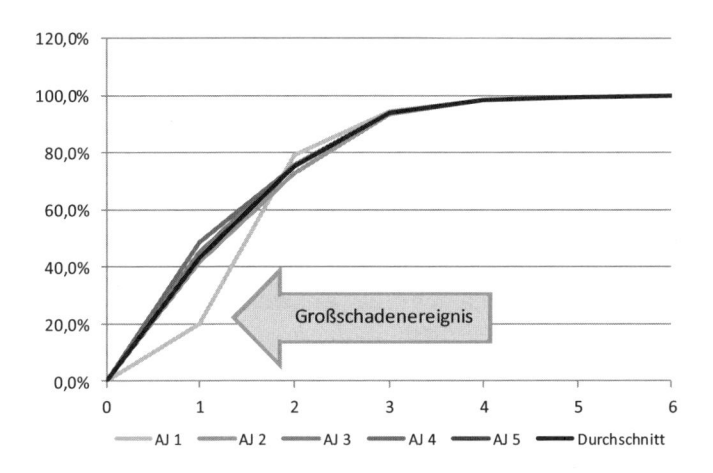

Abbildung 93: Großschadenbereinigung und Abwicklung.

Wie aus der Abbildung ersichtlich ist, gibt es in diesem Segment im ersten Anfalljahr ein Großschadenereignis, das in den Abwicklungsmustern deutlich erkennbar ist. Da dieses Anfalljahr insgesamt ein geringes Volumen hatte, konnte dieser Effekt bei der Abwicklungsanalyse gut durch Anwendung eines gewichteten Chain Ladder Verfahrens ausgeglichen werden.

Wäre das Volumen aber deutlich höher gewesen, hätte man ggf. den Großschadenaufwand bei einer geeignet festgelegten Grenze kappen, die gekappten Werte abwickeln und den gekappten Betrag anschließend auf die abgewickelten Werte umlegen müssen.

Dabei kann man den Kappungsbetrag auf das gesamte Kollektiv des jeweiligen Anfalljahres umlegen. Bei einer extremen Höhe muss ggf. sogar eine Umlage über mehrere Anfalljahre erfolgen.

Kostenmodell

Die Einbeziehung eines Kostenmodells **vor** einer Ausgleichsrechnung kann zur Stabilisierung der Ausgleichsrechnung vorgenommen werden. Die andere Möglichkeit besteht in der Einbeziehung **nach** der Ausgleichsrechnung. Diese Möglichkeit sollte nur dann angewendet werden, wenn es keine Stabilitätsprobleme gibt.

Im Abschnitt zur pauschalen Profitabilitätsanalyse wurde bereits ein Kostenmodell illustriert, das relativ nah an ein Prozesskostensystem herankommt.

Im Prinzip kann die gleiche Vorgehensweise auch bei der deutlich detaillierteren klassischen Tarifanalyse angewendet werden. Insofern wird die Vorgehensweise an dieser Stelle nicht noch einmal erläutert.

Ausgleich, Trend und Deckungssummenformel

Zum Ausgleich von zufälligen Schwankungen muss auch bei großen Datenmengen eine angemessene Ausgleichsrechnung durchgeführt werden. Die einfachste Form eines solchen Ausgleichs ist die lineare Regression. Eine Verallgemeinerung der linearen Regression sind verallgemeinerte lineare Modelle.

Aber auch bei Durchführung einer geeigneten Ausgleichsrechnung kann es passieren, dass es weiteren Bedarf an Stabilisierungsmaßnahmen gibt wie etwa

- das Hinzuziehen mehrerer Jahre,
- die Zusammenfassung von Merkmalsausprägungen oder

- die Mischung mit Benchmarkwerten (z. B. mit Referenzwerten aus einem Verbandstarif).

Erfolgt eine Mischung mit Benchmarkwerten (im Sinne des zuvor schon erläuterten Credibility-Ansatzes) werden der individuell kalkulierte Wert und ein kollektiver Referenzwert miteinander kombiniert. Diese Mischung stellt dann einen stabilisierten Tarifsatz dar, der wie folgt ermittelt wird:

Tarifsatz = $c \cdot$ kalkulierter Wert + $(1 - c) \cdot$ Referenzwert.

Der so genannte Glaubwürdigkeitsparameter c hängt von der Beobachtungsmenge ab und kann mit geeigneten Verfahren ermittelt werden.

Endaufbereitung zum Tarif

Nachdem die Schadendaten abgewickelt, die Großschäden bereinigt und die Kosten integriert wurden sowie eine Stabilisierung stattgefunden hat, folgt als letzter Schritt die Endaufbereitung.

Hierbei soll letztendlich der marktfähige Tarif entstehen, wobei folgende Aspekte noch zusätzlich zu berücksichtigen sind:

- Eliminierung von Organikbrüchen,
- Abgleich der bis dato durchgeführten Kalkulation mit Referenzwerten,
- interne Diskussion mit Fachabteilungen über den vorliegenden Rohtarif, insbesondere im Hinblick auf das individuelle Pricing,
- sonstige Überlegungen wie z. B. individuelle Steuersätze (Feuerschutzsteuer) sowie
- Eigenkapitalanforderungen aufgrund unternehmensinterner EK-Allokations-Modellen oder Solvency Anforderungen.

Sind diese Feinabstimmungen durchgeführt, ergibt sich der Tarifsatz als

Tarifsatz = Aufbereiteter SK-Satz / Ziel-CR.

Diese Beziehung soll anhand eines Berechnungsbeispiels für die IVW Privat AG erläutert werden.

Berechnungsbeispiel

Für die IVW Privat AG wurden bereits nach einer Abwicklungsanalyse und einer Kostenmodellierung mit vier Parametern die abgewickelten Schadenkosten je Anfalljahr ermittelt. Auf weitere Prozessschritte wie etwa eine Ausgleichsrechnung hat die IVW Privat AG verzichtet.

Die IVW Privat AG zeichnet eigentlich ein sehr gemischtes Geschäft (Kraftfahrt, Feuer, Haftpflicht und Unfall) mit sehr unterschiedlichen Exposures.

Für das nachfolgende Beispiel soll aber aus Vereinfachungsgründen angenommen werden, dass es ein einheitliches, von der Prämie verschiedenes Exposure (wie etwa die Versicherungssummen) gibt – als ob die IVW Privat AG nur Hausrat- oder Wohngebäudeversicherung zeichnen würde oder alternativ alles auf ein einheitliches Exposure umgerechnet hätte.

Bei einem Exposure von **5.000 Mio. €** im ersten Anfalljahr ergibt sich für die bereits ermittelten Schadenkosten in Höhe von **3.701 T€** bei einer Ziel-CR von **95 %** gemäß der Basisformel folgender Tarifbedarf in ‰ für dieses Jahr:

3.701 T€ / (5.000 Mio. € · 95,0 %) = 0,779 ‰.

Die Tarifbedarfe für alle anderen Anfalljahre sowie der durchschnittliche Tarifbedarf sind in der nachfolgenden Tabelle aufgelistet:

Anfall-jahr	Exp. in Mio.	Aufw. abgew.	Gesamt Kosten	Schaden Kosten	Bedarf
1	5.000	2.535	1.166	3.701	0,779
2	12.500	4.812	2.819	7.631	0,643
3	20.000	6.628	4.554	11.183	0,589
4	25.000	9.317	5.298	14.615	0,615
5	32.500	11.646	5.952	17.598	0,570
Summe	95.000	34.939	19.790	54.728	0,606

Abbildung 94: Tarifbedarfe in ‰.

Wenn es sich bei dieser Kalkulation um Auslastungsgrade einer Versicherungssumme handelt, so dass eine Dynamisierung i. d. R. mit einer Exposureanpassung einhergeht, dann kann man den Durchschnittswert von 0,606 ‰ als Tarifsatz verwenden.

Bei einer Kalkulation in Kraftfahrt (mit Jahreseinheiten als Exposure) müssen aber in jedem Fall eine Inflationsangleichung bei der Verwendung mehrerer Anfalljahre sowie eine Trendschätzung für die Zukunft erfolgen.

4 Solvency II und wertorientierte Steuerung

Den Kern der Versicherungsaufsicht stellt seit deren Gründung die Gewährleistung der dauernden Erfüllbarkeit der Verpflichtungen aus Versicherungsverträgen dar. Zur Erfüllung dieser Kernaufgabe wurden für Europa die europäischen Solvenzregeln geschaffen. Die bis 2016 aktuellen deutschen Regeln basieren auf zwei Richtlinien, die bereits in den Siebzigerjahren des vergangenen Jahrhunderts vom deutschen Gesetzgeber verabschiedet wurden: der Schadenversicherungsrichtlinie (1973) sowie der Lebensversicherungsrichtlinie (1979). Mit der Entstehung des europäischen Binnenmarkts und der einhergehenden Liberalisierung des Versicherungsmarktes kam jedoch auch frühzeitig die Erkenntnis, dass diese Richtlinien auf Dauer nicht gegen die ständigen Veränderungen der Verhältnisse bestehen können. Das Bestreben, diese Regelungen zu überarbeiten und den Entwicklungen anzupassen, besteht seit jeher.

Die praktische Umsetzung der Versicherungsaufsicht entwickelte sich zu dem als **Solvency I** bezeichneten Regelungssystem, wobei sich in diesem Zusammenhang herausstellte, dass eine grundlegendere und umfassendere Überprüfung der Solvenzanforderungen erforderlich war, damit diese auch die Gesamtfinanzposition der Versicherungsunternehmen mit einbeziehen. Dies führte zu dem so genannten **Solvency II**-Projekt.

Jedes Versicherungsunternehmen hat das Bestreben, seine unternehmerischen Erfolgs- und Sicherheitsziele zu erreichen. Diese Ziele werden durch das Solvabilitäts- und Profitabilitätsrisiko gefährdet. Es gilt also, diese Risiken im Rahmen einer Risikosteuerung zu analysieren und entsprechende Maßnahmen im Hinblick auf die Zielerreichung einzuleiten. So kann sichergestellt werden, dass das Unternehmen seine Verpflichtungen jederzeit erfüllen kann und seine angestrebten Mindestrenditen nicht verfehlt. Diese Art von aktivem Risikomanagement wird als erfolgreichster Insolvenzschutz anerkannt und folglich durch Solvency II gefördert. Zudem wird das

Vertrauen der Kunden gestärkt. Ihnen ist es wichtig, dass die Unternehmen die von ihnen übernommenen Risiken finanziell bewältigen können.[135]

Im Mittelpunkt einer wertorientierten Unternehmenssteuerung (WOS) steht die Frage, ob der Unternehmenswert durch die unternehmerischen Maßnahmen tatsächlich erhöht wird.[136] Als charakteristisches Merkmal der WOS lässt sich eine primär an den Interessen der Aktionäre und Unternehmenseigentümer orientierte Unternehmensführung feststellen.[137] Zudem spielt bei der wertorientieren Steuerung das Risiko eine wichtige Rolle. Für die Bewertung von Unternehmen sowie zur Identifikation von wertschaffenden bzw. wertvernichtenden Geschäftseinheiten und Strategiealternativen gibt es eine Vielzahl von Möglichkeiten.

In den folgenden Abschnitten werden zunächst Solvency I und dessen historischer Hintergrund sowie Solvency II als das Solvency I ablösende System vorgestellt.

4.1 Solvency I

Nicht zuletzt die Finanzkrise 2007/2008 hat die Versäumnisse im Kapitalanlage- und Risikomanagement in den Jahren zuvor deutlich gemacht. Die hinzukommende verstärkte Diskussion über die Sicherheit der Rentenversicherung brachte dem Versicherungsmarkt ebenfalls neue Entwicklungen.

Erste Indikationen in dieser Richtung wurden bereits 1997 im Bericht der so genannten Müller-Kommission[138] veröffentlicht, welcher Vorschläge bezüglich der Modernisierung der europäischen Sol-

---

[135] Vgl. Nguyen 2008, Handbuch der wert- und risikoorientierten Steuerung von Versicherungsunternehmen, S. V f.
[136] Vgl. Nguyen et al. 2005, Wertorientierte Steuerung auf dem Vormarsch, S. 1745 f.
[137] Vgl. Spremann 1996, Wirtschaft, Investition und Finanzierung.
[138] Benannt nach Dr. Helmut Müller, damaliger Vizepräsident des Bundesaufsichtsamtes für das Versicherungswesen und Leiter der Kommission.

venzaufsicht enthält. Dieser Bericht hatte in den folgenden Jahren eine europaweite Diskussion zur Folge. Die von der Europäischen Union entwickelten Richtlinien zur Schaden- und Lebensversicherung werden dabei unter dem Begriff „Solvency I" zusammengefasst.[139]

Solvency I beinhaltet folglich die aufsichtsrechtlichen Vorschriften zum europäischen Solvabilitätssystem, die sich auf Basis des „Müller-Berichts" aus den europäischen Richtlinien 2002/13/EG für die Schadenversicherung und 2002/83/EG für die Lebensversicherung ergeben und über § 53c Abs. 1 VAG i. V. m. der Kapitalausstattungsverordnung in das deutsche Recht übertragen wurden.

Bereits zwei Jahre vor der Veröffentlichung der EU-Richtlinien zur Schaden- und zur Lebensversicherung begann die Arbeit am Projekt „Solvency II". Letzteres orientiert sich stark an den Regelungen des Bankensystems „Basel II".[140]

4.1.1 Regelungen und Kritikpunkte

Das Solvabilitätssystem nach Solvency I basiert auf dem Vergleich von Ist-Solvabilität und Soll-Solvabilität und berechnet sich nach einem Faktormodell. Dazu sind die Versicherer zur Sicherstellung der dauernden Erfüllbarkeit der Verpflichtungen aus den Versicherungsverträgen verpflichtet. Unter Solvabilität versteht man dabei im Versicherungs- und Bankenwesen die Ausstattung eines Versicherers oder eines Kreditinstituts mit Eigenmitteln, also freiem, unbelasteten Vermögen (Ist-Solvabilität). Diese Eigenmittel dienen dazu, sich realisierende Risiken des Versicherungs- bzw. Kreditgeschäfts abzudecken und sichern die Ansprüche der Versicherungsnehmer

---

[139] Vgl. Nguyen 2008, Handbuch der wert- und risikoorientierten Steuerung von Versicherungsunternehmen, S. 387.
[140] Vgl. Nguyen 2008, Handbuch der wert- und risikoorientierten Steuerung von Versicherungsunternehmen, S. 388.

oder Gläubiger auch bei ungünstigen Entwicklungen.[141] Die Solvenz eines Versicherungsunternehmens ist erst dann gegeben, wenn die Ist-Solvabilität mindestens der Soll-Solvabilität entspricht.

Zur Berechnung der Ist-Solvabilität benötigt man die an einem Stichtag vorhandene Menge an freien Eigenmitteln, zu denen unter anderem das Eigenkapital gehört. Insgesamt setzt sich die Ist-Solvabilität

- aus dem eingezahlten Grundkapital,
- dem Gründungsstock bei Versicherungsvereinen auf Gegenseitigkeit (VVaG),
- den Mitgliederkonten bei VVaG,
- der Hälfte des nicht eingezahlten Grundkapitals oder Gründungsstocks – sobald der eingezahlte Teil 25 % des Gründungskapitals oder des Gründungsstocks erreicht,
- den gesetzlichen und freien Rücklagen aus dem nicht zur Ausschüttung bestimmten Bilanzgewinn,
- weiteren Besonderheiten für Schaden- und Lebensversicherer sowie
- den immateriellen Aktiva

zusammen. Die Soll-Solvabilität als Ausdruck der Risikolage des Versicherungsunternehmens wird auf drei unterschiedliche Weisen ermittelt:

- Zum einen als **„Solvabilitätsspanne"** in Abhängigkeit von den Größen des gesamten Versicherungsgeschäfts,
- des Weiteren als **„Garantiefonds"** definiert als ein Drittel der Solvabilitätsspanne und

---

[141] Vgl. Heep-Altiner et al. 2010, Interne Modelle nach Solvency II, S. 2.

- zuletzt als „**Mindestgarantiefonds**" als ein absoluter Betrag, dessen Höhe von den betriebenen Versicherungssparten abhängt.

Die **Solvabilitätsspanne** wird dabei durch eine relativ einfache Grundformel berechnet, wobei ihre fehlende Skalierbarkeit einen Nachteil dieser einfachen Berechnungsformel darstellt (d. h. „doppelt so hoch" bedeutet unter Risikogesichtspunkten nicht unbedingt „doppelt so gut").

Nachfolgend wird die Berechnung der Solvabilitätsspanne für ein Schadenversicherungsunternehmen erläutert und approximativ am Beispiel der IVW Privat AG durchgerechnet.

Berechnung der Solvabilitätsspanne

In der Schadenversicherung berechnet sich die Soll-Solvabilität (Solvabilitätsspanne) entweder nach den jährlichen Beitragseinnahmen oder nach dem mittleren Schadenaufwand für die letzten drei bzw. sieben Jahre.[142]

Der **Beitragsindex** unterteilt sich in zwei Stufen und ist die Summe

- aus 18 % der Beiträge bis zur Beitragsbemessungsgröße zzgl.
- 16 % der Beiträge über der Beitragsbemessungsgröße.[143]

Der **Schadenindex** basiert auf den durchschnittlichen Schadenaufwendungen der Gesamtrechnung der letzten drei Jahre oder aber der letzten sieben Jahre – letzteres bei Versicherungsunternehmen, die überwiegend Kredit-, Sturm-, Hagel- und Frostrisiken übernehmen.

Der Grund für diese Unterscheidung ist, dass Naturkatastrophen und Kumulschäden unregelmäßig eintreten und eine Über- bzw.

---

[142] Vgl. Heep-Altiner et al. 2010, Interne Modelle nach Solvency II, S. 3.
[143] § 1 (2) KapAusstV mit 61,3 Mio. € Beitragsbemessungsgrenze in 2014.

Unterschätzung des Risikos verhindert werden soll. Für einen Risikoausgleich benötigt man hier im Gegensatz zu üblichen Spartenrisiken eine längere Dauer. Auch dieser Index wird in zwei Stufen eingeteilt und setzt sich zusammen

- aus **26 %** der durchschnittlichen Schadenaufwendungen (der letzten drei bzw. sieben Jahre) bis zur Aufwandsbemessungsgröße und
- **23 %** der durchschnittlichen Schadenaufwendungen (der letzten drei bzw. sieben Jahre) über der Aufwandsbemessungsgröße.[144]

Beitragsindex und Schadenindex sind derart definiert, dass bei ca. 70 % Schadenquote beide Indizes übereinstimmen. Rückversicherung kann bei der Berechnung der Solvabilitätsspanne angerechnet werden – allerdings nur maximal bis zu einer Entlastung von 50 %.

Berechnungsbeispiel

Im Folgenden soll die Brutto Solvabilitätsspanne für die IVW Privat AG berechnet werden, wobei der mittlere HGB-Aufwand aus dem Bilanzjahr und den beiden Vorjahren approximativ gerechnet werden soll, indem unter der Annahme von **5 %** Prämienwachstum der HGB-Aufwand des Folgejahres unter Durchschnittsannahmen ermittelt und mit dem durchschnittlichen Wachstumsfaktor der letzten Jahre zurückgerechnet wird.

Bei **5 %** Prämienwachstum erhält man ausgehend von einer Prämie in Höhe von 17.750 T€ im Folgejahr eine Prämie von **18.638 T€**. Bei einer durchschnittlichen Schadenquote von ca. **60,0 %** ergibt sich daraus ein Best Estimate Aufwand von **11.179 T€**. Auf Basis dieser Informationen kann man jetzt bei einer mittleren Überreservierung von **10 %** den HGB-Aufwand in T€ im Folgejahr wie folgt schätzen:

---

[144] § 1 Abs. 3 KapAusstV mit 42,9 Mio. € Aufwandsbemessungsgröße in 2014.

BE Aufwand im Folgejahr		11.179
Zahlungen aus dem Neugeschäft	**43%**	4.800
Zuführung BE Reserve		6.379
Zuführung HGB Reserve	**10%**	7.088
Zahlungen aus dem Altbestand		5.869
Auflösung HGB Reserve	**10%**	-6.521
HGB Aufwand im Folgejahr		**11.236**

Auf der Basis einer Prämie von 13.500 T€ für das zweite Vorjahr ergibt sich bis zum Folgejahr ein mittleres Prämienwachstum von **11,3 %**. Rechnet man mit diesem Faktor „zurück", dann ergeben sich folgende approximative HGB-Aufwände:

HGB Aufwand im Bilanzjahr	10.090
HGB Aufwand im 1. Vorjahr	9.062
HGB Aufwand im 2. Vorjahr	8.138
Durchschnitt der letzten drei Jahre	**9.097**

Man erkennt in diesem Beispiel, dass bei einem stärkeren Prämienwachstum (in diesem Fall 11,3 % p. a.) der Durchschnitt der letzten drei Jahre den aktuellen HGB-Aufwand tendenziell unterschätzt und somit der Schadenindex grundsätzlich zu niedrig angesetzt wird.

Dies ist dann gravierend, wenn die durchschnittliche Schadenquote deutlich über 70 % liegt, so dass in diesem Fall immer der Schadenindex greift.

In der nachfolgenden Tabelle ist die Berechnung des Beitragsindexes Brutto für die IVW Privat AG mit der aktuellen Prämie in Mio. € dargestellt, wobei aufgrund des zu geringen Prämienvolumens für die IVW Privat AG die zweite Stufe nicht erreicht wird:

	Prämien	Faktor	Index
1. Stufe	17,8	18,0%	3,2
2. Stufe	0,0	16,0%	0,0
Gesamt	**17,8**	**18,0%**	**3,2**

Abbildung 95: Brutto Beitragsindex für die IVW Privat AG.[145]

Für den zuvor approximativ ermittelten durchschnittlichen HGB-Bruttoaufwand der letzten drei Jahre in Mio. € ist die Berechnung des Schadenindexes in der nachfolgenden Tabelle dargestellt, wobei wieder aufgrund des zu geringen Volumens die zweite Stufe nicht erreicht wird:

	Schaden-aufwand	Faktor	Index
1. Stufe	9,1	26,0%	2,4
2. Stufe	0,0	23,0%	0,0
Gesamt	**9,1**	**26,0%**	**2,4**

Abbildung 96: Brutto Schadenindex für die IVW Privat AG.[146]

Die Brutto Solvabilitätsspanne ergibt sich in diesem Beispiel jetzt als Maximum der beiden Werte, d. h. als

$$\text{Max}(3,2; 2,4) = 3,2.$$

Für die Solvabilitätsspanne Netto der IVW Privat AG kann die Rückversicherung mit ca. 30 % Entlastung angerechnet werden, wobei allerdings bei den geringen Werten bei der IVW Privat AG darauf geachtet werden muss, dass der Mindestgarantiefonds nicht unterschritten wird.

---

[145] Vgl. Heep-Altiner et al. 2010, Interne Modelle nach Solvency II, S. 3.
[146] Vgl. Heep-Altiner et al. 2010, Interne Modelle nach Solvency II, S. 3.

Maßnahmen bei mangelhafter Solvabilität

Anhand einer jährlich vorzulegenden Solvabilitätsberechnung prüft die BaFin, ob eine ausreichende Solvabilität erfüllt ist. Verstöße gegen die Solvabilitätsvorschriften lösen gemäß § 81b VAG Sanktionen aus, die nach ihrer Schwere gestaffelt sind. Solvabilität im Sinne des Gesetzes ist gegeben, wenn die Ist-Solvabilität mindestens der Soll-Solvabilität entspricht, also Deckung oder Überdeckung vorliegt. Im Falle einer Unterdeckung treten folgende aufsichtsrechtliche Folgen ein:

- Bei Unterschreitung der Solvabilitätsspanne muss das Versicherungsunternehmen einen „Plan zur Wiederherstellung gesunder Finanzverhältnisse (Solvabilitätsplan)" zur Genehmigung vorlegen. Dieser Plan kann Maßnahmen zur Beeinflussung der Ist-Solvabilität (z. B. Eigenkapitalerhöhung) oder der Soll-Solvabilität (z. B. Rückversicherungsnahme) vorsehen.

- Bei Unterschreitung des Garantiefonds (ein Drittel der Solvabilitätsspanne) muss das Versicherungsunternehmen einen „Plan über kurzfristige Beschaffung von Eigenmitteln (Finanzierungsplan)" zur Genehmigung vorlegen. Nach dem Wortlaut des Gesetzes sind hier nur Maßnahmen zulässig, die die Ist-Solvabilität erhöhen, obwohl auch Maßnahmen zur Beeinflussung der Soll-Solvabilität möglich wären. Außerdem kann die Aufsichtsbehörde die freie Verfügung des Versicherers über seine Vermögenswerte einschränken oder verringern.

Dieselben Regelungen gelten auch für den Fall, dass die Ist-Solvabilität die absoluten Beträge des Mindestgarantiefonds unterschreitet.

Kritikpunkte an den Solvency I Regelungen

Bei den aktuell geltenden Regelungen handelt es sich um ein unflexibles System, das starr und wenig risikoorientiert ist und insgesamt eher geringe Anforderungen hat sowie die wesentlichen Risikoeigenschaften von Segmenten nicht beachtet. Die Messung der Risikolage eines Versicherers erfolgt nur grob. Auch die numerischen Vorgaben zur Ermittlung des Beitrags- bzw. Schadenindex, die die versicherungstechnische Risikolage des Schadenversicherers messen sollen, sind risikotheoretisch nicht begründbar.

Die Betrachtung von absoluten Werten bei den mittleren Aufwendungen (anstelle von durchschnittlichen Schadenquoten) kann zu Verzerrungen bei der Risikoeinschätzung führen, beispielsweise bei stark anwachsendem Geschäftsvolumen.

Die Solvabilitätslage wird nur stichtagsbezogen und vergangenheitsorientiert geprüft. Solvency II hingegen versucht, auch die Zukunft zu betrachten.

Besonders kritisch ist, dass das Kapitalanlagerisiko nur in der Lebensversicherung berücksichtigt wird, wobei die Zusammensetzung der Kapitalanlagen jedoch außen vor bleibt. Auch operationelle Risiken werden laut den Regelungen nicht in Betracht gezogen.

Die begrenzte Anrechnung von Rückversicherung ist nicht sachgerecht. Rückversicherungsanteile über 50 % stellen auch einen Risikotransfer dar und können die Risikoexposition eines Versicherungsunternehmens mindern. Außerdem berücksichtigt die Regelung nicht die Bonität der Rückversicherer. Es erfolgt laut der Regelung eine volle Abschreibung der Rückversicherungsanteile über 50 % trotz eventueller guter Bonität bzw. keine Abschreibung der Rückversicherungsanteile unter 50 %, auch wenn eine schlechte Bonität zu verzeichnen ist.

Zusammenfassend lässt sich sagen, dass die Regelungen der Solvabilität I dem individuellen Risikoprofil von Versicherungsunternehmen nicht gerecht werden.

Im Zusammenhang mit den zuvor skizzierten historischen Entwicklungen sind diese Kritikpunkte wesentliche Treiber in Richtung einer Neuorientierung durch das Solvency II System.

Aber auch Entwicklungen in der Rechnungslegung können Treiber bei der Modernisierung von Solvenzsystemen sein (und umgekehrt), was im nachfolgenden Abschnitt näher beleuchtet werden soll. Dabei werden – ohne dem Abschnitt zu Solvency II allzu viel vorzugreifen – einige Eigenschaften von Solvency II bereits vorausgesetzt.

4.1.2 Solvenzregelungen & Bilanzierungsvorschriften

Rechnungslegungs- und Solvenzvorschriften sind keineswegs unabhängig voneinander zu sehen, sondern beeinflussen sich gegenseitig in ihrer Entwicklung. Im Folgenden werden daher die Zusammenhänge zwischen den Rechnungslegungs- und Solvenzvorschriften und ihre jeweilige Kompatibilität zueinander diskutiert.

So haben sich beispielsweise die IFRS einen Paradigmenwechsel in den Rechnungslegungsvorschriften hin zu einem "True-and-Fair-View-Prinzip" zum Ziel gesetzt. Diese Zielvorgabe bringt tiefgreifende Veränderungen für die Versicherungsunternehmen mit sich. Das Primärziel der IFRS liegt darin, mehr Transparenz durch ein zeitnahes und realistisches Bild der tatsächlichen Vermögens-, Finanz- und Ertragslage der Versicherungsunternehmen zu schaffen. Hierfür ist eine stärkere Orientierung der Aktiva und Passiva an den Marktwerten erforderlich. Dies unterscheidet sich deutlich vom Sicherheitsprinzip im HGB.

Die wichtigsten Eigenschaften von HGB / IFRS sowie Solvency I / Solvency II sind in der nachfolgenden Tabelle gegenübergestellt.[147]

HGB	IFRS
Vorsichtsprinzip, d. h. hohe Sicherheit in den Rechnungslegungsvorschriften	Fair Value Prinzip, d. h. geringere Sicherheit in den Rechnungslegungsvorschriften
➔ i. d. R. geringeres Ist-Kapital	➔ i. d. R. höheres Ist-Kapital
Solvency I	**Solvency II**
Wenig risikoorientiert	Deutlich risikoorientierter
➔ i. d. R. geringere Anforderungen an das Sollkapital	➔ i. d. R. höhere Anforderungen an das Sollkapital

Das HGB weist eine starke Orientierung an Gläubigerinteressen auf. Das Vorsichtsprinzip dominiert und führt zu hohen Sicherheiten in den Rechnungslegungsvorschriften. Das Ergebnis ist i. d. R. ein geringes Ist-Eigenkapital. Die IFRS hingegen stellen die Interessen des Investors auf eine höhere Stufe. Es dominiert das Fair Value Prinzip, was geringere Sicherheiten in den Rechnungslegungsvorschriften und somit ein höheres Ist-Eigenkapital in den Bilanzen zur Folge hat.

In der nachfolgenden Tabelle sind die Beziehungen und Kompatibilitäten zwischen diesen Rechnungslegungs- und Solvenzsystemen gegenübergestellt:[148]

---

[147] Vgl. Heep-Altiner et al. 2010, Interne Modelle nach Solvency II, S. 6.
[148] Vgl. Heep-Altiner et al. 2010, Interne Modelle nach Solvency II, S. 7.

	Solvency I	Solvency II
HGB	Geringes Ist-Eigenkapital / geringes Soll-Eigenkapital	Geringes Ist-Eigenkapital / höheres Soll-Eigenkapital
	(+) Passt zusammen (−) Geringe Transparenz	(+) Hohe Sicherheit für VN (−) Hohe Belastung für VU
IFRS	Höheres Ist-Eigenkapital / geringes Soll-Eigenkapital	Höheres Ist-Eigenkapital / höheres Soll-Eigenkapital
	(+) Hohe Flexibilität für VU (−) Geringe Sicherheit für VN	(+) Passt zusammen (−) Hoher Aufwand

HGB und Solvency I harmonieren aufgrund ihrer Anforderungen an das Eigenkapital prinzipiell gut. Die IFRS hingegen weisen ein höheres Ist-Eigenkapital aus, was seiner ökonomischen Sichtweise geschuldet ist. Im Rahmen von Solvency I trifft das hohe Ist-Eigenkapital auf ein geringes Soll-Eigenkapital, was wiederum zu Unsicherheiten für Versicherungsnehmer führen kann. Die Weiterentwicklung der Rechnungslegungsstandards hin zu IFRS kann daher auch als einer der Treiber zur Modernisierung von Solvency I gesehen werden.

IFRS und Solvency II passen durch die höheren Eigenkapitalanforderungen bei hohem Ist-Kapital prinzipiell ebenso gut zusammen. Eine Kombination zwischen HGB und Solvency II birgt jedoch Wettbewerbsnachteile für kleine bzw. mittelgroße Versicherungsunternehmen, die weiterhin in der Pflicht stehen, nach den Regeln des

HGB zu bilanzieren bzw. sich freiwillig dafür entscheiden.[149] Grund hierfür ist hier ein Aufeinandertreffen des geringen Ist-Eigenkapitals nach HGB auf die hohe Soll-Eigenkapitalanforderung nach Solvency II. Diese Diskrepanz kann auch ggf. als einer der Treiber der aktuellen Reform der Bilanzierungsregeln durch das BilMoG (einer Annäherung an IFRS und damit gleichbedeutend einer marktwertorientierten Rechnungslegung) vermutet werden, d. h. eine Reform des Aufsichtssystems kann als Treiber einer Modernisierung der Rechnungslegungsvorschriften wirken.

4.2 Solvency II

Aufgrund der zuvor skizzierten Kritikpunkte an dem Solvency I System begann die EU-Kommission bereits im Jahre 2000 das Projekt Solvency II. Dieses Projekt legt einen besonderen Wert auf die Funktionsfähigkeit eines Governance- und Risikomanagementsystems zur adäquaten Steuerung eines Versicherungsunternehmens. Im folgenden Kapitel werden die Standards der ab 2016 geltenden Regelungen von Solvency II näher betrachtet.

4.2.1 Hintergrund und Ziele

Die wesentlichen Ursachen für die Einführung von Solvency II sind die Deregulierung sowie die Liberalisierung des Versicherungsmarktes Mitte der 90er Jahre des letzten Jahrhunderts, die zu rückläufigen Preisen und daraus resultierend zu deutlich sinkenden versicherungstechnischen Ergebnissen geführt haben. Die Risiken, denen die Versicherungsunternehmen ausgesetzt sind, haben sich im Verlauf der letzten Jahrzehnte erheblich verändert. Zu beobach-

---

[149] Der HGB-Abschluss ist in der Lebensversicherung auch Ausschüttungsbemessungsgrundlage für die Überschussbeteiligung der Versicherungsnehmer, so dass hierzu mindestens in naher Zukunft zwingend weiter nach HGB bilanziert werden muss.

ten ist eine Zunahme von Kumulschäden durch Naturereignisse und zugleich volatile Kapitalmärkte.[150]

Durch die notwendige Zunahme der Technik im Vertrieb sowie den Betriebs- und Verwaltungsbereichen gewinnen auch die operationellen Risiken immer mehr an Bedeutung. Die daraus resultierenden Anforderungen sind die Schaffung eines wirtschaftlichen risikobezogenen Solvabilitätsrahmens für den europäischen Versicherungsmarkt.[151]

Hinzu kommt, dass Banken und Versicherungsunternehmen zunehmend auf denselben Märkten mit ähnlichen Produkten konkurrieren. Daher ist es erforderlich, dass für diese Branchen gleiche aufsichtsrechtliche Regelungen geschaffen werden.[152] Solvency II orientiert sich in enger Anlehnung an die Reform von Basel II (aktuell bereits Basel III) und strebt damit eine Aufsichtskonvergenz für den Banken- und Versicherungssektor an. Die Systeme unterscheiden sich allerdings in ihrer Intention fundamental. Bei dem Bankensystem steht das Ausfallrisiko eines Kreditnehmers im Fokus, während Solvency II sich auf eine aggregierte Risikoexposition des gesamten Versicherungsunternehmens bezieht.[153]

Solvency II war ein zentrales Projekt der Europäischen Kommission, das die vorherigen europäischen Versicherungsrichtlinien mit ihren Vorschriften zum geforderten Kapital (Solvenzspanne) und zum verfügbaren Kapital ab Januar 2016 ablöst. Das Solvency II-Projekt soll die europäische Aufsichtslandschaft grundlegend reformieren und harmonisieren, d. h. für jeden europäischen Versicherer sollen prinzipiell die gleichen Aufsichtsregeln gelten. Die Ausarbeitung der neuen Aufsichtsregeln soll dabei in enger Abstimmung mit den neuen Vorschriften für das Rechnungswesen, den IFRS, erfolgen.[154] Nicht nur

---

[150] Vgl. Heep-Altiner et al. 2010, Interne Modelle nach Solvency II, S. 1.
[151] Vgl. GDV 2007, Kernposition zu Eigenmitteln unter Solvency II, S. 5.
[152] Vgl. Heep-Altiner et al. 2010, Interne Modelle nach Solvency II, S. 1.
[153] Vgl. Graf 2008, Solvency II, S. 1.
[154] Vgl. Graf 2008, Solvency II, S. 13.

die Berechnung der Kapitalanforderungen, sondern auch die Ermittlung zur Bedeckung der Eigenmittel ändert sich grundlegend.

Zielsetzungen von Solvency II

Angestrebt ist ein qualitatives Solvenzsystem, das neben quantitativen Anforderungen auch die Funktionsfähigkeit eines Governance- und Risikomanagementsystems zur adäquaten Steuerung eines Versicherungsunternehmens berücksichtigt. Das qualitative Solvenzsystem soll sich den veränderten Rahmen- und Risikobedingungen anpassen.

Solvency II verfolgt daher auch das Ziel, den internen Risikomanagementprozess so weiterzuentwickeln, dass die Versicherungsunternehmen ihre genaue Risikoexposition kennen und diese in der Unternehmenssteuerung berücksichtigen. Die zuständigen Aufsichtsbehörden müssen demnach nicht mehr die Einhaltung einzelner Regelungen kontrollieren, sondern die Einhaltung vorgeschriebener Standards in Bezug auf den Risikomanagementprozess überprüfen.

Das Hauptziel dieses Projektes ist allerdings der Schutz der Versicherungsnehmer, sowie die Stabilität der Versicherungsbranche allgemein. Die Versicherungsunternehmen sollen eine stabile Finanzlage aufweisen. Jeder Versicherer benötigt demnach einen angemessenen Kapitalbestand aus Eigenmitteln, der einen Puffer gegen unerwartete Verluste auf relativ kurzfristige Sicht widerspiegelt.[155]

Gesetzgebungsverfahren von Solvency II

Das **Lamfalussy-Verfahren** ist ein vierstufiges Rechtssetzungsverfahren, das 2002 auf Beschluss des Rates zur Rechtsangleichung auf den gesamten Finanzmarkt der EU ausgedehnt wurde. Die Solvency II-Richtlinie wurde im Zuge dieses Verfahrens beschlossen. In der *ersten Stufe* erfolgt die Rahmengesetzgebung durch die EU-

---
[155] Vgl. GDV 2007, Kernposition zu Eigenmitteln unter Solvency II, S. 8.

Organe.[156] Diese Rahmenrichtlinie wird von der EU-Kommission entworfen, diskutiert und angepasst.

In der *zweiten Stufe* werden die Durchführungsrichtlinien und Durchführungsverordnungen („technisches Recht") dieser Richtlinie von der Europäischen Kommission sowie der „European Insurance and Occupational Pensions Authority" (EIOPA) erarbeitet.

Die Erarbeitung von Leitlinien und Empfehlungen zur Auslegung der Durchführungsverordnungen erfolgt in der *dritten Stufe* durch EIOPA.

In der *letzten Stufe* wird die einheitliche Umsetzung durch die EU Kommission, die Mitgliedstaaten und die Regulierungsbehörden überwacht.

Die **Omnibus II-Richtlinie** soll die Solvency II-Richtlinie abändern, insbesondere im Hinblick auf die neue europäische Versicherungsaufsichtsbehörde (EIOPA). Die Funktionen dieser Aufsichtsbehörde müssen in die Solvency II-Richtlinie eingebettet werden. Zusätzlich führt die Omnibus II-Richtlinie ergänzende Regelungen zur Bewertung von langfristigen Garantien und neue Übergangsregelungen für die Solvency II-Richtlinie ein. Am 11. März 2014 hat das Europäische Parlament den Inhalt der Omnibus II-Richtlinie angenommen.

4.2.2 Struktur von Solvency II

Allgemein ist das Aufsichtssystem Solvency II in drei Säulen unterteilt, wie der nachfolgenden Abbildung zu entnehmen ist. Diese Einteilung orientiert sich an den für die Versicherungswirtschaft angepassten Modifizierungen von Basel II, die seit 2007 für den Bankensektor rechtsverbindlich gelten.[157]

---

[156] Vgl. BaFin 2013, Solvency II: Aufbau und Gesetzgebung, S. 1 (Internet).
[157] Vgl. Heep-Altiner et al. 2010, Interne Modelle nach Solvency II, S. 8.

Säule 1	Säule 2	Säule 3
Finanzausstattung	Überprüfung durch die Aufsicht	Markttransparenz / Marktdisziplin
Mindestkapital-Anforderungen für alle Unternehmen, auf Basis eines risikobasierten Ansatzes	Bewertung der Stärke und Effektivität der Risikomanagement-Systeme und der internen Kontrollen	Transparenzvorschriften Zur Förderung der Marktdisziplin
Ausreichende Rück-Stellungen; Ansatz und Bewertung von Kapitalanlagen, Definition des Eigen-Kapitals	Zusätzliche Kapital-Anlagen in besonderen Fällen	
Option zur Anwendung Interner Risikomodelle		

Abbildung 97: Drei-Säulen-Modell von Solvency II.[158]

In der **ersten Säule** werden die quantitativen Regelungen definiert, die ein solventes Unternehmen gemäß Solvency II benötigt. Die zentralen Aspekte dieser Säule beinhalten die technischen Rückstellungen, das Anlagenmanagement sowie die Eigenkapitalanforderungen. Die Integration aller quantifizierbaren Risiken soll dazu beitragen, das geforderte Solvenzkapital an das ökonomische Kapital weitestgehend anzunähern.[159] Im Zentrum steht eine adäquate Abbildung der Risikoexponierung eines Versicherungsunternehmens.

Solvency II soll die Bewertung der versicherungstechnischen Rückstellungen der Versicherungsunternehmen harmonisieren und die

---

[158] In Anlehnung an Heep-Altiner et al. 2011, Internes Holdingmodell nach Solvency II, S. 6.
[159] Vgl. Graf 2008, Solvency II, S. 17.

Berechnungsverfahren verbessern. Die Bewertung der versicherungstechnischen Rückstellungen erfolgt marktkonsistent und risikosensitiv. Der Wert der versicherungstechnischen Rückstellungen entspricht dem, was ein Versicherungs- oder Rückversicherungsunternehmen zahlen müsste, wenn es seine Verpflichtungen auf ein anderes Versicherungs- oder Rückversicherungsunternehmen übertragen würde (Artikel 77 Solvency II-Richtlinie).[160]

Rückstellungen für hedgebare Risiken werden auf Grundlage des Marktwerts der Finanzinstrumente bestimmt. Rückstellungen für nicht-hedgebare Risiken werden aus der Summe des Best Estimate (bester Schätzwert) und einer Risikomarge bewertet. Der Best Estimate entspricht dem Erwartungswert unter Verwendung einer risikofreien Zinsstrukturkurve. Die Risikomarge besteht aus einem Zuschlag in Höhe der Kosten, der durch die Bereitstellung zur Bedeckung der Risiken erforderlichen Eigenmittel verursacht wird.[161]

Der zweite Aspekt in der ersten Säule bezieht sich auf das Anlagenmanagement. Die Vermögenswerte („Assets") und Verpflichtungen („Liabilities") sind zum Marktwert zu bewerten und müssen von Versicherungsunternehmen eindeutig erfasst und in ihre Anlagenstrategie integriert werden.[162]

Der wichtigste und am meisten diskutierte Aspekt ist die Eigenkapitalanforderung an die Versicherungsunternehmen. Die Solvabilität eines Versicherungsunternehmens kann mit Hilfe des Verhältnisses zwischen Eigenmitteln („Own Funds") und der Kapitalanforderungen bestimmt werden (so genannte Bedeckungsquote). Ist das Verhältnis größer als 100 %, so erfüllt das Versicherungsunternehmen die Solvenzanforderungen. Nach Solvency II haben die Versicherungsunternehmen zwei verschiedene Kapitalanforderungen zu erfüllen: Die Solvenzkapitalanforderungen (Solvency Capital Requirement,

---

[160] Vgl. Solvency II-Richtlinie 2009, Art. 77.
[161] Vgl. KPMG 2013, Solvency II Die Kernidee: Aufsichtsinhalte in drei Säulen, S. 9 f.
[162] Vgl. KPMG 2013, Solvency II Die Kernidee: Aufsichtsinhalte in drei Säulen, F. 7.

SCR) und die Mindestkapitalanforderungen (Minimum Capital Requirement, MCR).[163]

Das SCR beschreibt die Solvenzkapitalanforderungen und ist kalibriert auf ein bestimmtes Sicherheitsniveau, gemessen als 99,5 % Value at Risk (VaR) auf Ein-Jahressicht (Artikel 101 der Solvency II-Richtlinie).

Das MCR beschreibt die Mindestkapitalanforderungen, die ein Versicherungsunternehmen stellen muss, um über den Zeitraum eines Jahres mit einer Wahrscheinlichkeit von 85 % alle Verpflichtungen aus der in dem laufenden und den folgenden zwölf Monaten erwarteten Geschäftstätigkeit zu erfüllen (Artikel 129 der Solvency II-Richtlinie). Sollte ein Versicherungsunternehmen die geforderten Niveaus unterschreiten, ist die Aufsichtsbehörde zur sofortigen Intervention verpflichtet. Grundsätzlich ist eine Verletzung des SCR nicht so erheblich wie die Unterschreitung des MCR. Die geforderten Kapitalausstattungen können anhand der **Standardformel** oder eines vollständig im Unternehmen entwickelten **internen Modells** berechnet werden.[164]

In der **zweiten Säule** sollen die quantitativen Vorgaben durch qualitative Anforderungen ergänzt werden. Jedes Versicherungsunternehmen muss die Vorgaben der Artikel 41-49 der Solvency II-Richtlinie erfüllen. Diese Vorgaben beinhalten sowohl allgemeine Anforderungen gemäß Artikel 41 Solvency II-Richtlinie, als auch weitere Anforderungen, die in den Artikeln 42, 44-49 Solvency II-Richtlinie beschrieben sind. Diese Anforderungen beziehen sich auf das Handeln der Aufsichtsbehörde selbst und auf Prinzipien, wie das Risikomanagement und die internen Kontrollen im Versicherungsunternehmen gestaltet werden sollen.[165] Der aufsichtsrechtliche Überprüfungsprozess (Supervisory Review Process) soll die quantitativen und qualitativen Anforderungen von Solvency II über-

---
[163] Vgl. Graf 2008, Solvency II, S. 18.
[164] Vgl. Graf 2008, Solvency II, S. 21.
[165] Vgl. Graf 2008, Solvency II, S. 22.

prüfen. Werden diese nicht eingehalten, erfolgen direkte Maßnahmen der Aufsichtsbehörde.[166]

Zweiter wichtiger Aspekt dieser Säule sind das Risikomanagement der beaufsichtigten Versicherungsunternehmen sowie die internen Prozesse. Aufgrund der zunehmenden Bedeutung des Corporate Governance kommt diesem Aspekt eine zentrale Bedeutung in der Versicherungswirtschaft zu. Allerdings geht Solvency II weit über die bisher bestehenden Regelungen hinaus. Quantifizierbare Risiken sollen beispielsweise systematisch erfasst und gesteuert werden und das Risikomanagement soll unter Berücksichtigung der unterschiedlichen Unternehmensbereiche auf operativer Ebene weiter verbessert werden. Stellt die Aufsichtsbehörde Mängel bei der Umsetzung dieser qualitativen Anforderungen in den Versicherungsunternehmen fest, können diese mit einer höheren Eigenkapitalanforderung sanktioniert werden.[167]

Die Einhaltung der quantitativen Anforderungen in Säule 1 und der qualitativen Anforderungen aus Säule 2 steht in enger Beziehung zueinander. Das ausgewählte Modell zur Berechnung des notwendigen Solvenzkapitals soll in der Praxis immer in das geforderte Risikomanagementsystem aus Säule 2 integriert werden.

Die **dritte Säule** beinhaltet die Berichts- und Offenlegungspflichten von Versicherungsunternehmen, die eine größere Transparenz sicherstellen und die Marktdisziplin fördern sollen. Eine erhöhte Markttransparenz soll infolgedessen zu verantwortungsbewusstem und risikoorientiertem Management führen.[168] Die Versicherungsunternehmen müssen diese Transparenz sowohl gegenüber der Aufsichtsbehörde (supervisory reporting) als auch den anderen Versicherungsunternehmen und dem Markt (public disclosure) nachweisen.[169]

---

[166] Vgl. Heep-Altiner et al. 2010, Interne Modelle nach Solvency II, S. 8.
[167] Vgl. Graf 2008, Solvency II, S. 23.
[168] Vgl. Graf 2008, Solvency II, S. 23.
[169] Vgl. Heep-Altiner et al. 2010, Interne Modelle nach Solvency II, S. 9.

Die Versicherungsunternehmen sind dazu verpflichtet, einen jährlichen Bericht über die Solvabilität und Finanzlage (Solvency and Financial Condition Report, SFCR) sowie mindestens einen alle drei Jahre zu erstellenden Bericht an die Aufsichtsbehörde (Regular Supervisory Report, RSR) zu veröffentlichen.[170] Diese Publizitätsanforderungen sind an die neuen, internationalen Regelungen für das Rechnungswesen IFRS anzupassen, um eine mögliche Doppelarbeit für die Unternehmen zu vermeiden. Anliegen der EU-Kommission ist es, dass eine höhere Markttransparenz der Unternehmen nicht zu Marktverzerrungen führt.[171]

4.2.3 Standardformel – Allgemeiner Aufbau

Bevor anschließend ein Berechnungsbeispiel für die Kapitalanforderungen der IVW Privat AG folgt, werden hier zunächst die theoretischen Grundlagen erläutert. Dabei erfolgt zunächst eine Übersicht der anrechnungsfähigen Eigenmittel und der Zusammensetzung der einzelnen Risikomodule gemäß der Standardformel von Solvency II.

Das Standardmodell von Solvency II basiert auf einem Faktormodell, d. h. es werden Ist-Werte (anrechnungsfähige Eigenmittel) und Soll-Werte (der Gesamtkapitalbedarf SCR) gegenübergestellt. Eine ausreichende Kapitalisierung ist erreicht, wenn

$$\text{Eigenmittel} / \text{SCR} \geq 100\,\%.$$

Die anrechnungsfähigen Eigenmittel („Eligible Own Funds"), welche die einzelnen Risiken durch Kapital abdecken, werden in verschiedene Klassen eingeteilt, die so genannten „Tiers".[172] Durch die Einteilung sollen die verschiedenen Charakteristika der Eigenmittel für den möglichen Ausgleich zukünftiger Verluste aufgezeigt werden.

---

[170] Vgl. BaFin 2013, Solvency II: Aufbau und Gesetzgebung, S. 1 (Internet).
[171] Vgl. Graf 2008, Solvency II, S. 24.
[172] CEIOPS, QIS 5 Technical Specifications, Section 5.

Eine Besonderheit bilden hierbei die erwarteten zukünftigen Gewinne (EPIFP – Expected Profits Included in Future Premiums), welche gemäß der QIS 5 separat auszuweisen sind.[173] Dies ist zur Vereinfachung in der folgenden Übersicht der Tier-Definitionen nicht berücksichtigt:[174]

Klasse	Bilanzposten	
Tier 1	Teil des Überschusses der Vermögenswerte über die Verbindlichkeiten, der nicht einem anderen Bilanzposten zugeordnet wird (Reconciliation Reserve).	Bilden zusammen die Basiseigenmittel (Artikel 88)
Tier 1/2	Nachrangige Verbindlichkeiten, wobei die Klassifizierung u. a. von einer ausreichenden Laufzeit abhängt.	
Tier 2	Überschussfonds im Sinne von Artikel 91, worunter akkumulierte Gewinne zu verstehen sind, die noch nicht den Versicherungsnehmern gutgeschrieben wurden.	
Tier 2/3	Ergänzende Eigenmittelbestandteile, die nicht in der Bilanz aufgeführt werden („off balance sheet"), worunter z. B. ein nicht eingezahlter Gründungsstock oder Garantien durch Dritte fallen (Artikel 89).	

Zur Berechnung des erforderlichen SCR wird der VaR mit einem Konfidenzniveau von 99,5 % ermittelt, wobei der Beobachtungszeitraum auf ein Jahr festgelegt wurde.[175] Die Ruinwahrscheinlichkeit korrespondiert hier zu einem 200-Jahres-Ereignis. Die ermittelten Kapitalanforderungen sind mindestens einmal im Jahr an die BaFin

---

[173] CEIOPS, QIS 5 Technical Specifications, Section 5 OF2.4.
[174] In Anlehnung an Bennemann, Handbuch Solvency II, S. 11.
[175] Solvency II-Richtlinie 2009, Art. 101.

zu melden. Bei einer erheblichen Änderung des Risikoprofils eines Versicherungsunternehmens kann die Aufsichtsbehörde eine Neuberechnung anfordern.[176]

Den Versicherungsunternehmen stehen für die Kalkulation des SCR zwei Möglichkeiten zur Verfügung. Sie können entweder auf ein **internes** Modell zurückgreifen, welches selbstständig modelliert und durch die Aufsichtsbehörde freigegeben werden muss. Alternativ können sie die so genannte **Standardformel** nutzen, welche durch die Aufsichtsbehörde vorgegeben wird. Ziel der Standardformel ist die Abbildung der jeweiligen Solvenzsituation eines Versicherungsunternehmens. Durch das Einhalten der Kapitalanforderungen sollen die Rechte und Ansprüche der Versicherungsnehmer gesichert werden. Neben dem SCR wird auch ein MCR ermittelt. Dieses entspricht dem Konfidenzniveau von 85 %. Die Unterschreitung des MCR hat weitreichendere Konsequenzen als das Unterschreiten des SCR, bis hin zum Entzug der Zulassung.[177]

Für das Standardmodell wird ein „**Bottom Up Ansatz**" verwendet.[178] Hierbei wird zunächst der Kapitalbedarf der einzelnen Risikomodule ermittelt. Durch Aggregation der einzelnen Kapitalanforderungen und Berücksichtigung der Korrelationen zwischen den Risiken kann zunächst das Basissolvenzkapital ermittelt werden. Durch den Einfluss operationeller Risiken und einer Adjustierung ergibt sich letztendlich die Gesamtkapitalanforderung (SCR) für das Versicherungsunternehmen.

Die Berechnung des SCR wurde in den vergangenen Jahren bei den verschiedenen quantitativen Auswirkungsstudien (Quantitative Impact Study – QIS) weiter angepasst und verfeinert. Die Komplexität der Standardformel hat weiter zugenommen und führt mittlerweile zu einem hohen Aufwand. Das Ziel, die Standardformel leicht

---

[176] Solvency II- Richtlinie 2009, Art. 102.
[177] Solvency II-Richtlinie 2009, Art. 144.
[178] Interne Modelle verwenden hingegen den „Top Down Ansatz".

verständlich und einfach für die Anwendung zu gestalten, konnte letztlich nicht erfüllt werden.

Die grundlegende Struktur der Risikomodule in der Standardformel gemäß der Solvency II-Rahmenrichtlinie ist in der nachfolgenden Abbildung illustriert:[179]

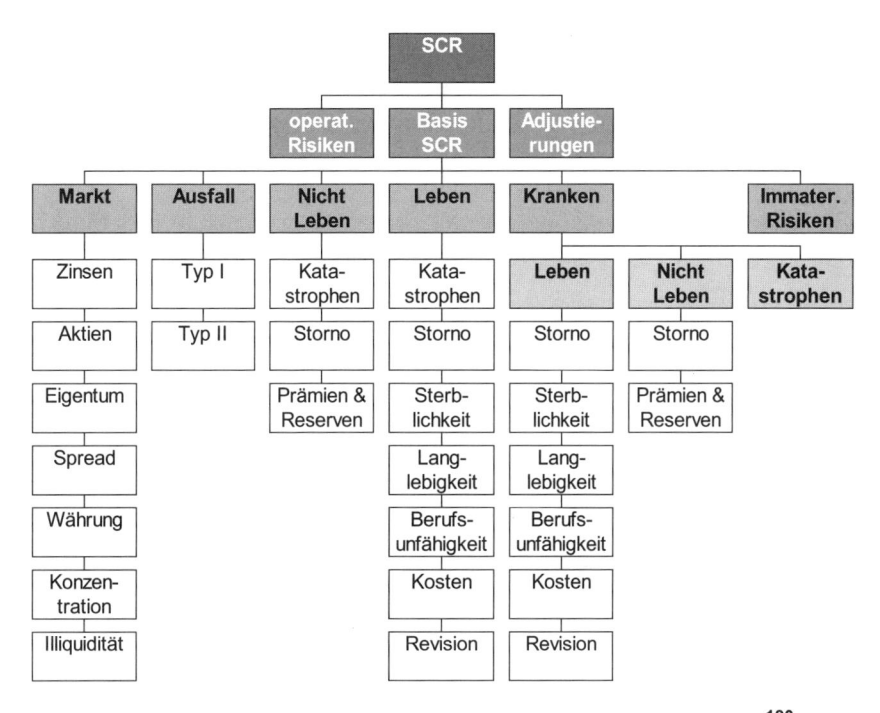

		SCR			
	operat. Risiken	Basis SCR	Adjustierungen		
Markt	Ausfall	Nicht Leben	Leben	Kranken	Immater. Risiken
Zinsen	Typ I	Katastrophen	Katastrophen	Leben	Nicht Leben	Katastrophen
Aktien	Typ II	Storno	Storno	Storno	Storno	
Eigentum		Prämien & Reserven	Sterblichkeit	Sterblichkeit	Prämien & Reserven	
Spread			Langlebigkeit	Langlebigkeit		
Währung			Berufsunfähigkeit	Berufsunfähigkeit		
Konzentration			Kosten	Kosten		
Illiquidität			Revision	Revision		

Abbildung 98: Struktur der Standardformel nach Solvency II.[180]

Risikomindernde Maßnahmen wie beispielsweise Rückversicherungsverträge werden bei der Berechnung des SCR berücksichtigt.[181] Auf Basis einer marktkonsistenten Bewertung werden Assets und Liabilities gegenübergestellt. Hieraus ergeben sich die Own Funds

---

[179] Solvency II-Richtlinie 2009, Art. 101 (4).
[180] In Anlehnung an Heep-Altiner et al. 2014, Wertorientierte Steuerung in der Schadenversicherung, Seite 30.
[181] Solvency II-Richtlinie 2009, Art. 101 (5).

(OF).[182] Die Veränderung der OF durch die Realisation eines Risikos entspricht dem Kapitalbedarf. Es gilt, für jedes Risiko nur jene Assets und Liabilities in die Berechnung einfließen zu lassen, welche einen Einfluss auf das beobachtete Szenario haben. Im Folgenden werden die einzelnen Module kurz dargestellt.

Das **Marktrisiko** ergibt sich aus der Volatilität der Marktpreise von Finanzinstrumenten. Dies umfasst insbesondere Aktienkurse, Immobilienpreise, Zinssätze und Wechselkurse. Besonders Inkongruenzen im Hinblick auf die Laufzeiten sollen angemessen widergespiegelt werden.[183]

Der durchschnittliche Anteil der einzelnen Risikomodule des Marktrisikos aus der QIS 5 Studie für den deutschen Markt kann der nachfolgenden Abbildung entnommen werden:

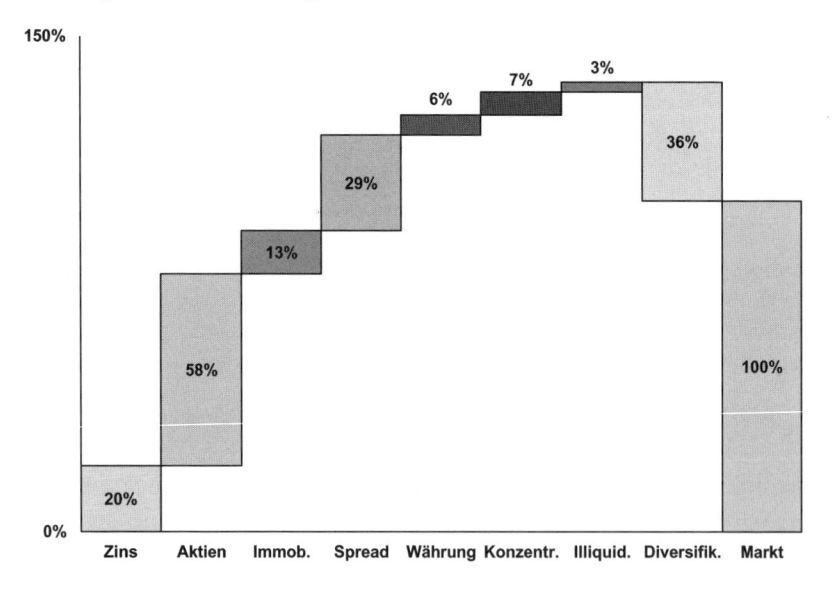

Abbildung 99: Zerlegung des Marktrisikos gemäß QIS 5.[184]

---

[182] CEIOPS, QIS 5 Technical Specifications, SCR 1.6.
[183] Solvency II- Richtlinie 2009, Art. 105 (5).
[184] In Anlehnung an BaFin 2012, Ergebnisse der fünften quantitativen Auswirkungsstudie zu Solvency II, S. 22.

Der mögliche **Ausfall** oder die Verschlechterung der **Bonitätsverhältnisse** von Gegenparteien und weiteren Schuldnern wird im Modul „Ausfall" berücksichtigt. Es findet eine Unterteilung in zwei verschiedene Typen statt.

- Zu den Risiken unter **Typ I** zählt beispielsweise der Ausfall von Rückversicherern. Die Kapitalanforderung durch das hier gegebene „Counterparty Risk" wird von der Ausfallwahrscheinlichkeit beeinflusst. Das Versicherungsunternehmen hat die Möglichkeit, durch die Festlegung eines Mindestratings für die Rückversicherungspartner die Höhe des erforderlichen Kapitals zu reduzieren.

- Unter **Typ II** werden unter anderem Außenstände von Vermittlern oder Forderungen aus Hypothekendarlehen berücksichtigt.

Darüber hinaus werden die versicherungstechnischen Risiken auf die drei Module

- Lebensversicherung,
- Krankenversicherung und
- Nicht-Lebensversicherung.

aufgeteilt. Dabei ist zu beachten, dass das Modul für die Krankenversicherung eine weitere Unterteilung in Leben und Nicht-Leben aufweist. Durch die QIS 5 wurde der Teil der Krankenversicherung, der nach Art der Lebensversicherung berechnet wird, von einem faktorbasierten Ansatz auf einen szenariobasierten Ansatz umgestellt.[185]

Die Unterteilung in die drei versicherungstechnischen Module stellt die Versicherungsunternehmen weiterhin vor die Herausforderung, wie mit gebündelten Produkten umzugehen ist. Für solche Produkte, die sowohl aus Leben, Nicht-Leben und Kranken bestehen (z. B.

---

[185] Vgl. Bennemann 2011, Handbuch Solvency II, S. 81.

Unfallversicherung), ist eine Entbündelung zur Einteilung in die jeweiligen Module sehr aufwendig.

Eine auffällige Änderung durch die QIS 5 ist das neue Risikomodul „immaterielle Risiken" bzw. „immaterielle Vermögenswerte" (Intangible). Hierbei wird zwischen dem Goodwill und den sonstigen immateriellen Vermögensgegenständen unterschieden. Letztere sind mit dem Fair Value anzusetzen, sofern dieser zuverlässig ermittelt werden kann. Die ökonomische Bewertung in der QIS 5 Bilanz erfolgt dann entsprechend IAS 38. Bei der Berechnung des SCR für dieses Risikomodul wird dieser Wert allerdings de facto mit **80 %** abgeschrieben.[186]

Die durchschnittliche anteilige Zusammensetzung der Kapitalanforderungen des Basis SCR eines Schadenversicherers bei der QIS 5 für den deutschen Markt ist in der nachfolgenden Abbildung illustriert:

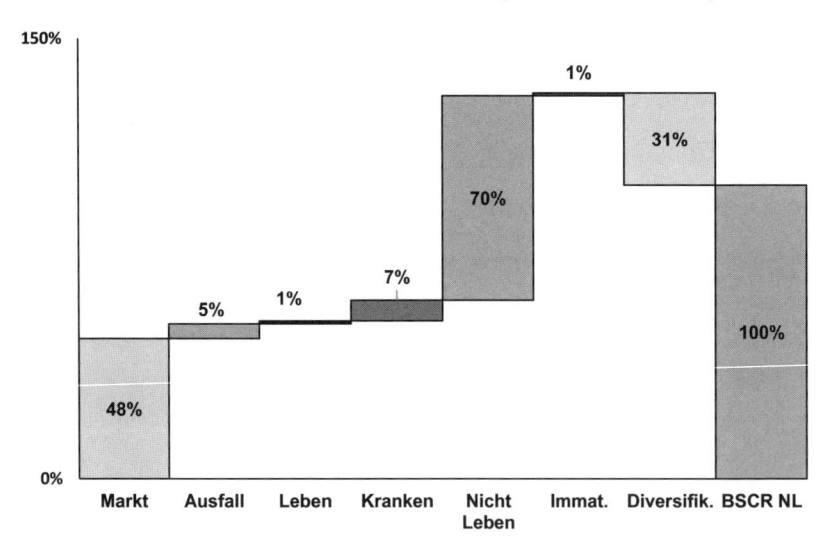

Abbildung 100: BSCR für ein Schaden-/Unfall-VU gemäß QIS 5.[187]

---

[186] CEIOPS, QIS 5 Technical Specifications, SCR.4.
[187] In Anlehnung an BaFin 2012, Ergebnisse der fünften quantitativen Auswirkungsstudie zu Solvency II.

Das versicherungstechnische Risiko Nicht-Leben stellt natürlich den größten Anteil dar, gefolgt vom Marktrisiko. Die Komponente „Leben" ist mit einem sehr geringen Anteil auch bei einem Schadenversicherer zu verzeichnen, da sich Komponenten der Lebensversicherung auch bei der Unfall-, Haftpflicht- und Krankenversicherung wiederfinden. Die nachfolgende Abbildung zeigt die durchschnittlichen Anteile der Risiken des versicherungstechnischen Risikos für einen Nicht-Lebensversicherer gemäß den Ergebnissen aus der QIS 5 für den deutschen Markt.

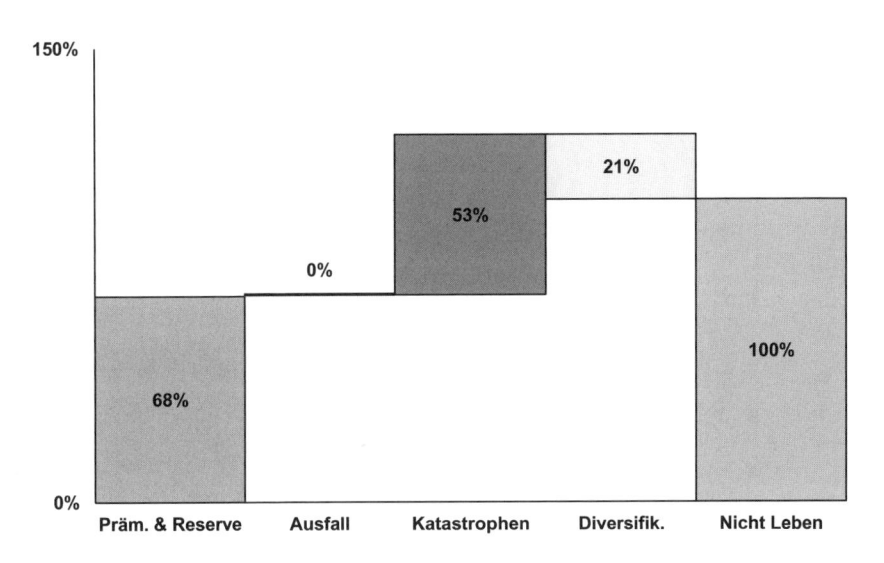

Abbildung 101: Risikomodul Nicht-Leben gemäß QIS 5. [188]

Zusammenfassend kann man die Berechnung des SCR in drei Stufen einteilen. Hierbei werden zunächst die versicherungstechnischen Risiken, die Ausfallwahrscheinlichkeit und das Marktrisiko aggregiert (Basis SCR_{div}):

$$\text{Basis } SCR_{div} = (\Sigma \, \rho_{i,j} \, SCR_i \cdot SCR_j)^{1/2}.$$

---

[188] In Anlehnung an BaFin 2012, Ergebnisse der fünften quantitativen Auswirkungsstudie zu Solvency II.

Im zweiten Schritt wird das Risikomodul der immateriellen Vermögenswerte berücksichtigt:

Basis SCR = Basis SCR_{div} + $SCR_{Intangible}$.

Das sich daraus ergebene Basis SCR (BSCR) wird im dritten Schritt durch das operationelle Risiko und die Adjustierungen ergänzt, woraus sich das SCR wie folgt ergibt:

SCR = Basis SCR + $SCR_{op.\ Risiken}$ + Adjustierungen.

Die durchschnittlichen Anteile dieser Komponenten bei der QIS 5 für den deutschen Markt sind in der nachfolgenden Tabelle illustriert.

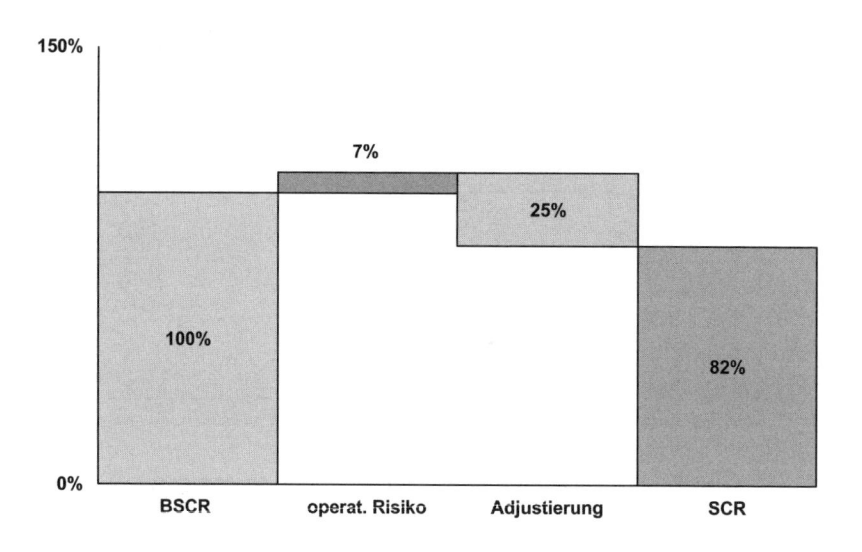

Abbildung 102: Zerlegung des SCR gemäß QIS 5.[189]

Es zeigt sich, dass das SCR durch die Adjustierung merklich gesenkt werden kann. Das operationelle Risiko führt dagegen zu einer Erhöhung der Kapitalanforderungen. Es resultiert aus den Risiken

---

[189] In Anlehnung an BaFin 2012, Ergebnisse der fünften quantitativen Auswirkungsstudie zu Solvency II.

durch „unangemessene oder fehlerhafte interne Prozesse oder durch Personal, Systeme oder externe Ereignisse".[190]

Darüber hinaus gilt es hier zu beachten, dass Rechtsrisiken zu dem Modul operationelles Risiko gehören, strategische Risiken und Reputationsrisiken dagegen nicht – diese sind im ORSA zu berücksichtigen.[191] Zur Berechnung werden die Höhe der Prämien und Rückstellungen sowie das Basis SCR einbezogen.[192]

Solvency II lässt den Ansatz einer Verlustabsorbierung durch aktivierte latente Steuern und künftiger Überschussbeteiligung zu, der im Rahmen der SCR Adjustierung aufgrund seiner risikomindernden Wirkung zu einer Verringerung des SCR führt. Der risikomindernde Effekt aktivierter latenter Steuern lässt sich damit begründen, dass diese aufgrund der gebildeten Verlustvorträge eine Steuerersparnis in der Zukunft bedeuten.

Eine Verlustabsorbierung ist aber nur dann möglich, wenn die aktivierte latente Steuer (Verlustvortrag) werthaltig ist. Diese stellt nämlich keine echte Forderung gegenüber dem Finanzamt dar. Eine Werthaltigkeit liegt vor, wenn in Zukunft Gewinne erwartet werden, so dass die gebildeten Verlustvorträge auch tatsächlich zu einer Minderung der vorhandenen Steuerschuld führen.[193]

Nachdem die theoretischen Grundlagen zu Solvency II beschrieben wurden, folgt im nächsten Abschnitt ein Beispiel für die Berechnung der Kapitalanforderungen für die IVW Privat AG auf Basis der Standardformel.

---

[190] Bennemann 2011, Handbuch Solvency II, S. 5.
[191] Vgl. Bennemann 2011, Handbuch Solvency II, S. 5.
[192] Vgl. Bennemann 2011, Handbuch Solvency II, S. 5.
[193] Vgl. Heep-Altiner 2013, Verlustabsorbierung durch latente Steuern nach Solvency II, S. 2 f.

4.2.4 Standardformel – Berechnungsbeispiel

In diesem Abschnitt wird für die IVW Privat AG die Standardformel berechnet, nachdem bereits die Solvenzspanne nach Solvency I zumindest approximativ ermittelt wurde. Zum Verständnis der gesamten Berechnungen werden hier nur die wichtigsten Berechnungen (exemplarisch für alle anderen Berechnungen) durchgeführt, siehe dazu auch die nachfolgende Abbildung mit dem an dieser Stelle erläuterten Berechnungsschema nach dem Bottom Up Ansatz in der Standardformel:

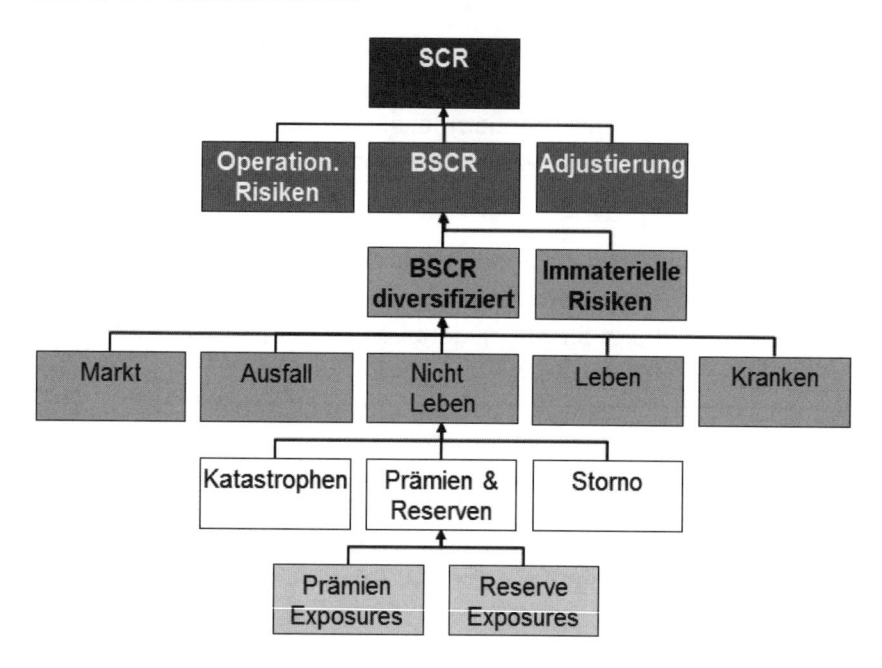

Abbildung 103: Bottom Up Ansatz zur SCR Berechnung.

Da das Modul Nicht-Leben bei einem Schadenversicherer die größte Rolle spielt, wird dieses hier exemplarisch für die SCR Berechnung zum größten Teil durchgerechnet. Für das jeweilige SCR der Module Markt, Ausfall und Kranken werden die in einem EXCEL Tool gerechneten Werte übernommen, wobei angenommen wird, dass es keine Risiken aus der Sparte Lebensversicherung bei der IVW Privat AG gibt.

In Anlehnung an die obige Abbildung ergeben sich nun zur Illustration der Berechnung des SCR der IVW Privat AG folgende Berechnungsschritte:

1. Ermittlung des SCR für das Prämien- und Reserverisiko.
2. Ermittlung des SCR des Moduls Nicht-Leben.
3. Durchführung der BSCR Berechnung.
4. Ermittlung der operationelle Risiken und der Adjustierungen.
5. Berechnung des SCR für das gesamte Unternehmen.

Diese fünf Schritte werden nachfolgend genauer erläutert.

SCR für das Prämien- und Reserverisiko

Das **Prämienrisiko** bezeichnet das Risiko, dass die Prämien zur Deckung zukünftiger Risiken zu niedrig sind. Das **Reserverisiko** umfasst Fehleinschätzungen bezüglich der Reservierung der Schadenrückstellungen.[194] Die Quantifizierung dieser Risiken erfolgt im Modul für das Prämien- und Reserverisiko in mehreren Schritten:

1. Berechnung der Exposure und Standardabweichung je Sparte.
2. Aggregation zur Gesamtstandardabweichung.
3. Ermittlung des SCR für das Prämien- und Reserverisiko.

Die oben genannten Berechnungsschritte werden im Folgenden detailliert erläutert und für die IVW Privat AG vorgerechnet.

---

[194] CEIOPS, QIS 5 Technical Specifications, S. 54.

Exposure und Standardabweichung je Sparte

Die Ermittlung der Prämien- und Reserveexposures erfolgt gesondert für jede Sparte, wobei Solvency II hier eine Unterteilung in insgesamt zwölf Segmente vorsieht. Die Prämienexposures für das von der IVW Privat AG gezeichnete Geschäft sind in der nachfolgenden Tabelle aufgelistet, wobei die Nettoprämie für das Folgejahr einheitlich mit 5 % Zuwachs geschätzt wurde:

Sparte	Prämien			
	Brutto	Zediert	Netto	Netto FJ
Kfz Haftpflicht	4.438	1.864	2.574	2.702
Sonstige Kfz-Versicherung	2.663	266	2.396	2.516
Schiffahrt, Luftfahrt, Transport	0	0	0	0
Feuer- und Sachversicherung	3.550	1.065	2.485	2.609
Haftpflichtversicherung	5.325	1.598	3.728	3.914
Nicht Leben Gesamt	**15.975**	**4.793**	**11.183**	**11.742**
Kranken	1.775	533	1.243	1.305
Gesamt	**17.750**	**5.325**	**12.425**	**13.046**

Abbildung 104: Prämienexposures der IVW Privat AG.

Für die Berechnung des SCR für das Prämien- und Reserverisiko Nicht-Leben ist nur der entsprechende Anteil maßgeblich. Die von der IVW Privat AG ebenfalls gezeichnete Unfallsparte muss im Modul Kranken gerechnet werden. Die Berechnungen in diesem Modul erfolgen aber analog zu den hier erläuterten Berechnungen für das Modul Nicht-Leben.

Auf Basis dieser Prämienexposures ergibt sich die Standardabweichung je Sparte gemäß der in der Standardformel vorgegebenen Faktoren wie folgt:

Sparte	Prämien		
	Exp.	Faktor	STD
Kfz Haftpflicht	2.702	9,6%	259
Sonstige Kfz-Versicherung	2.516	8,2%	206
Schiffahrt, Luftfahrt, Transport	0	14,9%	0
Feuer- und Sachversicherung	2.609	8,2%	214
Haftpflichtversicherung	3.914	13,9%	544
Gesamt	**11.742**		

Abbildung 105: STD der Prämienexposures.

Die Reserveexposures für den Altbestand der IVW Privat AG sind in der nachfolgenden Tabelle aufgelistet, wobei die diskontierten Best Estimate Reserven einheitlich mit dem Diskontierungsfaktor aus der Reserveanalyse abgezinst wurden.

Sparte	Reserven			
	Brutto	Zediert	Netto	diskont.
Kfz Haftpflicht	2.361	850	1.511	1.475
Sonstige Kfz-Versicherung	1.417	283	1.133	1.106
Schiffahrt, Luftfahrt, Transport	0	0	0	0
Feuer- und Sachversicherung	1.417	425	992	968
Haftpflichtversicherung	3.305	992	2.314	2.258
Nicht Leben Gesamt	**8.499**	**2.550**	**5.950**	**5.806**
Kranken	944	283	661	645
Gesamt	**9.444**	**2.833**	**6.611**	**6.451**

Abbildung 106: Reserveexposures der IVW Privat AG.

Auch hier sind für alle anderen Berechnungen nur die Nicht-Leben Anteile maßgeblich. Auf Basis dieser Reserveexposures ergibt sich die Standardabweichung je Sparte gemäß der in der Standardformel vorgegebenen Faktoren wie folgt:

Sparte	Reserve		
	Exp.	Faktor	STD
Kfz Haftpflicht	1.475	8,9%	131
Sonstige Kfz-Versicherung	1.106	8,0%	88
Schiffahrt, Luftfahrt, Transport	0	11,0%	0
Feuer- und Sachversicherung	968	10,2%	99
Haftpflichtversicherung	2.258	11,0%	248
Gesamt	5.806		

Abbildung 107: STD der Reserveexposures.

Im nächsten Schritt werden die Standardabweichungen für das Prämien- und das Reserverisiko je Sparte zu einer gemeinsamen Standardabweichung je Sparte unter Annahme einer jeweiligen Korrelation von **50 %** zusammengefasst, beispielsweise für die Sparte Kraftfahrt-Haftpflicht (KH):

$$STD_{KH} = (259^2 + 2 \cdot 50\% \cdot 259 \cdot 131 + 131^2)^{0,5}$$
$$= \mathbf{344}.$$

Diese Berechnung wird analog für alle anderen Sparten durchgeführt, wobei die Ergebnisse in der nachfolgenden Tabelle aufgelistet sind:

Sparte	Prämien STD	Reserve STD	Korrel.	STD Gesamt
Kfz Haftpflicht	259	131	50,0%	344
Sonstige Kfz-Versicherung	206	88	50,0%	262
Schiffahrt, Luftfahrt, Transport	0	0	50,0%	0
Feuer- und Sachversicherung	214	99	50,0%	277
Haftpflichtversicherung	544	248	50,0%	702

Abbildung 108: STD Prämien & Reserven vor geogr. Diversif.

In der Standardformel wird anschließend entsprechend der Prämienaufteilungen eine **geografische Diversifikation** ermittelt, die je Sparte zu 25 % angerechnet wird. Dieser geographische Diversifikationsfaktor wird dann je Sparte sowohl auf das gesamte Exposure (als Summe aus Prämien- und Reserveexposure) als auch auf die gesamte Standardabweichung angewendet, siehe dazu die nachfolgende Tabelle mit den Ergebnissen für die IVW Privat AG:

Sparte	STD Pr. & Res.		Exposure	
	Ges.	geogr. Div.	Ges.	Div.
Kfz Haftpflicht	344	97,5%	336	4.177 4.073
Sonstige Kfz-Versicherung	262	95,0%	249	3.622 3.441
Schiffahrt, Luftfahrt, Transport	0	100,0%	0	0 0
Feuer- und Sachversicherung	277	95,0%	263	3.577 3.398
Haftpflichtversicherung	702	90,0%	632	6.172 5.555
Gesamt			**1.085**	**17.548 16.466**

Abbildung 109: STD Prämien & Reserven nach geogr. Diversif.

Die Standardabweichungen der einzelnen Sparten werden im nächsten Schritt zu einer Standardabweichung für das gesamte Prämien- und Reserverisiko aggregiert.

Aggregation zur Gesamtstandardabweichung

Die Aggregation zur Gesamtstandardabweichung erfolgt mit einer in der Standardformel vorgegebenen Korrelationsmatrix, siehe dazu das nachfolgende Berechnungsschema mit den Ergebnissen für die IVW Privat AG:

Sparte		Kfz Haft.	sonst. Kfz	Schifffahrt	Feuer / Sach	Haftpfl.	Kovarianz	
	STD	336	249	0	263	632	**Total**	**in %**
Kfz Haft.	336	*100%*	50%	50%	25%	50%	282.633	24,0%
sonst. Kfz	249	50%	*100%*	25%	25%	25%	159.416	13,5%
Schifffahrt...	0	50%	25%	*100%*	25%	25%	0	0,0%
Feuer / Sach	263	25%	25%	25%	*100%*	25%	149.143	12,7%
Haftpfl.	632	50%	25%	25%	25%	*100%*	586.051	49,8%
Summe	**1.479**						**1.177.243**	**100,0%**
Total STD	**1.085**							
Diversifik.	*26,7%*							

Abbildung 110: Aggregation zur Gesamt STD.

Das skizzierte Berechnungsschema basiert auf der Bilinearität der Kovarianz und korrespondiert zu einer Reallokation des Gesamtwertes (d. h. einer Aufteilung des Diversifikationseffektes) nach dem so genannten Kovarianzprinzip, da für $X = \sum X_i$ die Beziehung

$$\begin{aligned} VAR[X] &= COV[\sum X_i, X] \\ &= \sum COV[X_i, X] \\ &= \sum (STD_i \cdot \sum \rho_{i,j} \cdot STD_j) \end{aligned}$$

gilt. Für den Kovarianzanteil der Kraftfahrt-Haftpflicht-Sparte ergibt sich somit

$$\begin{aligned} COV_{KH} &= 336 \cdot (100\,\% \cdot 336 + 50\,\% \cdot 249 + 50\,\% \cdot 0 \\ &\quad + 25\,\% \cdot 263 + 50\,\% \cdot 632) \\ &= \mathbf{282.633}. \end{aligned}$$

Führt man diese Berechnung analog zeilenweise auch für die anderen Sparten durch, ergibt sich insgesamt aus der Summe der Kovarianzen eine Varianz von **1.177.243**. Die Standardabweichung für das Prämien- und Reserverisiko ergibt sich aus der Wurzel der Varianz wie folgt:

$$\begin{aligned} STD_{Präm,Res} &= 1.177.243^{0,5} \\ &= \mathbf{1.085}. \end{aligned}$$

Bezüglich der Summe aller Standardabweichungen in Höhe von **1.480** ergibt sich jetzt ein Diversifikationseffekt von insgesamt

$$\begin{aligned} Diversifik. &= 100\,\% - 1.085 / 1.480 \\ &= \mathbf{26,7\%}. \end{aligned}$$

Auf Basis der geographisch diversifizierten Gesamtstandardabweichung und des geographisch diversifizierten Gesamtexposures ergibt sich jetzt ein Variationskoeffizient in Höhe von

$$\begin{aligned} VK &= 1.085 / 16.466 \\ &= \mathbf{6,6\,\%}. \end{aligned}$$

Auf Basis dieser ermittelten Parameter kann nun das SCR für das Prämien- und Reserverisiko im Nicht-Leben Modul der Standardformel berechnet werden.

SCR für das Prämien- und Reserverisiko

Das SCR entspricht dem Betrag, der zu 99,5 % zur Vermeidung des Ruins eines Versicherungsunternehmens ausreicht. Hierfür wird gemäß den Solvency II-Vorgaben der prozentuale Value at Risk VaR (im Sinne des Quantils) zum Niveau 99,5 % auf Basis einer Lognormalverteilungsannahme mit einem Erwartungswert von **100 %** und dem ermittelten Variationskoeffizienten VK von **6,6 %** wie folgt ermittelt:

$$VaR_{99,5\%} = \frac{EXP(t_{99,5\%} \cdot (LN(VK^2 + 1))^{0,5})}{(VK^2 + 1)^{0,5}}$$

$$= \mathbf{118,3\ \%,}$$

mit $t_{99,5\%}$ = 2,58 die Schranke aus der Normalverteilung zum Sicherheitsniveau 99,5 %. Das SCR in % der Standardabweichung ergibt sich nun als

$$\begin{aligned}\text{SCR in \%} &= (VaR_{99,5\%} - 100\ \%) / VK \\ &= 18,3\ \% / 6,6\ \% \\ &= \mathbf{277,0\ \%.}\end{aligned}$$

Die 99,5 % Schranke der Lognormalverteilung ist also etwas höher als die entsprechende Schranke der Normalverteilung. Das in absoluten Zahlen ausgedrückte SCR für das Prämien- und Reserverisiko ergibt sich dann bei einer Gesamtstandardabweichung in Höhe von 1.085 wie folgt:

$$\begin{aligned}SCR_{Präm,Res} &= 277,0\ \% \cdot 1.085 \\ &= \mathbf{3.006.}\end{aligned}$$

Das SCR für das Prämien- und Reserverisiko wird nun in einem nächsten Schritt zum SCR für das Gesamtmodul Nicht-Leben aggregiert.

Exkurs: Reservesatz für die Solvency II Technical Provisions

Würde man mit der gleichen Systematik wie zuvor ausschließlich das Reserverisiko berechnen, ergäbe sich ein Wert von **1.084** nur für das Reserverisiko. Mit der gleichen Systematik ergäbe sich für die Unfallversicherung im Modul Kranken ein Reserverisiko von **176**. Da Nicht-Leben und Kranken in der Standardformel nicht korreliert werden, ergibt sich insgesamt ein Reserverisiko von

$$(1.084^2 + 176^2)^{1/2} = 1.098.$$

Für die Solvency II Technical Provisions muss allerdings noch das operationelle Risiko mit berücksichtigt werden, in diesem Fall **3 %** der Brutto Reserven,[195] also ein weiterer Betrag in Höhe von **282**. Fasst man dies zusammen, so erhält man folgenden geschätzten Reservesatz in Prozent der diskontierten Best Estimate Reserven:

SCR_{Res} - Nichtleben	1.084
SCR_{Res} - Kranken	176
SCR_{Res} - Gesamt	**1.098**
OR Zuschlag	282
$SCR_{Res\&OR}$ - Gesamt	**1.381**
in % diskontierte BE Reserve	21,4%

Mit diesem Prozentsatz wurde im Abschnitt zur Reservebewertung die Umbewertung von den Best Estimate Reserven zu den Solvency II Technical Provisions durchgeführt.

---

[195] Hier muss man zur Vermeidung eines Zirkelbezuges ggf. mit einer Näherung arbeiten (z. B. den Best Estimate Reserven), da in den Fair Value Reserven bereits der Reservesatz miteingerechnet ist.

Der hier ermittelte Reservesatz in % der diskontierten Best Estimate Reserve korrespondiert zu einem Reservesatz von **20,9 %** in % der undiskontierten Best Estimate Reserve, was unter einer Normalverteilungsannahme einem Variationskoeffizienten von **8,11 %**[196] entsprechen würde.

SCR des Moduls Nicht-Leben

Die SCR Bedarfe für das Storno- und Katastrophenrisiko für die IVW Privat AG wurden auf Basis der mittleren Werte aus der QIS 5 für den deutschen Markt geschätzt. Die Aggregation zum Gesamt SCR Bedarf Nicht-Leben erfolgt wie zuvor mit einer vorgegebenen Korrelationsmatrix gemäß des nachfolgenden Schemas:

Unterrisiken		Pr. & Res.	Storno	Katastr.	Kovarianz	
	SCR	3.006	3	2.343	Total	in %
Pr. & Res.	3.006	*100%*	*0%*	*25%*	10.793.354	59,8%
Storno	3	*0%*	*100%*	*0%*	9	0,0%
Katastr.	2.343	*25%*	*0%*	*100%*	7.247.664	40,2%
Summe	**5.351**				**18.041.027**	**100,0%**
SCR$_{NL}$	**4.247**					
Diversifik.	*20,6%*					

Abbildung 111: SCR Nicht-Leben.

Auch hier ergibt sich das gesamte SCR wieder als Wurzel aus den aufsummierten Kovarianzanteilen als

$$SCR_{NL} = 18.041.027^{0,5}$$
$$= \mathbf{4.247}.$$

---

[196] Im approximativen FV Ansatz im Abschnitt zur Reservebewertung wurde mit einem Variationskoeffizienten von 8,13 % gearbeitet; dieser Ansatz war also schon sehr präzise.

Im Vergleich zur Summe aller SCR für die jeweiligen Unterrisiken ergibt sich ebenfalls wieder ein signifikanter Diversifikationseffekt in Höhe von 20,6 %.

Das Untermodul Nicht-Leben wird anschließend im nächsten Schritt mit anderen Modulen zum Basis SCR (BSCR) aggregiert.

Durchführung der BSCR Berechnung

Das SCR für das Untermodul **Kranken** wurde mit den Prämien- und Reserveexposures der Unfallsparte analog zu Nicht-Leben gerechnet. Das SCR für die Risiken nach Art der **Lebensversicherung** beträgt aufgrund der getroffenen Annahmen für die IVW Privat AG null. Das SCR für das **Markt-** und das **Ausfallrisiko** wurden auf Basis der Assetstruktur und der Rückversicherungsexposures der IVW Privat AG mit Hilfe von Benchmarkwerten aus real gerechneten Standardformeln geschätzt. Das **diversifizierte BSCR** ergibt sich dann auf Basis der vorgegebenen Korrelationsmatrix wie folgt:

Unterrisiken		Markt	Ausfall	Leben	Kranken	Nicht Leben	Kovarianz	
	SCR	1.089	389	0	371	4.247	Total	in %
Markt	1.089	100%	25%	25%	25%	25%	2.549.875	10,6%
Ausfall	389	25%	100%	25%	25%	50%	1.118.849	4,7%
Leben	0	25%	25%	100%	25%	0%	0	0,0%
Kranken	371	25%	25%	25%	100%	0%	274.714	1,1%
Nicht Leben	4.247	25%	50%	0%	0%	100%	20.023.362	83,5%
Summe	**6.096**						**23.966.801**	**100,0%**
BSCR$_{div.}$	4.896							
Diversifik.	19,7%							

Abbildung 112: Diversifiziertes BSCR.

Das diversifizierte BSCR ergibt sich aus der Wurzel der aufsummierten Kovarianzen und beträgt **4.896**. Das SCR für die immateriellen Risiken beträgt wie bereits erläutert **80 %** des Fair Values der immateriellen Güter der IVW Privat AG, d. h. insgesamt

$$80 = 80\% \cdot 100.$$

Das BSCR wird dann durch Addition des diversifizierten BSCR und des SCR für immaterielle Risiken wie folgt berechnet:

BSCR = 4.896 + 80
= **4.976**.

Für die Ermittlung des gesamten SCR benötigt man jetzt noch die Berechnungen des SCR für operationelle Risiken und der Adjustierungen.

Ermittlung der operationellen Risiken und der Adjustierungen

Da für Schadenversicherer die Adjustierungen nur auf Basis der Verlustabsorbierung aufgrund aktivierbarer latenter Steuern für einen spezifizierten Verlust in Höhe des BSCR zuzüglich des SCR für das operationelle Risiko definiert sind, muss dieses vorab ermittelt werden.

Operationelle Risiken

Das SCR für operationelle Risiken wird auf Basis der jeweiligen Bruttoexposures wie folgt ermittelt:

SCR_{OR} = min (30 % · BSCR; 3 % · max ($P^{mod}(t)$; R(t)),

mit R(t) die Brutto Fair Value Reserven und $P^{mod}(t)$ das wie folgt modifizierte Brutto Prämienexposure:

$P^{mod}(t)$ = P(t) + max(P(t) – 1,1 · P(t – 1);0).

Bei einem Prämienwachstum von über 10 % wird das Prämienexposure also erhöht; bei einer Start Up Situation sogar bis auf das Doppelte.

Es zeigt sich, dass das SCR für operationelle Risiken weniger risikosensitiv, als vielmehr auf Basis der versicherungstechnischen Prämien und Reserven ermittelt wird. Demnach ergibt sich der Kapitalbedarf aus dem Maximum von 3 % des Prämienexposures und 3 % des Reserveexposures. Gleichzeitig darf das operationelle Risiko aber nicht den Wert von 30 % des BSCR überschreiten.

Zur Vereinfachung wird bei der IVW Privat AG in der nachfolgenden Berechnung nur die aktuelle Bruttoprämie zugrunde gelegt (obwohl das Prämienwachstum über 10 % betrug). Die Brutto Fair Value Reserve ergibt sich aus dem Abschnitt zur Reservebewertung. In der nachfolgenden Tabelle ist die Berechnung des SCR für das operationelle Risiko der IVW Privat AG erläutert:

Position	Brutto Exp.	Faktor	Beitrag
Prämienexposure	17.750	3,0%	533
Reserveexposure	9.387	3,0%	282
Maximum			533
BSCR	4.976	30,0%	1.493
SCR_{OR}			533

Abbildung 113: SCR für operationelle Risiken.

Die Adjustierung auf Basis des ermittelten SCR für das operationelle Risiko wird nun nachfolgend errechnet.

Adjustierungen

Eine Verlustabsorbierung durch aktivierte latente Steuern ist nur dann zulässig, wenn diese werthaltig sind.[197] Wenn der Verlustvortrag werthaltig ist, kann maximal der gesamte unternehmensindividuelle Steuersatz (t) auf diesen Verlustvortrag als Absorbierungseffekt angesetzt werden, und zwar im Sinne einer SCR Minderung.

Auf Basis der bis jetzt durchgeführten Berechnungen der Standardformel für die IVW Privat AG beträgt das spezifizierte Verlustszenario

---

[197] Vgl. Heep-Altiner 2013, Verlustabsorbierung durch latente Steuern nach Solvency II, S. 2 f.

$$SCR_{vor\,Adjust.} = BSCR + SCR_{OR}$$
$$= 4.976 + 533$$
$$= \mathbf{5.508.}$$

Maximal sind 30 % (= Steuersatz der IVW Privat AG) hiervon als Absorbierungseffekt ansetzbar. Die Own Funds der IVW Privat AG stimmen mit dem ökonomischen Kapital in Höhe von 8.887 überein, so dass sich nach dem vordefinierten Verlust (ohne Berücksichtigung von Steuereffekten) ein

$$OF_{Verlust} = 8.887 - 5.508$$
$$= \mathbf{3.379}$$

ergibt. Die Werthaltigkeit der latenten Steuern auf den vordefinierten Verlust soll anhand folgender Kriterien geschätzt werden:

- **Keine** Werthaltigkeit (d. h. 0 % Absorbierungseffekt), falls nach dem Verlust das MCR (approximativ geschätzt als 50 % des SCR vor Adjustierung) unterschritten wird.

- **Volle** Werthaltigkeit (d. h. 100 % Absorbierungseffekt), falls nach dem Verlust mindestens noch das Rating Kapital (approximativ geschätzt als 150 % des SCR vor Adjustierung) vorhanden ist.

- **Partielle** Werthaltigkeit zwischen diesen beiden Fällen. In diesem Fall wird der Absorbierungseffekt durch Interpolation ermittelt.

Für den unteren Schwellenwert US (d. h. Unterschreitung des approximativ geschätzten MCR) ergibt sich nun

$$OF_{US} = 50\ \% \cdot 5.508$$
$$= \mathbf{2.754,}$$

für den oberen Schwellenwert OS (d. h. Überschreitung des approximativ geschätzten Rating Kapitals) erhält man

OF_{OS} = 150 % · 5.508
= **8.262**.

Da die Own Funds nach Verlust 3.379 betragen und somit zwischen den beiden Schwellenwerten liegen, wird der Absorbierungsgrad a (bezogen auf das SCR vor Absorbierung) wie folgt interpoliert:

a = t · min (max (($OF_{Verlust} - OF_{US}$) / ($OF_{OS} - OF_{US}$) ;0; 1)),
= 30% · min(max ((3.379 – 2.754) / (8.262 – 2.754); 0); 1)
= **3,40 %**.

Dies bedeutet, dass 3,40 % des SCR vor Verlustabsorbierung in Abzug gebracht werden können und man erhält folgenden das SCR mindernden Absorbierungseffekt

3,40 % · 5.508 = **187**.

Jetzt sind alle Werte für die Bestimmung des gesamten SCR ermittelt worden.

SCR für das gesamte Versicherungsunternehmen

Das SCR insgesamt ergibt sich nun durch Addition der zuletzt bestimmten Positionen wie folgt:

SCR = BSCR + SCR_{OR} + Adjustierung
= 4.976 + 533 + (-187)
= **5.321**.

Wie man sieht, ist das SCR der IVW Privat AG deutlich höher als die zuvor ermittelte Solvabilitätsspanne gemäß Solvency I. In der nachfolgenden Grafik ist noch einmal die gesamte SCR Berechnung für die IVW Privat AG zusammengefasst:

```
                          ┌─────────┐
                          │  SCR    │
                          │ 5.321   │
                          └────┬────┘
              ┌────────────────┼────────────────┐
         ┌────┴────┐      ┌────┴────┐      ┌────┴────┐
         │ Adjust. │      │  BSCR   │      │ Op. Ris.│
         │  -187   │      │ 4.976   │      │   533   │
         └─────────┘      └─────────┘      └─────────┘
```

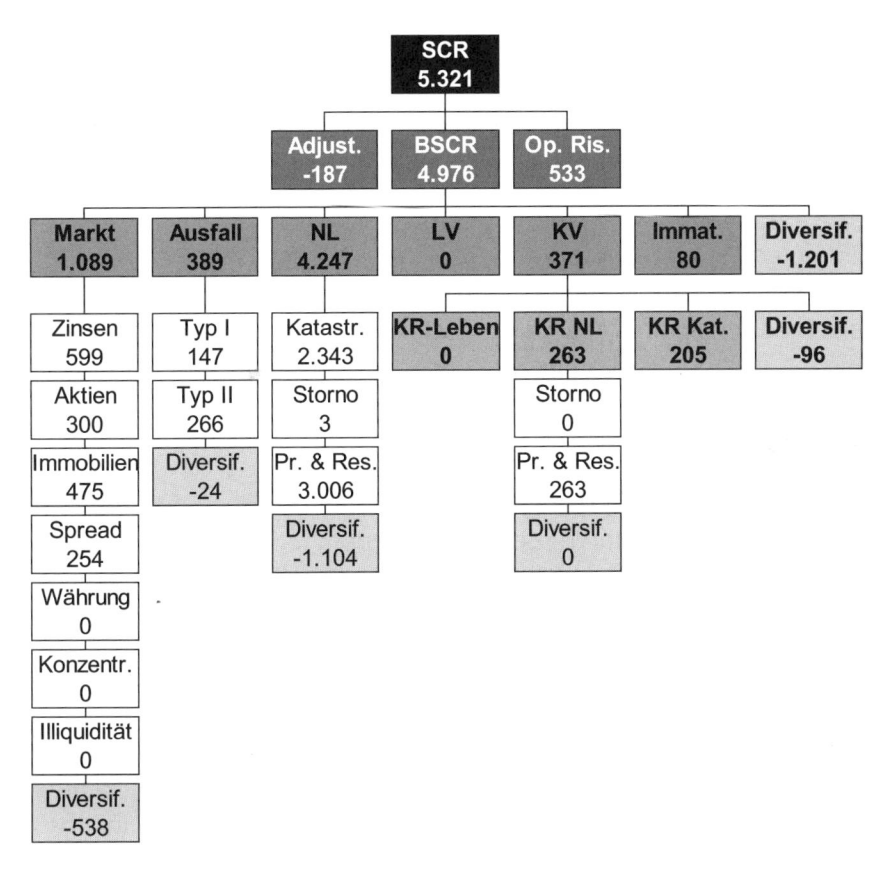

Markt 1.089	Ausfall 389	NL 4.247	LV 0	KV 371	Immat. 80	Diversif. -1.201
Zinsen 599	Typ I 147	Katastr. 2.343	KR-Leben 0	KR NL 263	KR Kat. 205	Diversif. -96
Aktien 300	Typ II 266	Storno 3		Storno 0		
Immobilien 475	Diversif. -24	Pr. & Res. 3.006		Pr. & Res. 263		
Spread 254		Diversif. -1.104		Diversif. 0		
Währung 0						
Konzentr. 0						
Illiquidität 0						
Diversif. -538						

Abbildung 114: Ergebnisse des Berechnungsbeispiels.

Völlig anders ist die Vorgehensweise bei internen Modellen, auf die im nachfolgenden Abschnitt kurz eingegangen werden soll.

4.2.5 Interne Modelle

Als Alternative zu dem bereits dargestellten Standardmodell können die Versicherungsunternehmen unter Solvency II auch ein internes Modell zur Berechnung der Solvenzkapitalanforderungen verwenden.[198] Zwar sollte die Standardformel das Risikoprofil der meisten Versicherungsunternehmen ausreichend abbilden, allerdings sind auch Fälle denkbar, in denen das Standardmodell das Risikoprofil nicht adäquat widerspiegelt. Dies kann insbesondere dann der Fall sein, wenn es sich um einen Spezialversicherer handelt.[199]

Ein internes Modell kann entweder als Voll- oder als Partialmodell ausgestaltet sein. Während beim Partialmodell lediglich manche Risiken durch eigene Modelle dargestellt werden und der Rest weiterhin mit der Standardformel berechnet wird, werden beim vollständig internen Modell sämtliche Unternehmensrisiken mit einer eigenen Formel unterlegt.[200]

Die Verwendung eines internen Modells muss im Vorfeld bei der Aufsichtsbehörde (BaFin) beantragt werden. Ist die Verwendung eines internen Modells durch die Aufsichtsbehörde genehmigt, so darf das Versicherungsunternehmen nur unter hinreichend gerechtfertigten Umständen und vorbehaltlich einer aufsichtsrechtlichen Genehmigung zum Standardmodell zurückkehren.[201]

Die Motivation der Beteiligten, die Risikostruktur eines Versicherungsunternehmens durch ein internes Modell abzubilden, kann sehr unterschiedlich sein. Das Hauptargument für ein eigenes internes Modell ist die Einsparung von Eigenmitteln und folglich die Erzielung von Wettbewerbsvorteilen, indem mehr Eigenmittel für den eigentlichen Geschäftsbetrieb zur Verfügung stehen und nicht zur Deckung eines möglichen Geschäftsruins vorbehalten werden müssen. Das Versicherungsunternehmen hat auf diese Weise z. B. mehr Freiheiten bei der Investition in alternative und ggf. auch risikointensivere Investments. Die Möglichkeit zur Einsparung von Eigenmitteln beruht unter anderem auf der Tatsache, dass bei der Standardformel die Korrelation der Risiken von den Aufsichtsbehörden vorgegeben wird.

---

[198] Solvency II-Rahmenrichtlinie, 2009, Art. 48.
[199] Vgl. Korte 2011, „Der Weg zum internen Modell", F. 46.
[200] Solvency II-Rahmenrichtlinie, 2009, Art. 48.
[201] Solvency II-Rahmenrichtlinie, 2009, Art. 117.

Hier besteht also die Möglichkeit, durch spezifische Korrelationserwartungen das erforderliche SCR signifikant zu reduzieren.[202]

Wichtig ist, die Motive für ein internes Modell auch in Beziehung zu dem zusätzlichen Aufwand und den damit einhergehenden Kosten zu sehen.[203] Der Antrag eines internen Modells bei der BaFin alleine bedeutet noch keinesfalls die Genehmigung. Unter diesen Gesichtspunkten liegt es auf der Hand, dass kleinere Versicherungsunternehmen sich aus Kosten- / Nutzen-Aspekten eher gegen ein internes Modell und somit für das Standardmodell entscheiden, welches im vorherigen Abschnitt bereits erläutert wurde.[204]

Die Herangehensweise bei der Ermittlung des Solvenzkapitals mit einem internen Modell unterscheidet sich stark von der beim Standardmodell. Die Funktionsweise eines internen Modells wird im Folgenden dargestellt.

Stochastische Basisgleichung

Beim internen Modell wird zur Berechnung des Solvenzkapitals ein vollstochastischer **Top Down Ansatz** („von oben nach unten") verfolgt. Ein solcher Ansatz bildet das Gegenstück zum Bottom Up Ansatz, wie er bei der Standardformel verwendet wird. Das bedeutet, dass die Kapitalanforderung direkt für das gesamte Unternehmen berechnet wird, ohne vorher die einzelnen Risiken separat zu betrachten und anschließend zu aggregieren. Hier erfolgt die Ermittlung des Kapitalbedarfs eines Risikos dadurch, indem der Gesamtkapitalbedarf des Versicherungsunternehmens nach geeigneten Maßstäben auf die einzelnen Risiken verteilt wird. Ziel ist dabei, dass der Kapitalbedarf des einzelnen Risikos dessen Anteil am Gesamtrisiko adäquat widergibt.[205]

---

[202] Vgl. Gründl/Perlet 2005, Solvency II & Risikomanagement, S. 308 f.
[203] Vgl. Gründl/Perlet 2005, Solvency II & Risikomanagement, S. 308.
[204] Vgl. Korte, „Der Weg zum internen Modell", F. 45.
[205] Vgl. Mummenhoff 2007, Analyse des deutschen Standardmodells, S, 51.

Interne Modelle nach Solvency II haben i. d. R. als Grundlage ein stochastisches Gewinn- und Verlustmodell, bei dem für das Eigenkapital zum Ende einer Periode folgende Basisgleichung angesetzt wird:

$EK_1 = EK_0 + \sum GuV_i$, mit

EK_1 stochastisches Eigenkapital zum Periodenende (Zeitpunkt t = 1),

EK_0 deterministisches Eigenkapital zum Periodenbeginn (Zeitpunkt t = 0) sowie

GuV_i eine stochastische Komponente der Gewinn- und Verlustrechnung.[206]

Das erwartete Eigenkapital nach einem Jahr ergibt sich also aus dem Eigenkapital zu Beginn zuzüglich (stochastischer) GuV Effekte. Dieser Zusammenhang ist in der nachfolgenden Abbildung veranschaulicht:

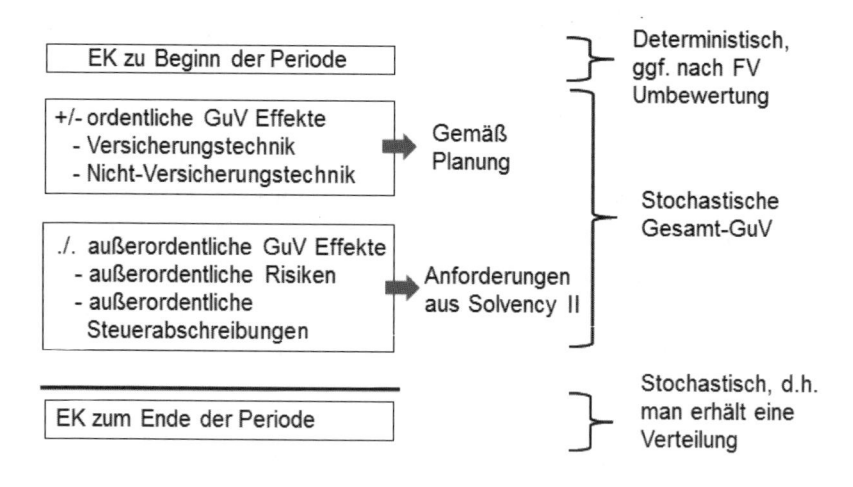

Abbildung 115: Basisgleichung für das stochastische EK.[207]

---

[206] Vgl. Heep-Altiner et al. 2010, Interne Modelle nach Solvency II, S. 197.
[207] Vgl. Heep-Altiner et al. 2010, Interne Modelle nach Solvency II, S. 62.

Die einzelnen Schritte der stochastischen Basisgleichung werden nachfolgend näher erläutert.

Deterministisches Eigenkapital zu Beginn

Ausgangspunkt ist die deterministische Startbilanz zum Zeitpunkt t=0. Diese kann entweder mit dem Best Estimate oder mit dem Fair Value (als ökonomisches Eigenkapital) bewertet werden.

Stochastische GuV

In einem nächsten Schritt wird i. d. R. mithilfe einer Simulation (z. B. Monte-Carlo-Simulation) zufallsgeneriert ein Gewinn- oder Verlustszenario erzeugt. Dieses Szenario setzt sich aus vielen einzelnen Ergebnisbeiträgen zusammen, die auf stochastischer Basis ermittelt werden.

Die Ergebnisbeiträge der GuV lassen sich in verschiedene Komponenten unterteilen, die sich nach ordentlichen und außerordentlichen GuV Effekten unterscheiden lassen:

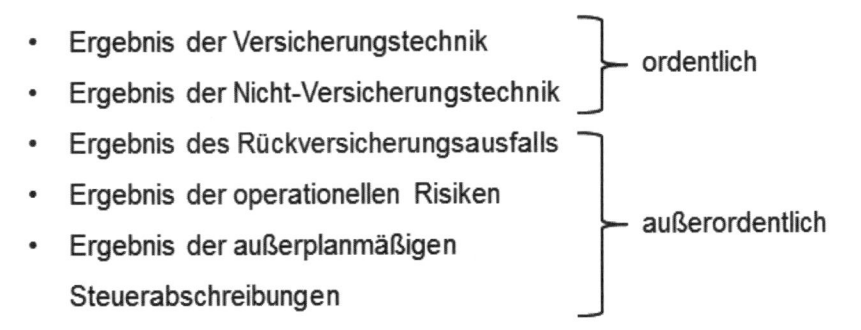

- Ergebnis der Versicherungstechnik } ordentlich
- Ergebnis der Nicht-Versicherungstechnik

- Ergebnis des Rückversicherungsausfalls
- Ergebnis der operationellen Risiken } außerordentlich
- Ergebnis der außerplanmäßigen Steuerabschreibungen

Unter **ordentlichen GuV Effekten** versteht man diejenigen Risiken, die unabhängig von Solvency II bereits standardmäßig in der betrieblichen Planungsrechnung enthalten sind und einkalkuliert werden. Dazu zählen die (normalen) Komponenten der Versicherungs- und Nicht-Versicherungstechnik.

Ergänzt werden diese ordentlichen / planmäßigen Effekte um **außerordentliche GuV Effekte**, wie operationelle Risiken, Risiken des Rückversicherungsausfalls oder außerordentliche Steuerabschreibungen, die eher nur in Ausnahmefällen auftreten (z. B. als Drohverlustrückstellung in der Nicht-Versicherungstechnik). Die Betrachtung auch außergewöhnlicher Risiken ist ja gerade eine Anforderung aus Solvency II.

Das Endergebnis ($\sum GuV_i$) setzt sich also aus einer Vielzahl von stochastisch ermittelten Ergebnisbeiträgen zusammen, die letztlich als GuV Ergebnis entweder einen positiven oder einen negativen Effekt auf die Finanzlage des Unternehmens haben.

Stochastisches Eigenkapital zum Ende der Periode

Das stochastische Eigenkapital zu Periodenende ergibt sich als Summe aus deterministischem Eigenkapital zu Periodenbeginn und dem Ergebnis der stochastischen GuV.

Da man bei einem Simulationsansatz nicht nur eine, sondern sehr viele GuV betrachtet (auch Szenarien mit außergewöhnlich hohen Verlusten), erhält man zu Periodenende eine empirische Verteilung für das Eigenkapital, die bei einer ausreichend hohen Anzahl von Simulationen bereits eine gute Approximation der wahren Verteilung darstellt. Eine einzige Simulation wäre also nicht risikoadäquat.[208]

Mithilfe der generierten Eigenkapitalverteilung kann die Wahrscheinlichkeit bestimmt werden, mit der das Eigenkapital zum Ende des Jahres negativ wird (= technischer Ruin). Im Rahmen von Solvency II wird dabei die Anforderung gestellt, dass nur in 0,5 % der Fälle dieser Unternehmensruin eintreten darf, so dass das Versicherungsunternehmen mit mindestens 99,5 %iger Wahrscheinlichkeit alle im Folgejahr anfallenden Verpflichtungen erfüllen kann.[209]

---

[208] Vgl. Heep-Altiner et al. 2010, Interne Modelle nach Solvency II, S. 60 ff.
[209] Pfeifer/acs actuarial solutions GmbH, ohne Datum, „Solvenzkapital", Zugriff am 03.05.2014.

Berechnungsbeispiel

Die Anwendung eines internen Modells wird im Weiteren anhand eines Berechnungsbeispiels verdeutlicht – so wie es sich vereinfacht für die IVW Privat AG darstellen könnte.

Es werden dabei einige vereinfachende Annahmen getroffen, um die Berechnung in einer geschlossenen Formel zu ermöglichen. Nichtsdestotrotz enthält das im Folgenden dargestellte Modell die wichtigsten Komponenten der soeben erläuterten Basisgleichung. Die Vereinfachungen sehen dabei wie folgt aus:

- Es gibt analog zur Standardformel eine Korrelation von -25 % zwischen Assets und Liabilities (was einer Korrelation von +25 % zwischen den Eigenkapital-Bedarfen entspricht),
- alle Risiken sind normalverteilt, wobei es auch keine außerordentlichen GuV Effekte und keine außerordentlichen Steuerabschreibungen gibt, und
- alle Prämieneinahmen erfolgen zu Beginn des Jahres und alle Schadenkostenausgaben zum Jahresende.

In diesem Zusammenhang sollte darauf hingewiesen werden, dass eine Normalverteilung bei einem internen Modell eher theoretischer Natur ist und hier nur zur Vereinfachung genutzt wird. In der Realität beruhen interne Modelle üblicherweise auf komplexen Verteilungsmodellen, die i. d. R. nur noch simuliert werden können.

Die Annahme, dass alle Einnahmen zu Jahresbeginn und alle Ausgaben zum Jahresende erfolgen, ist hingegen weniger kritisch, da man durch eine geeignete Barwertbetrachtung eine derartige Situation synthetisch generieren kann. Aufgrund dieser Annahme kann man davon ausgehen, dass die Prämieneinnahmen ein Jahr lang angelegt werden können.

Das Modell wird zunächst einmal nur für eine Neugeschäftsprämie von 1.000 gerechnet; später werden eine Adjustierung auf die Parameter der IVW Privat AG und ein Vergleich mit der zuvor gerechneten Standardformel vorgenommen.

Bei der Anlage der Neugeschäftsprämie in Höhe von 1.000 stehen dem Unternehmen folgende Entscheidungsmöglichkeiten zur Verfügung:

	erw. Kurs	STD
Asset 1	1.100,0	300
Asset 2	1.075,0	200
Asset 3	1.062,5	125
Asset 4	1.050,0	75
risikofrei	1.025,0	0

Die ersten beiden Assetklassen wurden bereits im Abschnitt zu den Aktien analysiert. Da beide Assets aber hochriskant sind, entscheidet sich das Unternehmen für eine Anlage in das **risikofreie Asset** und in **Asset 3**, welches in etwa dem Risikoprofil für Aktien entspricht, wie es in der Standardformel abgebildet ist. Eine Anlage in hochriskante Optionen kommt für das Unternehmen nicht in Frage.

Bei dem Spartenmix hat das Unternehmen ebenfalls unterschiedliche Möglichkeiten, siehe dazu die nachfolgende Liste mit kombinierten Schadenkostenquoten und Standardabweichungen:

	erw. CR	STD
LOB 1	985,0	175
LOB 2	1.000,0	150
LOB 3	1.005,0	135
LOB 4	1.010,0	125

Die ersten beiden Spartenmischungen sind dem Unternehmen zu riskant; das Unternehmen entscheidet sich hier für **LOB 3**, was vom Risikoprofil in etwa dem Spartenmix der IVW Privat AG entspricht.

Zusammengefasst investiert das Unternehmen **65 % risikofrei** und **35 %** in **Asset 3**, wobei ausschließlich der Spartenmix **LOB 3** gezeichnet wird.

Stochastische GuV aus dem Versicherungsgeschäft

Betrachtet man ausschließlich die Zeichnung des Versicherungsgeschäftes, so ergibt sich zum Jahresende aufgrund der getroffenen Annahmen die GuV als

$$\text{GuV} = A - L,$$

mit A den normalverteilten Kurs der Assets und L den normalverteilten kombinierten Schadenkosten. Da die Differenz wieder normalverteilt ist, genügt es, die beiden Verteilungsparameter zu ermitteln. Die Verteilungsparameter für die Assets sind in der nachfolgenden Tabelle zusammengestellt:

Position	Anteil	EW zum Jahresende	STD
risikofrei	65%	666,3	0,0
Asset 3	35%	371,9	43,8
Assets gesamt		**1.038,1**	**43,8**

Abbildung 116: Verteilungsparameter der Assets.

Der Erwartungswert und die Standardabweichung für den Kurs am Jahresende ergeben sich dabei als

$$\text{EW}_{ges} = 65\ \% \cdot 1.025 + 35\ \% \cdot 1.062,5$$
$$= \mathbf{1.038,1},$$
$$\text{STD}_{ges} = 35\ \% \cdot 125$$
$$= \mathbf{43,8}.$$

Die Verteilungsparameter für die Assets abzüglich der Liabilities sind in der nachfolgenden Tabelle zusammengefasst:

Position	EW	STD
	zum Jahresende	
Assets Gesamt	1.038,1	43,8
Liability	1.015,0	135,3
Saldo	**23,1**	**152,3**

Abbildung 117: Verteilungsparameter des Saldos A – L.

Die Parameter für die Liabilities ergeben sich aus der Auswahl von LOB 3. Der Erwartungswert des Saldos ergibt sich als Differenz der Erwartungswerte, die Standardabweichung als

$$STD_{A-L} = (STD_A^2 - 2 \cdot \rho_{A,L} \cdot STD_A \cdot STD_L + STD_L^2)^{0,5}$$

$$= (43,8^2 - 2 \cdot (-25\,\%) \cdot 43,8 \cdot 135,3 + 135,5^2)^{0,5}$$

$$= \mathbf{152,3}.$$

Zunächst einmal wird angenommen, dass das Unternehmen zu Beginn ein Eigenkapital in Höhe von **200** hält, welches für ein Jahr risikofrei angelegt wird. Man hat also am Ende des Jahres in jedem Fall einen sicheren Betrag von 205, für den kein weiteres Eigenkapital zur Absicherung mehr benötigt wird.

<u>Ermittlung der Ruinwahrscheinlichkeit</u>

Nun sind alle für die Ermittlung des Eigenkapitals zum Jahresende erforderlichen Werte vorhanden, so dass die Parameter für das stochastische Eigenkapital berechnet werden können. Die Basisgleichung schreibt sich nun wie folgt:

$$EK_1 = EK_0 \cdot (1 + r) + A - L,$$

mit r, dem risikofreien Zins. EK_1 ist normalverteilt mit den Parametern

$$E[EK_1] = EK_0 \cdot (1 + r) + E[A] - E[L]$$
$$= 205,0 + 23,1$$
$$= \mathbf{228,1,}$$

$$STD[EK_1] = STD[A - L]$$
$$= \mathbf{152,3.}$$

Man kann in diesem Fall auch den (bereits in einem früheren Abschnitt verwendeten) RORAC berechnen als

$$RORAC = EK_1 / EK_0 - 1$$
$$= 2,5\% + 23,1 / 200$$
$$= \mathbf{14,1\%.}$$

Unter Solvency II Aspekten ist aber nicht die Rentabilität, sondern die Ruinwahrscheinlichkeit maßgeblich, so dass man die standardisierte Größe

$$(0 - 228,1) / 152,3 = \mathbf{-1,498}$$

betrachten muss. Als Resultat ergibt sich in diesem Fall, dass das Kapital mit einer Wahrscheinlichkeit von 93,29 % ausreicht, aber mit einer Wahrscheinlichkeit von 6,71 % (d. h. ca. alle 15 Jahre) ein Ruin eintritt.

Ermittlung des Eigenkapitalbedarfs

Da ein Startkapital von 200 im konkreten Fall nicht ausreicht, muss ermittelt werden, in welchem Maße das Kapital erhöht werden muss, um die Solvency II Anforderungen zu erfüllen. Da die Zeichnung des Geschäftes dabei nicht geändert wird, sinkt dadurch die Profitabilität.

Es wird also ein Eigenkapital EK_0 gesucht, so dass mit den zuvor ermittelten Parametern der Normalverteilung für EK_1 der Nullpunkt gerade das 0,5 % Quantil bildet. Allgemein ergibt sich hier eine Gleichung

$$(0 - (EK_0 \cdot (1 + r) + E[A] - E[L])) / STD[A - L] = t_\alpha$$

bzw.

$$EK_0 = (t_{1-\alpha} \cdot STD[A - L] - E[A - L]) / (1 + r)$$
$$= \mathbf{360{,}1}.$$

Die Erhöhung des Eigenkapitals hat negative Folgen für die Eigenkapitalrendite, denn es gilt

$$RORAC = 2{,}5\ \% + 23{,}1 / 360{,}1$$
$$= \mathbf{8{,}9\ \%}.$$

Diese Gesamtverzinsung (mit 6,4 % Überzins) ist bei der gegebenen risikofreien Verzinsung von 2,5 % durchaus angemessen für einen Privatversicherer.

Würde man dieses Beispiel auf die Werte der IVW Privat AG übertragen, dann ergäbe sich bei einer um 5 % gestiegenen Nettoprämie von **13.064** im Folgejahr ein Eigenkapitalbedarf (nur für Versicherungstechnik und Kapitalanlage) von **4.698**. Ermittelt man in der Standardformel der IVW Privat AG das markt- und versicherungstechnische Risiko separat ohne alle weiteren Risiken, dann ergibt sich ein Eigenkapitalbedarf von **4.780**, wobei man zu diesem Vergleich noch Folgendes anmerken muss:

- Im internen Modell wurde in diesem Fall das Eigenkapital nur auf Basis der Neugeschäftsprämie ermittelt, hier aber über den gesamten Abwicklungszeitraum. Im Standardmodell werden Altbestand und Neugeschäft zu einem Stichtag verglichen.
- Bei wachsendem Bestand liefert das Vorgehensmodell in der Standardformel tendenziell somit geringere Werte, da das Volumen aus den Vorjahren geringer ist.

- Im Standardmodell wird beim versicherungstechnischen Risiko mit der Lognormalverteilung gearbeitet, was konservativere Projektionen liefert.
- Beim Standardmodell werden die erwarteten Erträge (aus der Neugeschäftszeichnung sowie aus der risikofreien Verzinsung des Kapitals zu Beginn) nicht mit einbezogen. Beim profitablen Geschäft ist dieser Ansatz also konservativer.

In der Mischung über alle Effekte haben sich im konkreten Fall trotz unterschiedlicher Vorgehensmodelle doch relativ ähnliche Werte ergeben. Das lag aber im Wesentlichen daran, dass die Verteilungsparameter des vereinfachten internen Modells entsprechend kalibriert wurden.

Interne Modelle und Steuerung

Die in der Praxis verwendeten internen Modelle sind weitaus komplexer und aufwändiger als in dem zuvor diskutierten Beispiel, so dass es für ein Unternehmen Sinn macht, deren Ergebnisse auch für die Unternehmenssteuerung einzusetzen.

Mit Hilfe der simulierten Eigenkapitalverteilung kann das Unternehmen nun bestimmte Grenzwerte für das Eigenkapital festsetzen, bei deren Unterschreitung unternehmerische Maßnahmen folgen.

Die nachfolgende Abbildung illustriert am Beispiel der Eigenkapitalverteilung nach einem Jahr (so wie sie sich beispielsweise aus einem internen Modell der IVW Privat AG ergeben könnte) mögliche Steuerungsniveaus:

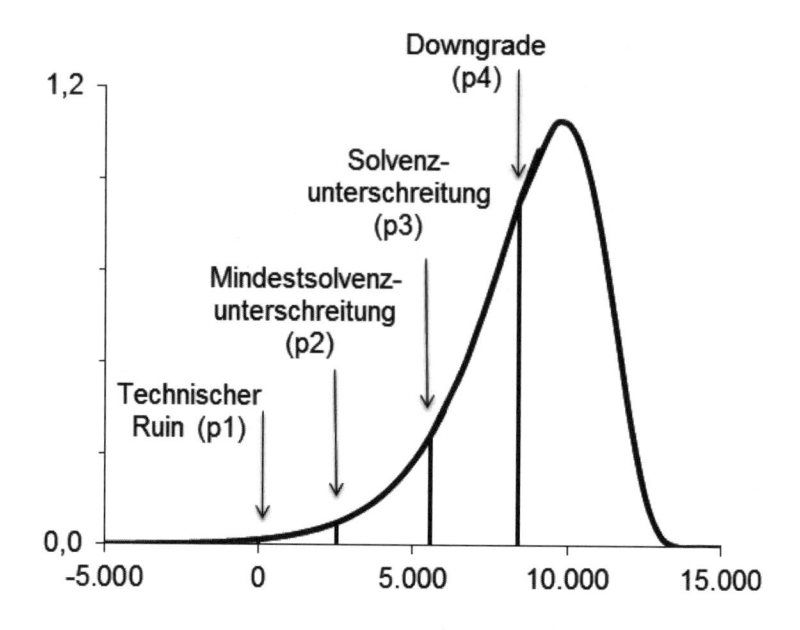

Abbildung 118: Steuerungsniveaus.

Der **technische Ruin** ergibt sich aus der Wahrscheinlichkeit, dass das Eigenkapital nach einem Jahr negativ wird. Auf dieser Basis ergeben sich die Solvenz- und Ratinganforderungen in t = 0.[210]

Falls in t = 1 das **Mindestsolvenzniveau** (MCR) unterschritten wird, so definiert dies aus der heutigen Perspektive die Ruinwahrscheinlichkeit aus Sicht des Eigenkapitalgebers.

Falls in t = 1 das **Solvenzniveau** (SCR) unterschritten wird, so definiert dies die Wahrscheinlichkeit aus der heutigen Perspektive, mit der man im nächsten Jahr die Solvenzanforderungen „reißen" wird. Beide Niveaus haben nach Solvency II bei ihrer Unterschreitung im nächsten Jahr jeweils abgestufte aufsichtsrechtliche Maßnahmen als Konsequenz.[211]

---

[210] Vgl. Heep-Altiner et al. 2010, Interne Modelle nach Solvency II, S. 64.
[211] Vgl. Gründl/Perlet 2005, Solvency II & Risikomanagement, S. 327. S. zudem Kapitel 4.2.3.

Eine Unterschreitung des **Ratingniveaus** in t = 1 definiert aus heutiger Sicht die Downgrade Wahrscheinlichkeit. Eine Herabstufung impliziert eine Verschlechterung der eigenen Marktposition in Relation zu den anderen Marktteilnehmern. Daraus resultiert sehr häufig ein Rückgang des Umsatzes und somit eine Verschlechterung der finanziellen Lage.[212]

Die Ergebnisse des internen Modells lassen sich folglich als Grundlage für die Steuerung des Unternehmens verwenden, der eine große Bedeutung zukommt. Die Grundzüge einer solchen Unternehmenssteuerung werden daher im folgenden Abschnitt behandelt.

4.3 Grundzüge der wertorientierten Steuerung

Im vorherigen Abschnitt wurde anhand eines internen Modells unter anderem ermittelt, wie sich das zum Zeitpunkt t=0 vorhandene Eigenkapital bis zum Zeitpunkt t=1 voraussichtlich entwickeln wird und welche Eigenkapitalrendite damit erzielt werden kann. Diese ist insbesondere für die Investoren von großer Bedeutung und hat wesentlichen Einfluss auf deren Entscheidung für oder gegen eine Investition in das entsprechende Unternehmen.

Umso wichtiger erscheint es, im Rahmen der Unternehmenssteuerung sicherzustellen, dass bestimmte Wertgrößen, wie beispielsweise eine gewisse Eigenkapitalrendite, erzielt werden können. Es ist aber nicht nur wichtig, bestimmte für Shareholder ausschlaggebende Wertentwicklungen des Unternehmens zu erzielen. Gerade unter Solvency II Gesichtspunkten wird deutlich, dass mit einer wertorientierten Zielsetzung immer auch eine Betrachtung des vorhandenen Risikos stattfinden muss.

Auch dies erfolgte im Rahmen des vereinfachten Beispiels eines internen Modells, indem das benötigte Risikokapital berechnet wurde,

---

[212] Vgl. Heep-Altiner et al. 2010, Interne Modelle nach Solvency II, S. 64.

um im Folgejahr eine Ruinwahrscheinlichkeit von maximal 0,5 % zu haben. Es ist folglich unabdingbar, das wertorientierte Steuerungskonzept eines Versicherungsunternehmens im Zusammenhang mit den unternehmensindividuellen Risiken zu bewerten.[213]

Mit einfachen Worten ausgedrückt bedeutet dies nichts anderes als eine gemeinsame Betrachtung von Wert und Risiko. Bei der Berechnung des internen Modells im vorherigen Abschnitt wurde bereits eine Kenngröße ermittelt, die genau diese beiden Komponenten miteinander vereint, der RORAC.

Somit sollte im Versicherungsunternehmen unter einer wertorientierten Steuerung implizit eine wert- und risikoorientierte Steuerung verstanden werden. Welche Komponenten dabei eine wichtige Rolle spielen, ist in der nachfolgenden Abbildung dargestellt:

Wertorientierte Steuerung	Risikoorientierte Steuerung
Traditioneller Ansatz	Weiterentwickelter Ansatz
Verfügbares Kapital	Benötigtes Kapital
Bewertungsmodelle	Risikomodelle
– Sicherheitsprinzip	– Externe Modelle
– Best Estimate	– Interne Modelle
– Fair Value	

Abbildung 119: Wert- und risikoorientierte Steuerung.[214]

Während bei der wertorientierten Steuerung ein traditioneller Ansatz verfolgt wird und somit auch **traditionelle Steuerungsgrößen** ver-

---

[213] Vgl. Ehrlich, Wertorientierte Steuerung von Versicherungsunternehmen mit Solvency II 2009, S. 151.
[214] Heep-Altiner et al. 2014, Wertorientierte Steuerung in der Schadenversicherung, S. 24.

wendet werden, wird bei der risikoorientierten Steuerung dieser Ansatz hin zu **risikoorientierten Steuerungsgrößen** weiterentwickelt. Bei der wertorientierten Steuerung ist die Ermittlung des **verfügbaren Kapitals** anhand bestimmter Bewertungsmodelle zentral, bei der risikoorientierten Steuerung werden interne bzw. externe Risikomodelle verwendet, um das **benötigte Kapital** zu ermitteln.

4.3.1 Wert- und risikoorientierte Steuerung

Um eine wert- und risikoorientierte Steuerung des Unternehmens zu erzielen, bedarf es bestimmter Modelle bzw. Steuerungsgrößen. Aufbauend aus den Resultaten dieser Modelle kann das Versicherungsunternehmen entsprechende Handlungsoptionen ableiten. Nachfolgend werden zum einen traditionelle und zum anderen risikoorientierte Steuerungsgrößen näher betrachtet.[215]

Traditionelle Steuerungsgrößen

Im Rahmen der traditionellen Methoden wird sich klassischer Kennzahlen zur Steuerung des Versicherungsunternehmens bedient. Hierzu zählen beispielsweise die Schadenquote und die Combined Ratio. Solche Kennzahlen ergeben sich aus den Werten der Bilanz bzw. der GuV des Unternehmens.[216]

Allerdings reichen traditionelle Steuerungsgrößen nicht aus, um eine wert- und risikoorientierte Steuerung zu gewährleisten. Zwar lassen diese Kennzahlen durchaus Aussagen über den Unternehmenserfolg zu, lassen aber i. d. R. das mit dem Versicherungsgeschäft eingegangene Risiko außer Acht. Aber genau dieser Aspekt ist bei einer erfolgreichen Unternehmensführung nicht mehr wegzudenken. Daher werden im Folgenden neben diesen traditionellen auch noch risikoorientierte Steuerungsgrößen eingeführt.

---

[215] Vgl. Heep-Altiner et al. 2014, Wertorientierte Steuerung in der Schadenversicherung, S. 20.
[216] Vgl. Heep-Altiner et al. 2014, Wertorientierte Steuerung in der Schadenversicherung, S. 21.

Risikoorientierte Steuerungsgrößen

Gerade bei der Bestimmung der Solvenzanforderungen unter Solvency II, welche sich nach der individuellen Risikosituation des Unternehmens bemessen, spielt das Risiko eine ganz besondere Rolle. Aber auch unabhängig von Solvency II erscheint es sinnvoll, den Wert des Unternehmens nicht nur nach Größen wie beispielsweise einer besonders guten Eigenkapitalrendite zu bemessen. Vielmehr ist auch das Risiko entscheidend, welches womöglich überproportional zu dieser Rendite eingegangen wurde. Somit werden im Folgenden die wichtigsten risikoorientierten Steuerungsgrößen erläutert.

Wichtige Kennzahlen, in die sowohl Wert als auch Risiko einfließen, sind risikoadjustierte Performancegrößen wie beispielsweise der RORAC (Return On Risk Adjusted Capital), der EVA (Economic Value Added) und der RAROC (Risk Adjusted Return on Capital).

Return on Risk Adjusted Capital

Der RORAC stellt eine so genannte Rentabilitätskennzahl dar, die sich aus dem Gewinn und dem Eigenkapitalbedarf wie folgt ergibt:

$$RORAC \ = \ Ergebnis\ /\ benötigtes\ Kapital.$$

Der Periodenerfolg wird also in Bezug gesetzt zu dem für den Erfolg benötigten Eigenkapital. Der Zähler spiegelt den Wert wider und der Nenner das für diesen Wert einzusetzende Risiko. Somit ist der daraus resultierende RORAC sowohl durch eine wertorientierte Kennzahl als auch durch eine risikoorientierte Kennzahl bestimmt. Steigt nun der Eigenkapitalbedarf stärker an als der Gewinn, so wird der RORAC geringer, das Risiko wird also mit berücksichtigt. Der RORAC liefert einen Prozentsatz.[217]

Durch die Normierung anhand des benötigten Kapitals kann in der Praxis die risikoadjustierte Performance einzelner Steuerungsberei-

---

[217] Vgl. Heep-Altiner et al. 2014, Wertorientierte Steuerung in der Schadenversicherung, S. 20 ff.

che mit unterschiedlicher Risikostruktur miteinander verglichen werden.[218]

Economic Value Added

Im Gegensatz dazu ergibt der EVA einen absoluten (hier: Euro-) Betrag, der sich aus der Differenz des Ergebnisses und der Kapitalkosten ergibt:

EVA = Ergebnis – Kapitalkosten.

= Ergebnis – benötigtes Kapital · Kapitalkostensatz.

Ist der EVA positiv, so wurde der Wert des Unternehmens gesteigert, andernfalls vernichtet. Da der EVA jedoch wesentlich vom definierten Kapitalkostensatz abhängt, sollte diese Steuerungsgröße durchaus kritisch betrachtet werden.[219]

Risk Adjusted Return on Capital

Das RAROC wird wie folgt definiert:

RAROC = EVA / vorhandenes Kapital.

= (Ergebnis – Kapitalkosten) / vorhandenes Kapital.

Wie in der Formel deutlich wird, wird der zuletzt beschriebene EVA ins Verhältnis zum vorhandenen Kapital gesetzt. Im Gegensatz zum RORAC werden die Kapitalkosten mit berücksichtigt. Anhand des RAROC kann die relative Wertschaffung bzw. Wertvernichtung direkt angegeben werden, was für Versicherungsunternehmen im Rahmen einer wertorientierten Unternehmenssteuerung eine wichtige Kenngröße darstellt.[220]

---

[218] Vgl. Hübel 2012, Aufsichtsrechtliche Eigenmittelanforderungen an Komposit-VR, S. 46.
[219] Vgl. Heep-Altiner et al. 2010, Interne Modelle nach Solvency II, S. 170 f.
[220] Vgl. Hübel 2012, Aufsichtsrechtliche Eigenmittelanforderungen an Komposit-VR, S. 48.

Risikoadjustierte Performancemaße stellen eine unterstützende Größe für Versicherungsunternehmen dar, die Wahl zwischen mehreren Handlungsalternativen anhand ihres Wertbeitrags zu treffen.[221]

Verfügbares Kapital vs. benötigtes Kapital

Die zentrale Aufgabe einer wert- und risikoorientieren Steuerung besteht in der Betrachtung des Verhältnisses zwischen dem verfügbaren und dem benötigten Eigenkapital. Es findet folglich eine Kombination wertorientierter und risikoorientierter Größen statt.

Verfügbares Kapital / Wert

Bei der Ermittlung des verfügbaren Kapitals bzw. Ist-Kapitals stellt sich zunächst die Frage, welcher Bewertungsansatz für die Bemessung des vorhandenen Kapitals verwendet werden soll. Der Wert des verfügbaren Kapitals hängt nämlich von der zu Grunde gelegten Bewertungsmethode ab. Grundsätzlich sind mindestens die drei folgenden Bewertungsansätze denkbar:

- Sicherheitsprinzip (HGB),
- Best Estimate Ansatz (US-GAAP, IFRS derzeitiger Stand) und
- Fair Value Ansatz (Solvency II, IFRS endgültiger Stand).[222]

Erfolgt eine HGB-Bewertung, die vor allem durch eine sehr vorsichtige Gewinnermittlung geprägt ist, so fällt das bilanzielle Eigenkapital geringer aus. Wird eine Best Estimate oder Fair Value Bewertung zugrunde gelegt, resultieren tendenziell höhere Werte.[223]

Bei der wertorientierten Steuerung soll der ökonomische Unternehmenswert gesteigert werden. Dieses wird in der Lebensversicherung durch den Embedded Value und in der Schadenversicherung durch das Aktionärsreinvermögen abgebildet. Essentiell ist auch,

---

[221] Vgl. Ehrlich, Wertorientierte Steuerung von Versicherungsunternehmen mit Solvency II 2009, S. 182.
[222] Heep-Altiner et al. 2014, Wertorientierte Steuerung in der Schadenversicherung, S. 24.
[223] Vgl. Heep-Altiner et al. 2014, Wertorientierte Steuerung in der Schadenversicherung, S. 21.

wie die ermittelte Wertveränderung innerhalb eines Jahres bestmöglich ermittelt werden kann.

Aus dem Geschäftsmodell von Versicherungsunternehmen zeigt sich jedoch, dass eine alleinige wertorientierte Steuerung nicht ausreicht, sondern vielmehr auch eine risikoorientierte Betrachtung stattfinden muss.

Benötigtes Kapital / Risiko

Es stellt sich also auch noch die Frage nach dem benötigten Kapital bzw. dem Soll-Kapital, welches im Rahmen der risikoorientierten Steuerung ermittelt wird. Ausgangslage ist hier das vorhandene Risiko, welches mit ausreichend Risikokapital hinterlegt werden muss. Eine zentrale Fragestellung dabei ist, wie ein gegebenes Risiko richtig gemessen werden kann und welches Eigenkapital zur Bedeckung dieses Risikos benötigt wird.

Wie bereits erwähnt, kann zur Ermittlung des vorhandenen Risikos und somit des benötigten Kapitals das Versicherungsunternehmen entweder auf ein externes Modell (Solvency II Standardformel) oder auf ein selbst konzipiertes und auf die besondere Risikosituation des Unternehmens zugeschnittenes internes Modell zurückgreifen.

Bei der Ermittlung des Risikos spielt eine Vielzahl an Faktoren eine Rolle. Bereits vor der Risikozeichnung muss das Versicherungsunternehmen möglichst valide die erwartete Schadenhöhe und den Eintrittszeitpunkt der Schäden schätzen können, um die Kalkulation einer ausreichend hohen Prämie sicherzustellen. Auch Parameter wie voraussichtliche Kosten (inkl. Kapitalkosten) oder das für die Risikozeichnung benötigte Eigenkapital müssen nach geeigneten Maßstäben ermittelt werden.

Nach der Risikozeichnung stellt sich für das Versicherungsunternehmen unter anderem die Frage, ob die Prämie richtig kalkuliert wurde und das vorhandene Kapital ausreicht, die eingegangenen

Verpflichtungen zu erfüllen und weiterhin Neugeschäft zeichnen zu können. Dabei ist es ebenfalls wichtig, die vorhandenen Verpflichtungen aus der Vergangenheit zu kennen. Sollte das vorhandene Kapital zur Abdeckung der unternehmensspezifischen Risiken einmal nicht ausreichen, so sind geeignete Maßnahmen zu ergreifen.[224]

4.3.2 Weitere Aspekte

Ihre konkrete Anwendung findet die wert- und risikoorientierte Steuerung in einer Vielzahl von Unternehmenswertmodellen. Diese dienen der Ermittlung der Unternehmenswertentwicklung. Zurückzuführen sind Unternehmenswertmodelle auf *Merton* (1974), der ein entsprechendes Basismodell entwickelt hat.[225]

Ausgehend vom Marktwert der Assets und Liabilities wird durch Differenzbildung beider Werte das ökonomische Eigenkapital bestimmt. Es erfolgt also eine Verknüpfung von Aktiva und Passiva – entweder auf deterministischer oder auf stochastischer Basis.

Da sich das vorhandene Eigenkapital als Saldogröße von Assets und Liabilities bestimmt, ist die Steuerung dieser beiden Größen für die Höhe des Eigenkapitals entscheidend. Erhöhen sich die Assets stärker als die Liabilities, so erhöht sich auch das Eigenkapital. Steigen die Liabilities jedoch stärker an als die Assets, so kommt es zu einer Eigenkapitalaufzehrung. Problematisch ist das Szenario, wenn das Eigenkapital zu gering oder sogar negativ wird, da dann das Versicherungsunternehmen seine Verpflichtungen gegenüber den Versicherungsnehmern voraussichtlich teilweise oder vollständig nicht mehr erfüllen kann. Dieses Risiko, dass das Eigenkapital künftig zu niedrig ausfallen kann, gilt es frühzeitig zu identifizieren und zu vermeiden. Dies geschieht im Rahmen der wert- und risikoorientierten Steuerung durch Verwendung entsprechender Ansätze.

---

[224] Vgl. Heep-Altiner et al. 2014, „Finanzierung im Versicherungsunternehmen", 2014, F. 152 f.
[225] Vgl. Albrecht, Kreditrisiken – Modellierung und Management: Ein Überblick, S. 54.

Zu diesen Ansätzen zählen unter anderem das Asset Liability Management (ALM) und die Dynamische Finanzanalyse (DFA), die im Folgenden kurz näher erläutert werden.

Asset Liability Management

Im Rahmen einer wertorientierten Unternehmenssteuerung dient das ALM als zentraler Managementansatz, bei dem die Aktiva und Passiva in den Bilanzen unter Berücksichtigung von Interdependenzen zielgerichtet gesteuert werden sollen. Es geht im Wesentlichen darum, den Kapitalanlagebestand (*Assets*) mit dem durch die Versicherungsprodukte erzeugten Versicherungsbestand (*Liabilities*)[226] abzustimmen.[227]

Im Versicherungsgeschäft weisen der Versicherungs- sowie der Kapitalanlagebestand jeweils bestimmte Risiko-Rendite-Positionen auf. Diese gilt es unter Beachtung von gegenseitigen Abhängigkeiten zu steuern und zu optimieren.[228]

Ein umfassendes ALM bietet für das Versicherungsunternehmen im Rahmen der Wertorientierung und als Konsequenz auch für dessen Shareholder einen hohen Nutzen. So können durch das ALM die Auswirkungen bestimmter Entscheidungen und Szenarien auf die einzelnen Bilanzpositionen oder bestimmte Kenngrößen wie der Economic Value Added (EVA) oder Return on Equity (RoE) ermittelt werden. Durch ALM können Ruinwahrscheinlichkeiten systematisch und früh erkannt und entsprechend gemindert werden. Es ermöglicht eine kontinuierliche Überprüfung der Bedeckung des Solvabilitätsbedarfs unter verschiedenen Szenarien. Das ALM ist folglich ein wichtiges Kontroll- und Steuerungsinstrument, die dauerhafte Exis-

---

[226] Mit dem Begriff Liabilities werden hier nur die versicherungstechnischen Verpflichtungen bezeichnet.
[227] Vgl. Albrecht 2003, Institutionelles Asset Management, S. 428.
[228] Farny 2006, Versicherungsbetriebslehre, S. 844.

tenz des Unternehmens durch das Vorhandensein von ausreichend Risikokapital sicherzustellen.[229]

Dynamische Finanzanalyse

Im Gegensatz zum ALM, welches die traditionelle Sichtweise widerspiegelt, steht die DFA für einen moderneren Ansatz der wertorientierten Unternehmenssteuerung.

Bei der DFA handelt es sich um eine umfassende Analyse der gesamten Finanzlage des Versicherungsunternehmens. Zentral sind hierbei die Stochastizität sowie die Berücksichtigung gegenseitiger Abhängigkeiten von Assets und Liabilities.

Während das klassische ALM die Optimierung der Kapitalanlagen zur Zielsetzung hat, sind hier die Ziele umfassender. So geht es darum, die Kapitalallokation zu optimieren, was nicht nur die Kapitalanlagen als solche umfasst, sondern darüber hinaus auch Aspekte wie bspw. die Optimierung der Rückstruktur oder die Vorgabe von Ziel- bzw. Exit-CR umfasst.

Mithilfe von Simulationsmodellen kann auf Basis stochastischschwankender Input-Daten, denen ökonomische Annahmen zugrunde liegen, eine Vielzahl an möglichen künftigen Entwicklungen sowohl in Bezug auf Kapitalanlagerisiken der Aktivseite als auch die versicherungstechnischen Risiken der Passivseite modelliert werden, wobei der Schwerpunkt bei einem Schadenversicherungsunternehmen dabei auf den versicherungstechnischen Risiken liegt.[230]

Darüber hinaus wird auch das aktuelle Rückversicherungsprogramm berücksichtigt, indem die durch die Simulationen modellierten Bruttoschäden zu den Nettoschäden (also den Schäden nach Rückversicherung) transformiert werden.

---

[229] Vgl. Möbius/Pallenberg 2012, Risikomanagement in Versicherungsunternehmen, S. 205 f.
[230] Vgl. Führer 2010, Asset-Liability-Management in der Lebensversicherung, S. 29.

Am Ende erhält man stochastische Bilanzen, aus denen sich mögliche künftige Kenngrößen ableiten lassen.

Stabilität vs. Detailtiefe

Unabhängig davon, welcher der oben beschriebenen Ansätze letztlich verwendet wird, besteht bei der Überführung solcher Ansätze in die Unternehmenssteuerung immer ein Konflikt zwischen Genauigkeit und Stabilität. Während die Modellierer großen Wert auf Stabilität setzen und daher große Segmente anstreben, ist für die Unternehmenssteuerung eine detaillierte Übersicht von hoher Relevanz, um möglichst zielgerichtet und genau Maßnahmen zu ergreifen.

Bei einer hohen Detailtiefe ist die Stabilität der modellierten Ergebnisse ggf. nicht mehr gewährleistet. Dies liegt daran, dass aufgrund der dann sehr geringen statistischen Grundlage kaum valide Prognosen für die zukünftige Entwicklung dieser Segmente getroffen werden können. Legt man jedoch zwecks einer höheren Stabilität größere Segmente fest (z. B. Bilanzsegmente wie unter Solvency II), so nimmt auch die Genauigkeit ab.

Wichtige Steuerungsanforderungen aus der Sicht eines Versicherungsunternehmens sind beispielsweise

- der Kapitalbedarf auf Unternehmensebene,
- die Underwritingsteuerung und
- die Rückversicherungsoptimierung.

Diese Steuerungsanforderungen unterscheiden sich hinsichtlich ihrer benötigten Detailtiefe und somit ihrer Stabilität. Während auf der Unternehmensebene eine (grobe) Bilanzsegmentierung erfolgt, bezieht sich die Underwritingsteuerung auf wesentlich detailliertere Segmente. Für die Optimierung der Rückversicherungspolitik werden Rückversicherungssegmente gebildet, die sich ggf. von den Underwritingsegmenten unterscheiden.

Versucht man, alle drei Steuerungsanforderungen miteinander zu kombinieren, entsteht ein sehr stark segmentiertes **Detailmodell**, dessen Stabilität und Aussagekraft äußerst fragwürdig ist. Die vermeintlich höhere Genauigkeit ist hier nur eine scheinbare.

Eine Lösung dieses Zielkonflikts kann ggf. in der Modellierung von Teilmodellen auf Ebene der Underwriting- bzw. Rückversicherungssegmente mit gewünschter Detailtiefe liegen, deren Konsolidierung mit dem (Solvency II kompatiblen) Eigenkapitalmodell auf Gesamtunternehmensebene sichergestellt werden muss. Dieses Vorgehensmodell liefert dann durchaus eine vergleichbare Genauigkeit zu einem Detailmodell – ohne die Nachteile einer mangelnden Stabilität, siehe hierzu die nachfolgende Grafik zur Illustration:

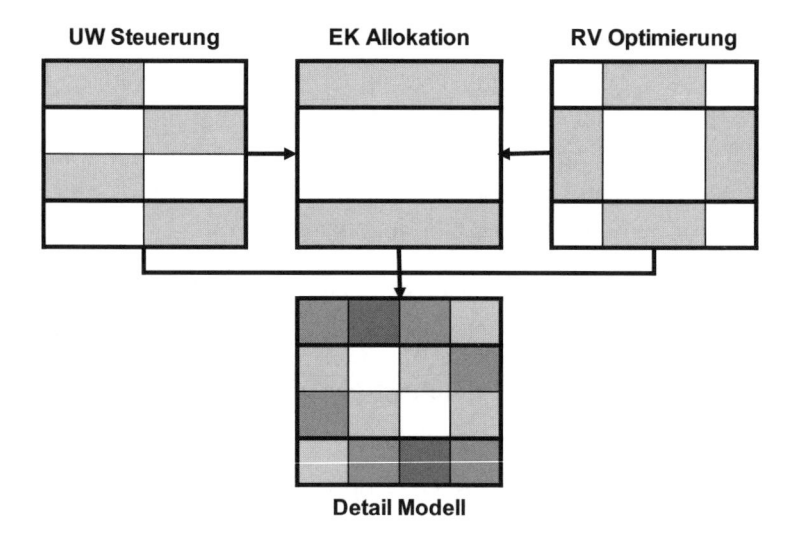

Abbildung 120: Konflikt Detailtiefe vs. Stabilität.[231]

Im Rahmen der wert- und risikoorientierten Steuerung gibt es folglich viele Möglichkeiten, die entsprechenden Modelle auszugestalten. Allen gemein ist dabei jedoch der soeben dargestellte Konflikt

---

[231] Eigene Darstellung.

von Detailgenauigkeit und Stabilität. Welcher Ansatz der richtige ist, muss dabei jedes Versicherungsunternehmen für sich selbst entscheiden.

Egal für welchen Ansatz sich ein Versicherungsunternehmen also entscheidet, die Schaffung ökonomischer Werte gewinnt in Zeiten eines zunehmend globalisierten Wirtschaftslebens immer mehr an Bedeutung, so dass eine Auseinandersetzung mit dieser Problemstellung unabdingbar ist. Aus diesem Grund ist es sinnvoll, ein vertieftes Verständnis für das Konzept der Wertorientierung zu bekommen.

Glossar

Abschlusskosten	Einmalige, bei Abschluss des Vertrages anfallende Kosten. Bei einem Versicherungsvertrag fallen hierunter die Abschlussprovision, Kosten der Antrags- und Risikoprüfung und die Kosten der Ausstellung der Versicherungspolice.
Abschreibung	Rechnungslegungsmäßige Erfassung von Wertminderungen betrieblicher Vermögensgegenstände / Anlagen. Die Erfassung kann planmäßig oder außerplanmäßig erfolgen.
Anfalljahr	Jahr des Schadenanfalls; also das Jahr, in dem die Schadenursache liegt.
Bankkredit	Kredit, der von Banken, unter Voraussetzung eines Kreditvertrages, vergeben wird. Bevor ein Kredit zugesagt wird, erfolgt eine Kreditwürdigkeitsprüfung. Der Kredit muss von der jeweiligen Person innerhalb eines festgelegten Zeitraumes zurückgezahlt werden. Für die Kapitalüberlassung sind Zinsen zu zahlen.
Best Estimate	Möglichst genaue Schätzung der Entwicklung eines Wertes (Beste Schätzung, i.d.R. der Erwartungswert).

Bilanzjahr	Jahr, auf das sich die einzelnen Effekte (Schadenzahlungen, Reservesetzungen) beziehen.
Bonitätsrisiko	Unter dem Bonitätsrisiko versteht man die Unsicherheit bei der Schätzung der Rückzahlungsunfähigkeit des Schuldners. Diese ist zum einen bedingt durch den Schätzfehler und zum andern durch Fehleinstufungen aufgrund der Veränderung der Ausfallwahrscheinlichkeit des Schuldners.
Call-Option	Eine Call-Option ist ein Recht, eine bestimmte Menge einer bestimmten Sache an oder während einer bestimmten Zeit zu einem bestimmten Preis kaufen zu dürfen.
Credibility-Ansatz	Um zu einem Ergebnis zu gelangen, ist es aufgrund der eingeschränkten statistischen Basis notwendig, die Glaubwürdigkeit eines Analyseergebnisses zu prüfen bzw. die Ausgangslage zu korrigieren. Dies erfolgt mit einem so genannten „Credibility-Ansatz". Dabei findet eine Mischung zwischen einem individuell kalkulierten Wert und einem kollektiven Referenzwert (z. B. Verbandstarif) statt.
Diskontierung	Abzinsung.

Diskontierungszins	Der Diskontierungszinssatz ist der Zinssatz, mit dem Beträge abgezinst werden.
EURIBOR	Die Abkürzung EURIBOR steht für Euro Interbank Offered Rate. Es handelt sich um den Referenz-Zinssatz, den europäische Banken voneinander beim Handel mit der festgelegten Laufzeit von einer Woche zwischen einem und zwölf Monaten verlangen.
EVA	Economic Value Added.
Exposure	Unter einem Exposure versteht man das Maß für die Risikomenge, die insgesamt getragen werden muss (z. B. Jahreseinheiten in der Kfz-Versicherung). Dabei ist auf eine Gewichtung der Versicherungssumme mit ihrer Verweildauer zu achten (z. B. bei Lebensversicherung).
Fair Value	Der Fair Value (beizulegender Zeitwert) ist der Betrag, zu dem sachverständige und vertragswillige Parteien unter üblichen Marktbedingungen bereit wären, einen Vermögenswert zu tauschen bzw. eine Verbindlichkeit zu begleichen. Grundsätzlich kann der Fair Value als Marktwert interpretiert werden, falls ein solcher für die betreffenden Vermögenswerte existiert.

Floater	Ein Floater ist eine Anleihe mit variabler Verzinsung, die an einen Referenz-Zinssatz wie z. B. den EURIBOR gekoppelt ist.
Forwards/Futures	Ein Future ist eine Verpflichtung, eine bestimmte Menge einer bestimmten Sache zu einem bestimmten Zeitpunkt zu einem bestimmten Preis kaufen/verkaufen zu müssen. Ein Future ist ein an der Börse gehandelter (und damit standardisierter) Forward.
Gesellschaftereinlagen	Bar- oder Sachleistungen, mit denen sich ein Gesellschafter an einer Handelsgesellschaft beteiligt.
GLM	Beschreibt verallgemeinerte lineare mathematische Modelle.
GoB	Grundsatz der ordnungsgemäßen Buchführung, der verlangt, Vermögensgegenstände im Zweifel eher zu niedrig und Schulden eher zu hoch zu bewerten.
Held-to-maturity	Als Held-to-maturity werden Wertpapiere bezeichnet, die ein Unternehmen bis zur Endfälligkeit halten möchte. Für als Held-to-maturity bezeichnete Wertpapiere gelten in der IFRS Bilanzierung bestimmte Vorschriften.

Hybridkapital	Anleihestruktur, die aufgrund ihrer Nachrangigkeit eigenkapitalähnlichen Charakter hat.
IBNR	IBNR-Summe aus IBNER und pure IBNR.
IBNER	Schäden, die bereits gemeldet, aber deren endgültige Höhe und somit die korrekte Reserve noch nicht bekannt sind.
IBNR, pure	Reserve für bereits eingetretene Schäden, die dem Versicherungsunternehmen noch nicht gemeldet wurden.
IFRS	Bezeichnung der vom International Accounting Standards Board (IASB) neu erarbeiteten Standards und Interpretationen. Abkürzung des Begriffes „Internationale Rechnungslegungsstandards".
Kupon	Ein Kupon ist ein Zins- oder Dividendenschein, für den ein Investor am vorher bestimmten Zinstag einen entsprechenden Geldbetrag ausgezahlt erhält.
Liabilities	Verpflichtungen des Unternehmens.
Liquidität	Liquidität ist die Ausstattung an Zahlungsmitteln, die für Investitions- und Konsumauszahlungen und zur Begleichung von Zahlungsverpflichtungen zur Verfügung stehen.

Marktrisiko	Als Marktrisiko bezeichnet man das Risiko finanzieller Verluste auf Grund der Marktpreisänderung.
Meldejahr	Jahr der Schadenmeldung.
MVP	Das Portfolio mit der minimalen Standardabweichung der Rendite, also das Portfolio mit dem geringsten Risiko. Außerdem hat dieses Portfolio die geringste Renditevarianz und wird daher als Minimum-Varianz-Portfolio (MVP) bezeichnet.
Option	Option ist ein finanzieller Vermögenswert oder eine Verbindlichkeit, deren Wert von anderen Vermögenswerten, Verbindlichkeiten oder Indizes wie dem Basiswert abhängt oder abgeleitet ist.
Outsourcing	Verlagerung von Wertschöpfungsaktivitäten des Unternehmens auf Zulieferer. Dadurch entsteht eine Verkürzung der Wertschöpfungskette. Das Unternehmen spart i. d. R. damit Kosten.
Priorität	Festgelegter Schadenbetrag eines Erstversicherers in der nicht proportionalen Rückversicherung, bei dessen Überschreitung der Rückversicherer in seine Leistungspflicht eintritt.

Produktionsfaktoren	Wirtschaftsgut, welches bei der Leistungserstellung, der Produktion, eingesetzt wird. Man unterscheidet zwischen den Produktionsfaktoren Arbeit, Boden und Kapital.
Profitabilitätsanalyse	Analyseverfahren zur Einschätzung der gesamtunternehmensbezogenen Liabilities, die sich aus den vorausgehenden Analysen der Reservebewertung und Tarifanalyse ergibt.
Put-Option	Eine Put-Option ist ein Recht, eine bestimmte Menge einer bestimmten Sache an oder während einer bestimmten Zeit zu einem bestimmten Preis verkaufen zu dürfen.
Reserve / Reservierung	Versicherungstechnische Rückstellung für im Laufe des Bilanzjahres eingetretene, am Ende des Jahres noch nicht erledigte Schadenfälle.
Risikomarge	Risikozuschlag auf den geschätzten Erwartungswert.
RORAC	Return on Risk Adjusted Capital. Der RORAC zeigt die Relation zwischen dem Ergebnis und dem benötigten EK und ist wichtig für eine risikoadjustierte Bewertung der Performance. Er wird in Prozent angegeben.
Rückversicherung	Risikobewältigung eines Erstversicherungsunternehmens in Rückdeckung.

Schadenexzedent	Ausprägung der nicht-proportionalen Rückversicherung, bei welcher im Schadenfall die begrenzte Haftung des Rückversicherers nach einem Selbstbehalt des Erstversicherers beginnt.
Schwankungsrückstellung	Versicherungstechnische Rückstellung zur Stabilisierung des Ergebnisses durch Ausgleich der Schwankungen im Schadenverlauf.
Tarifanalysen	Analyse von bestehenden oder neu zu bildenden Tarifen, Tarifmerkmalen oder Tarifstrukturen.
Tarifierung	Kalkulation von Prämien in einem bestehenden oder neu zu bildenden Versicherungskollektiv.
Termingeschäft	Bei Termingeschäften handelt es sich um Börsengeschäfte, bei denen die Erfüllung des Vertrags erst zu einem späteren Termin, aber zu einem am Abschlusstag festgelegten Kurs erfolgt.
Überreservierung	Eine Überschätzung der Schadenzahlungen, wodurch im Abwicklungszeitraum Abwicklungsgewinne bzw. -verluste eintreten.

Über-pari/Unter-Pari	Als „pari" wird der Preis eines Wertpapiers bezeichnet, wenn es dem Nennwert des Papieres entspricht. Wenn der Preis über oder unter dem Nennpreis liegt, spricht man von einem Preis über-pari bzw. unter-pari.
Ultimate	Mittels eines der Reserveverfahren prognostizierter Endschadenstand.
Unterreservierung	Unterschätzung der Schadenzahlungen, wodurch im Abwicklungszeitraum Abwicklungsgewinne bzw. -verluste eintreten.
Underwriter	Person, die bei der Kalkulation unterstützt, Risiken mit einbezieht, diese abwägt und anhand Risiko- und Versicherungsmerkmalen einen Versicherungsvertrag aufsetzt.
US-GAAP	US-amerikanische Bilanzierungsvorschriften.
Verbindlichkeit	Eine Verbindlichkeit ist eine Zahlungsverpflichtung eines Schuldners gegenüber einem Gläubiger.
Vorsichtsprinzip	Grundsatz der ordnungsmäßigen Buchführung, der verlangt, Vermögensgegenstände im Zweifel eher zu niedrig und Schulden eher zu hoch zu bewerten.

Wiederanlage	Unter Wiederanlage versteht man eine Anlage, bei welcher ein jährlicher Ausschüttungsbetrag wieder in den gleichen Fonds angelegt wird.
Zedierte Reserven	Abgetretene Reserven des Erstversicherers an den Rückversicherer.
Zinsänderungsrisiko	Das Zinsänderungsrisiko beschreibt das Risiko, durch einen Anstieg oder Abstieg der Marktzinsen eine zinsinduzierte Kursänderung einer Kapitalanleihe zu erleiden.
Zinsstrukturkurve	Die Höhe der Rendite einer Anleihe ist unter anderem abhängig vom Rating, dem Angebot oder der Restlaufzeit der Anleihe. Typischerweise werden bei längeren Laufzeiten höhere Renditen erwirtschaftet. Diesen Verlauf spiegeln die Zinsstrukturkurven der einzelnen Anleihetypen wider. Die Zinsstrukturkurven können jedoch auch einen inversen Verlauf haben, d. h. im längerfristigen Bereich sind die Renditen niedriger als im kurzfristigen Bereich. Dieses Phänomen tritt hauptsächlich in wirtschaftlichen Boomphasen auf.

Zusatzdividende	Die Zusatzdividende ist ein Ertrag eines Unternehmens, welcher über dem risikofreien Zins liegt. Die Zusatzdividende dient zur Deckung des unternehmerischen Risikos und ist ausschließlich eine rechnerische Größe. Abzugrenzen hiervon ist die außerplanmäßige Ausschüttung an die Aktionäre.

Literaturverzeichnis

Albrecht, Peter: Kreditrisiken – Modellierung und Management: Ein Überblick, Mannheim: Lehrstuhl für ABWL, Risikotheorie, Portfolio Management und Versicherungswirtschaft.

Albrecht, Peter: Asset Liability Management bei Versicherungen, Wiesbaden: Springer Fachmedien, 2003.

BaFin: Ergebnisse der fünften quantitativen Auswirkungsstudie zu Solvency II – Zusammenfassung der Auswertung durch die Bundesanstalt für Finanzdienstleistungsaufsicht, Bonn, 2012.

BaFin: Formblatt 1 zur RechVersV, 25.04.2014.

BaFin: BaFin-Rundschreiben 4/2011 (VA): Hinweise zur Anlage des gebundenen Vermögens, 15.04.2011.

Bennemann, Christoph: Handbuch Solvency II – von der Standardformel zum internen Modell – vom Governance System zu den MaRisk VA, hrsg. von Oehlenberg, Lutz; Stahl, Gerhard, Stuttgart: Schäffer-Poeschel Verlag für Wirtschaft/Steuern/Recht GmbH, 2011.

Bieg, Hartmut; Kußmaul, Heinz: Finanzierung, 2. Auflage, München: Vahlen Verlag, 2011.

Binger, Marc: Der Ansatz von Rückstellungen nach HGB und IFRS im Vergleich – Regelungsschärfe, Zweckadäquanz sowie Eignung für die Steuerbilanz, 1. Auflage, Wiesbaden: Gabler, 2009.

Buchholz, Rainer: Internationale Rechnungslegung – Die wesentlichen Vorschriften nach IFRS und HGB – mit Aufgaben und Lösungen, 9. Auflage, Berlin: Erich Schmidt Verlag GmbH & Co. KG, 2011.

Buck-Heeb, Petra: Kapitalmarktrecht, 3. Auflage, Hannover: C.F. Müller Verlag Heidelberg.

Bundesaufsichtsamt für das Versicherungswesen – der Präsident: R3/2000, Berlin, 2000.

Bundesministerium der Justiz und Verbraucherschutz: Gesetz über die Beaufsichtigung der Versicherungsunternehmen (Versicherungsaufsichtsgesetz – VAG), 2014.

Bundesministerium der Justiz und Verbraucherschutz: Verordnung über die Anlage des gebundenen Vermögens von Versicherungsunternehmen (AnlV), 11.02.2011.

Bundesministerium der Justiz und Verbraucherschutz: Verordnung über die Kapitalausstattung von Versicherungsunternehmen (Kapitalausstattungs-Verordnung – KapAusstV) vom 13.12.1983, die zuletzt durch Artikel 1 der Verordnung vom 16.08.2013 (BGBl. I S. 3275) geändert worden ist.

Bundesministerium der Justiz und Verbraucherschutz: Verordnung über die Rechnungslegung von Versicherungsunternehmen (RechVersV), 1994.

Coenenberg, Adolf G.: Haller, Axel; Schultze, Wolfgang: Jahresabschluss und Jahresabschlussanalyse – Betriebswirtschaftliche, handelsrechtliche, steuerrechtliche und internationale Grundsätze – HGB, IFRS, US-GAAP, 21. Auflage, Stuttgart: Schäffer-Poeschel Verlag, 2009.

Ehrlich, Kathleen: Wertorientierte Steuerung von Versicherungsunternehmen mit Solvency II, Band 57, Köln: Eul Verlag, 2009.

Europäisches Parlament und Europäischer Rat: Richtlinie 2009/138/EG des Europäischen Parlaments und des Rates (Solvency II-Richtlinie) vom 25. November 2009 betreffend die Aufnahme und Ausübung der Versicherungs- und der Rückversicherungstätigkeit (Solvabilität II), Neufassung.

European Commission: QIS 5 Technical Specifications – Annex to Call for Advice from CEIOPS on QIS 5: http://ec.europa.eu/internal_mark.et/insurance/docs/solvency/qis5/201007/technical-specifications_en.pdf, zugegriffen am 30.04.2014.

Farny, Dieter: Versicherungsbetriebslehre, 4. Auflage, Karlsruhe: Verlag Versicherungswirtschaft GmbH, 2006.

Fischer, Bernd R.: Performanceanalyse in der Praxis – Performancemaße, Attributionsanalyse, Global Investment Performance Standards, 3. Auflage, München, Wien: Oldenbourg Wissenschaftsverlag GmbH, 2010.

Fischer, Edwin O.: Finanzwirtschaft für Anfänger, 3. Auflage, München, Wien: Oldenbourg Wissenschaftsverlag GmbH, 2002.

Frhr. von Fürstenwerth, Jörg Frank: Versicherungs-Alphabet (VA) – Begriffserläuterungen der Versicherung aus Theorie und Praxis, 10., völlig neu bearbeitete und erweiterte Auflage, Karlsruhe: Verlag Versicherungswirtschaft, 2001.

Führer, Christian: Asset Liability Management in der Lebensversicherung, Karlsruhe: Verlag Versicherungswirtschaft GmbH, 2010.

Gesamtverband der Deutschen Versicherungswirtschaft e.V. (GDV): Kernposition zu Eigenmitteln unter Solvency II, Berlin: GDV, 2007.

Graf, Christian: Solvency II – Wie die neuen Aufsichtsregeln die Versicherungswirtschaft verändern, Marburg: Tectum Verlag Marburg, 2008.

Gräfer, Horst; Schiller, Bettina; Rösner, Sabrina: Finanzierung – Grundlagen, Institutionen, Instrumente und Kapitalmarkttheorie, 6. Auflage, Erich Schmidt Verlag, 2008.

Grundt, Michael: Private Equity: Als Anlagekategorie einer Versicherung, Wismar, 2003.

Gründl, Helmut; Perlet, Helmut: Solvency II & Risikomanagement, Wiesbaden: Gabler, 2005.

Heep-Altiner, Maria et al.: Fair Value Bewertung von zedierten Reserven, Köln: Institut für Versicherungswesen, 2014.

Heep-Altiner, Maria et al.: Interne Modelle nach Solvency II – Schritt für Schritt zum internen Modell in der Schadenversicherung, Karlsruhe: Verlag Versicherungswirtschaft GmbH, 2010.

Heep-Altiner, Maria et al.: Internes Holdingmodell nach Solvency II – Schritt für Schritt zu einem internen Holdingmodell, Karlsruhe: Verlag Versicherungswirtschaft GmbH, 2011.

Heep-Altiner, Maria et al.: Verlustabsorbierung durch latente Steuern nach Solvency II in der Schadenversicherung, Köln: Institut für Versicherungswesen, 2013.

Heep-Altiner, Maria et al.: Wertorientierte Steuerung in der Schadenversicherung – Schritt für Schritt zur wert- und risikoorientierten Unternehmenssteuerung, Karlsruhe: Verlag Versicherungswirtschaft GmbH, 2014.

Heep-Altiner, Maria; Klemmstein, Monika: Versicherungsmathematische Anwendungen in der Praxis: mit Schwerpunkt Kraftfahrt und Allgemeine Haftpflicht, Karlsruhe: Verlag Versicherungswirtschaft GmbH, 2001.

Hausmann, Wilfried; Diener, Kathrin; Käsler, Joachim: Derivate, Arbitrage und Portfolio-Selection – Stochastische Finanzmarktmodelle und ihre Anwendungen, Braunschweig/Wiesbaden: Vieweg, 2002.

Hübel, Markus: Aufsichtsrechtliche Eigenmittelanforderungen an Kompositversicherungsunternehmen unter Solvency II nach dem Standardmodell: kritische Würdigung für den Zweck der Verwendung zur wertorientierten Unternehmenssteuerung – Karlsruhe: VVW, 2013.

Korte, Thomas: Der Weg zum Internen Modell, München: Ludwig Maximilians Universität München, 2011.

KPMG AG: Solvency II Die Kernidee – Aufsichtsinhalte in drei Säulen, Köln: KPMG AG, 2013.

Liebwein, Peter: Klassische und moderne Formen der Rückversicherung, 2. Auflage, Karlsruhe: Verlag Versicherungswirtschaft GmbH, 2009.

Ludwig, Eberhard; Prätsch, Joachim; Schikorra, Uwe: Finanzmanagement, 3. Auflage, Berlin Heidelberg: Springer Verlag, 2007.

Lühn, Michael: Genussrechte – Grundlagen, Einsatzmöglichkeiten, Bilanzierung und Besteuerung, Wiesbaden: Springer Gabler, 2013.

Möbius, Christian: Risikomanagement in Versicherungsunternehmen, Berlin Heidelberg: Springer Verlag, 2011.

Mondello, Enzo: Portfoliomanagement – Theorie und Anwendungsbeispiele, Risch: Springer Gabler, 2013.

Mummenhoff, Anno: Analyse des deutschen Standardmodells für Lebensversicherungsunternehmen, Ulm: Institut für Aktuarwissenschaften, 2007.

Nguyen, Tristan; Späth, Christine; Ahr, Helmut; Hiendlmeier, Stephan: Wertorientierte Steuerung auf dem Vormarsch, in: Versicherungswirtschaft 22/2005, 2005.

Nguyen, Tristan: Handbuch der wertorientierten Steuerung von Versicherungsunternehmen, Karlsruhe: Verlag Versicherungswirtschaft GmbH, 2008.

Nguyen, Tristan: Versicherungswirtschaftslehre: Grundlagen für Studium und Praxis, Wiesbaden: Springer Gabler, 2013.

Pape, Ulrich: Grundlagen der Finanzierung und Investition, 1. Auflage, Oldenbourg Wissenschaftsverlag, 2009.

Pape, Ulrich: Grundlagen der Finanzierung und Investition – Mit Fallbeispielen und Übungen, 2. Auflage, Oldenbourg Wissenschaftsverlag GmbH 2011.

Pfeifer Dietmar und acs actuarial solutions GmbH: Solvenzkapital, Oldenburg.

Prölss, Erich R.: Versicherungsaufsichtsgesetz, 12. Auflage, München: C. H. Beck, 2005.

Radtke, Michael: Handbuch zur Schadenreservierung, hrsg. von Schmidt, Klaus D., Karlsruhe: Verlag Versicherungswirtschaft, 2004.

Reitz, Stefan: Mathematik in der modernen Finanzwelt – Derivate, Portfoliomodelle und Ratingverfahren, Wiesbaden: Viewer+Teubner, 2011.

Rockel, Werner et al.: Versicherungsbilanzen – Rechnungslegung nach HGB und IFRS, 3. Auflage, Stuttgart: Schäffer-Poeschel Verlag, 2012.

Romeike, Frank; Müller-Reichart, Matthias: Risikomanagement in Versicherungsunternehmen – Grundlagen, Methoden, Checklisten und Implementierung, 2. Auflage, Weinheim: WILEY-VCH Verlag GmbH & Co. KGaA, 2008.

Scholz, Rainer: Optimale Zahlungsstromgestaltung von Anlageprodukten, 1996.

Spremann, Klaus: Portfoliomanagement, 4. Auflage, München: Oldenbourg Wissenschaftsverlag, 2008. Wirtschaft, Investition und Finanzierung, München Wien: Oldenbourg Verlag, 1996.

Spremann, Klaus; Gantenbein, Pascal: Zinsen, Anleihen, Kredite, 4. Auflage, München: Oldenbourg Wissenschaftsverlag, 2007.

Standard & Poor's: Insurance Capital Model, http://www.standardandpoors.com/ratings/insurance-capital-model/en/eu, 2014, zugegriffen am 23.11.2014.

Steiner, Manfred; Bruns, Christoph: Wertpapiermanagement, 9. Auflage, Schäffer-Poeschel, 2007.

Tolkmitt, Volker: Neue Bankbetriebslehre: Basiswissen zu Finanzprodukten und Finanzdienstleistungen, Wiesbaden: Gabler, 2007.

Wagner, Fred: Gabler Versicherungslexikon, 1. Auflage 2011, Wiesbaden: Gabler Verlag, 2011.

Wagner, Fred: Versicherungsbetriebslehre, 3. Auflage, Karlsruhe: Verlag Versicherungswirtschaft, 2006.

Zantow, Roger: Finanzierung – Die Grundlagen modernen Finanzmanagements, 1. Auflage, München: Pearson Studium, 2004.

Zwiesler, Hans-Joachim: Asset-Liability-Management – Die Versicherung auf dem Weg von der Planungsrechnung zum Risikomanagement, in: Spremann, Klaus (Hrsg.): Versicherungen im Umbruch – Werte schaffen, Risiken managen, Kunden gewinnen, Heidelberg: Springer Verlag, 2005.

Stichwortverzeichnis

abgewickelter Schadendurchschnitt 164

Abwicklung 122

Abwicklungsdreieck 146

Abwicklungsfaktor 142

Abzinsungsanleihe 58

Aktie 88, 107, 110

Anfalljahr 120

Asset Liability Management 118, 259, 260

Assetklassen 47

Assetrisiken 37, 44

Assets 37, 39, 89, 91, 93, 95, 127

Aufzinsungsanleihe 58

Auslauf 146–151

Außenfinanzierung 17

außerplanmäßige GuV Effekte 242

Basis SCR 220

Beitragsindex 195, 198

Best Estimate 127, 241, 256

Beteiligungsfinanzierung 18

Bilanz 12, 22–39, 47, 48, 71, 120, 131

Bilanzierung 22, 24

Bilanzjahr 120

Black-Scholes-Formel 107, 110, 111

Bonitäts- oder Spreadrisiko 46

Bornhuetter Ferguson Verfahren 136, 138, 139, 150, 152

Bottom Up Ansatz 214, 239

Brownsche Bewegung 107, 111, 115

CAPM 89

Cashflow-Struktur 148, 160

Chain Ladder Verfahren 135, 138, 139, 141, 144, 148, 151

Combined Ratio 170, 183, 188, 253

counterparty risk 217

Credibilitywert 151

Derivate 44

Desinvestition 20

deterministisches Eigenkapital 240, 241

dynamische Finanzanalyse 260

effizienter Rand 92

Eigenfinanzierung 17, 19

Eigenkapital 12

Eigenkapital-Allokation 240

Eigenkapitalallokationsmodell 156

Eigenmittel 193, 194, 199, 205, 206, 209, 212

Embedded Value 256

Erweiterungsfinanzierung 15

EURIBOR 83

EVA 95, 96, 254, 255, 259

Exposure 183

Fair Value 69–72, 128, 129, 133, 155, 156, 160–162, 241, 256

Fair Value Prinzip 202

festverzinsliche Wertpapiere 44, 46, 57

Finanzderivat 97

Finanzierung aus Gewinn 19

Finanzmanagement 13

Floater 83, 87, 88

Forward 72

Forwardrate 73, 74

Forwardvertrag 73

freies Vermögen 48, 49

Fremdfinanzierung 17

Fremdkapital 12

gebundenes Vermögen 47–52

Hebesatz 157, 161

Hybridkapital 19, 34–37

IBNER 122, 123, 149, 163–167

IBNR 121–125, 149, 153, 154, 162–170, 175

IFRS 24–31, 45, 46, 69, 126–131

Immobilien 55

Imparitätsprinzip 22

ineffizienter Rand 92

Innenfinanzierung 17

interner Zins 62, 63, 70, 78

Investition 13

Ist-Solvabilität 193, 194, 199

Kapital 11

Kapitalbedarfsdeckung 16, 17

Kapitalkosten 15, 16, 96, 133, 156–168, 183, 184, 255, 257

Kongruenz 51

Kreditfinanzierung 18

Kuponanleihe 44, 57, 77, 79, 80, 82, 83, 85, 87

Kuponzins 77, 78, 81, 84

Lamfalussy-Verfahren 206

Liabilityrisiken 37

Markowitz 89, 92

mark-to-model 128

Marktpreisrisiko 46

Marktrisiko 216, 219

Marktzins 61, 66, 77, 96, 128

MCR 210, 214

Meldejahr 120

Mindestsolvenzniveau 250

Mischquoten 47, 52

modifizierte Profitabilitätsanalyse 181

Monte-Carlo-Simulationen 111, 112, 182

MVP 93, 94

Öffnungsklausel 55, 56

ökonomische Bilanz 129

Omnibus II-Richtlinie 207

operationelles Risiko 220

Option 104, 105, 266

passive Rückversicherung 27

pauschale Profitabilitätsanalyse 168–179

Payoff 99

plain vanilla bond 77

planmäßige GuV Effekte 241

Prämien- und Reserverisiko 223

Profitabilitätsanalyse 118, 168–186

public disclosure 211

QIS 5 212–220

RAROC 254, 255

Ratingniveau 251

Reserveanalyse 118, 134, 139, 162, 225

Reservefaktor 157, 161

risikobehafteter Zerobond 62

risikofreier Zerobond 59

Risikomarge 64–72, 126, 127–132

Risikotransfer 32

RORAC 96, 247, 248, 254

RSR 212

Rückversicherung 27, 31, 32, 33, 34, 35

Schadenaufwand 122

Schadenindex 195, 198, 200

Schadenreserven 121

Schadenzahlungen 121

Schwankungsrückstellung 27, 126

SCR 210–220

SFCR 212

Sicherungsvermögen 48–52

Soll-Solvabilität 193–199

Solvabilitätsberechnung 199

Solvabilitätsspanne 194, 195, 198, 199

Solvency I 191–195, 200, 203

Solvency II 37, 128, 191–221, 234–261

Solvenzkapital 208

Solvenzniveau 250

Solvenzvorschriften 201

Spot-Rate 61

stille Reserven 22, 26–29

stochastisches Eigenkapital 240, 242

Streuung 48, 50, 51

supervisory reporting 211

Tarifanalyse 118, 168, 186

Tarifkalkulation 180–184

technischer Ruin 250

Top Down Ansatz 239

Überschaden 32, 33, 36

Ultimates 146, 153

Underlying 72, 97–104, 111,

Underwritingjahr 120

VaR 210

variable Kupons 83

versicherungstechnische Fremdfinanzierung 19

versicherungstechnische Risiken 217, 219

Vorsichtsprinzip 22, 126

Währungsrisiko 46

Wiederanlagerisiko 58

zahlungsbasiertes Chain-Ladder Verfahren 144, 165

Zeichnungsjahr 120

Zerobonds 44, 57–76

Ziel-/Exit Schadenkosten 169, 176

Zins- und Spreadrisiko 68

Zinsänderungsrisiko 45, 59, 61, 66, 67, 68, 77, 87

Zinsspread 46, 62, 65, 66

Zinsstrukturkurve 74, 75, 76

Zusatzdividende 159, 161, 263

Zusatzzins 158, 159

Weitere Titel in dieser Reihe

Wertorientierte Steuerung in der Schadenversicherung
Schritt für Schritt zur wert- und risikoorientierten Unternehmenssteuerung
Prof. Dr. Maria Heep-Altiner, Johannes-Stefan Kowitz,
Vanessa Lietz, Selim Moknine (Hrsg.)
2014, 246 S., DIN A5, kart., 42,– €*
ISBN 978-3-89952-813-8

Auch als E-Book erhältlich

Internes Holdingmodell nach Solvency II
Schritt für Schritt zu einem internen Holdingmodell
Prof. Dr. Maria Heep-Altiner, Henry Haker,
Daroslav Lazic, Frank Westermann (Hrsg.)
2011, 322 S., DIN A5, kart., 45,– €*
ISBN 978-3-89952-632-5

Auch als E-Book erhältlich

Interne Modelle nach Solvency II
Schritt für Schritt zum internen Modell in der Schadenversicherung
Prof. Dr. Maria Heep-Altiner, Hüseyin Kaya,
Bastian Krenzlin, Dominik Welter (Hrsg.)
2010, 268 S., DIN A5, kart., 39,– €*
ISBN 978-3-89952-559-5

Auch als E-Book erhältlich

vvw.de

Verlag Versicherungswirtschaft GmbH | Klosestraße 20–24 | 76137 Karlsruhe
Telefon +49 (0) 721 35 09-0 | Telefax +49 (0) 721 35 09-201 | info@vvw.de | vvw.de

Der perfekte Start in den Tag

Sie möchten wissen, was die Versicherungsbranche täglich umtreibt? Welche Themen aktuell, relevant und wichtig sind? Dann starten Sie Ihren Tag mit dem Online-Report Versicherungswirtschaft-heute.de. Egal ob Vermittler, Makler oder Manager – hier werden alle fündig, die sich für die Einordnung relevanter Versicherungsthemen in Politik, Wirtschaft und Märkte interessieren.

Ihre Vorteile:

- Lesen Sie nur die Themen, die wirklich relevant sind
- Erhalten Sie ein Verständnis für die Branche und darüber hinaus
- kostenfrei und jederzeit wieder abbestellbar
- täglich zum Frühstück in Ihrem Postfach

Jetzt kostenlos anmelden unter
www.versicherungswirtschaft-heute.de

Versicherungswirtschaftheute
TAGESREPORT